복음으로 설교하고
설교로 부흥하다

복음으로 설교하고 설교로 부흥하다

저자 한광수

초판 1쇄 발행 2026. 2. 6.

발행처 도서출판 브니엘
발행인 권혁선

책임교정 조은경
책임영업 기태훈
책임편집 브니엘 디자인실

등록번호 서울 제2006-50호
등록일자 2006. 9. 11.

서울특별시 송파구 백제고분로28길 25 B101호 (05590)
마케팅부 02)421-3436
편 집 부 02)421-3487
팩시밀리 02)421-3438

ISBN 979-11-93092-57-6 03230

독자의견 02)421-3487
이 메 일 editorkhs@empal.com

북카페주소 cafe.naver.com/penielpub.cafe
인스타그램 @peniel_books

도서출판 브니엘은 독자들의 원고를 설레는 마음으로 기다리고 있습니다.
위의 이메일로 간단한 기획 내용 및 원고, 연락처 등을 보내주십시오.

도서출판 브니엘은 갓구운 빵처럼 항상 신선한 책만을 고집합니다.

복음으로 설교하고 설교로 부흥하다

한광수 | 지음

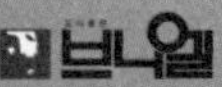

"당신의 설교는 짐인가, 자유인가?
훈계가 사라진 자리에 복음의 잔치를 차리다."

　강단에 오르기 전 원고를 들고 있는 설교자에게 묻는다. 당신의 설교는 청중에게 '짐'인가, 아니면 '자유'인가를 자문해 보라. 오늘날 수많은 설교자가 구속사의 맥락을 짚고 삼위일체 하나님을 체계적으로 설명하며 청중의 삶을 변화시키기 위한 열정적인 실천 방안을 제시한다. 그러나 그 모든 수고의 끝에 '예수 그리스도의 다 이루심'이 희미하다면, 그것은 복음의 탈을 쓴 또 다른 율법에 불과하다. 우리는 그동안 본문 속 인물을 본받으라고 재촉했고, 청중의 행위를 교정하는 데 설교의 에너지를 쏟았다. 본문의 연구는 정교해졌으나 강단에서 선포되는 복음은 늘 '미완성' 상태였다.

　본서는 이러한 시대적 요청 앞에 '설교 거장 12인의 설교 스타일을 따라 배우는 그리스도 완성 설교의 정수'를 그 해답으로 제시한다. 교회사 속에서 복음의 불꽃을 피워 올렸던 거장들의 강단은 결코 인간의 열심을 촉구하는 데 머물지 않았다. 그들은 본문이 가리키는 모든 길의 끝에서 오직 그리스도를 발견했고, 그분이 성취하신 완벽한 구원을 선포하는 데 생명을 걸었다. 찰스 스펄전과 마틴 로이드 존스 등, 거장들의 설교를 관통하는 핵심은 하나였다. 그것은 바로 '그리스도가 다 이루셨다'는 완성의 선포였다.

이 책은 거장들의 신학적 지혜를 바탕으로 '그리스도 완성 설교'라는 새로운 지평을 열었다. 설교는 본문 뒤에 숨어 계신 그리스도를 겨우 찾아내는 추적이 아니다. 이미 2천 여년 전 십자가 위에서 "다 이루었다"라고 선언하신 그 완성된 승리를 오늘 청중의 삶 한복판으로 쏟아붓는 중계이자 사건이다. 설교자가 먼저 본문 속에서 자신의 한계를 폭로 당하고 절망의 끝에서 나 대신 모든 것을 성취하신 그리스도의 완벽한 의(義)를 대면할 때 설교는 비로소 혁신된다. 본문과 그리스도, 그리고 청중이 십자가라는 단 하나의 지점에서 만나는 '황금 교차점'을 경험해야 한다.

이 책은 단순한 설교 작성법이 아니다. 거장들이 누렸던 복음의 감격을 오늘 우리 시대의 강단으로 옮겨오는 영적 초대장이다. 본서가 제시하는 3단계 프로세스, 즉 본문-진리-설교 개요를 따라 그리스도 완성의 십자가라는 마스터키를 쥐게 될 때, 강단은 청중을 다그치는 훈계의 장소가 아니라 그리스도의 영광에 압도되어 "아!" 하는 감탄이 터져 나오는 은혜의 잔칫상이 된다.

강단이 복음으로 부흥할 때 성도는 비로소 세상을 이길 힘을 얻는다. 이제 숙제 같은 설교를 멈추고 거장들이 그토록 사랑했던 그리스도의 완성을 노래하라. 시작도 과정도 마감도 '그리스도 완성의 세계'이다. 이 완성의 영역 안으로 들어온 자만이 생명과 은혜를 입은 교회로서 예수님이 주와 그리스도임을 만방에 증언하는 삶을 살게 된다. 그곳에서 비로소 참된 부흥이 시작된다.

본서의 구성은 다음과 같다. 1~3부에서 설교 거장에게 배우는 개혁과 각성의 기초(복음) – 전달의 혁명(방법) – 복음적 적용(현장)의 논리적 흐름을 구축하고, 이를 바탕으로 4~5부에서 이러한 복음, 전달, 적용을 반영한 '그리스도 완성 설교' 실제로 점화시켰다. 마지막으로 복음 설교하는 현장으로 가서 설교 실제를 보여주었다. 복음을 제대로 바르게 전하고자 하는 설교자에게 매우 실질적인 도움이 될 것이다.

글쓴이 한광수

〉〉〉 **Part 5.**
탁월한 설교 한 편이 세상을 바꾼다 _ 217

그러므로 사람이 의롭다 하심을 얻는 것은 율법의 행위에 있지 않고
믿음으로 되는 줄 우리가 인정하노라. 롬 3:28.

01

복음으로
그리스도를 설교하다

　'황금의 입'이라 불린 존 크리소스톰은 성도들에게 성경의 보물을 나누어주지 않고는 단 하루도 넘길 수 없다고 고백했다. 그가 말한 보물은 명확했다. 그것은 성경 지식이 아니라 성경이 가리키는 실체인 '예수 그리스도'였다. 설교자의 사명은 명확하다. 강단에 설 때마다 청중의 손에 이 영원한 보물을 쥐여주는 것이다.

　에드먼드 클라우니는 복음을 선포하는 '케리그마'를 왕의 공식적인 칙령이라 정의했다. 설교자는 자신의 철학을 논하는 강연자가 아니라 만왕의 왕이신 하나님의 엄중한 메시지를 가감 없이 전달하는 공식 전령이다. 전령은 왕의 메시지 외에 자신의 사견을 섞을 권한이 없다. 오직 복음만을, 그리고 복음의 전부만을 전해야 할 책임이 있을 뿐이다.

　오늘날 우리는 모든 진리가 상대화된 포스트모던 시대를 살아가고 있다. 절대적인 것을 거부하는 청중 앞에서, 설교자들은 자칫 '보편적이고 유익한 말씀'이라는 함정에 빠지곤 한다. 타 종교인이나 불신자가 들어도 충분히 수긍할 만한 도덕적 미담이나 인생의 지혜를 전하며, 그것을 생명의 복음이라 착각하기도 한다.

그러나 기독교에는 다른 어떤 종교나 철학에도 없는 결정적인 한 가지가 있다. 그것은 우리를 구원하고 거룩하게 하시는 '살아계신 예수 그리스도'가 우리와 항상 함께하신다는 사실이다. 하나님을 언급하지만 그리스도가 빠진 설교, 지식은 나열하지만 생명이 없는 설교는 성경을 왜곡하는 것이다. 불교의 설법이나 세상의 훈화와 다를 바 없는 설교로는 결코 영혼을 살릴 수 없다.

결국, 훌륭한 설교의 기술보다 선행되어야 할 것은 설교자의 실존적 자각이다. 설교자는 "우리에게 예수님을 보여주세요"라고 소리치는 청중의 갈급함을 외면해서는 안 된다. 아무리 정교하게 준비된 설교일지라도 그 안에 '십자가에 달린 그리스도'가 선명하게 보이지 않는다면 그 설교는 공허한 울림에 불과하다.

이런 동기로 본서는 각기 다른 시대 속에서 거대한 족적을 남긴 설교자들의 스타일을 분석하며, 그들이 어떻게 내용과 전달, 그리고 적용을 통해 그리스도를 드러냈는지 탐구할 것이다. 이 책을 통해 독자들은 설교의 기술적 완성을 넘어 그리스도라는 본질에 닿는 여정을 시작하게 될 것이다. 이제 우리는 텅 빈 강단에 서서 다시금 '그리스도'라는 불붙은 진리를 선포해야 한다. 이 책이 그 사명의 길을 걷는 모든 이에게 작지만 분명한 이정표가 되기를 소망한다.

오늘날 많은 설교자와 성도가 어떻게 하면 하나님 말씀을 더 온전하고 힘 있게 전할 수 있을지 깊이 고민한다. 이 책은 바로 그 간절한 질문에 답하기 위해 집필되었다. 나는 역사 속에서 시대를 풍미했던 설교 거장들의 설교를 내용, 전달, 적용이라는 세 가지 렌즈로 정밀하게 분석했다. 비록 이 세 요소는 실제 설교에서 하나로 통합되어 나타나지만 이를 논리적으로 구분하여 살펴보는 과정은 설교의 참된 본질에 다가가기 위한 필수적인 지도를 얻는 과정과 같다고 할 수 있다.

가장 먼저 우리는 우리 자신에게 "지금 선포되는 메시지 속에 정작 주인공인 그리스도가 빠져 있지는 않은가?"라는 엄중한 질문을 던져야 한다. 성경은 그 자체로 경배의 대상인 하나님이 아니다. 성경의 궁극적인 목적은 인간을 단순히 지식의 산에 가두는 것이 아니라 우리를 생명의 근원이신 예수 그리스도께로 인도하는 것이다. 만약 성경 공부가 그리스도에 관한 단편적인 정보 습득으로 끝난다면, 그것은 생명력이 사라진 메마른 종교 활동에 머물고 만다. 성경은 지식을 쌓기 위한 교과서가 아니라 우리를 천국 백성으로 초청하시는 그리스도의 간절한 초대장이다.

우리가 흔히 강조하는 '그리스도 중심의 설교'를 할 때도 주의해야 할 위험한 함정이 존재한다. 그것은 성경 본문에서 그리스도를 찾아내는 행위를 마치 '수수께끼의 정답 찾기'처럼 여기는 태도이다. 설교가 본문 속의 상징을 풀이하는 해석학적 유희나 지적 놀이로 전락하는 순간, 설교자와 청중은 그리스도가 누구신지 망각하게 된다. 진정한 설교는 단순히 정답을 맞히는 시간이 아니라 선포되는 말씀을 통해 그리스도와 인격적으로 만나고 그분과 사랑에 빠지는 영적인 사귐의 시간이 되어야 한다.

특히 경계해야 할 점은 복음의 핵심인 그리스도를 전할 때, 살아 계신 인격체이신 그분을 딱딱한 '개념'이나 '신학 이론'으로 고착화하고 정형화하는 것이다. 심지어 인류 구원의 완성인 '십자가 사건'조차 하나의 추상적인 관념으로 다룰 때가 많다. 그러나 참된 설교자는 청중이 그리스도의 은혜를 직접 맛보고 체험할 수 있도록 도와야 한다. 사도 바울이 그러했듯이, 설교자는 그리스도에 대한 지식을 평면적으로 나열하는 데 그치지 않고, '십자가에 달린 그리스도'를 청중의 눈앞에 생생하게 그려내어 그들이 복음의 사건을 실재적으로 경험하게 해야 한다.

설교자는 생명의 말씀을 본질에서 떠나지 않고 하나님 뜻에 따라 제대로 전하고 싶어 한다. 그러나 가장 기초적이고 본질적인 복음의 내용이 무엇인지를 모르고 설교한다면 마지막 도착 지점은 확연히 다를 것이다. 그래서 복음의 본질에 더 가까운 설교를 한다고 평가되는 인물을 먼저 찾아서 그들의 복음 내용을 살펴보려 한다. 교회사 속 설교 거장인 루터, 칼빈, 에드워즈, 그리고 로이드 존스는 모두 복음의 깊은 바다에 뿌리내린 인물이다. 이 위대한 설교가들의 공통점은 설교의 화려한 수사나 기술적인 측면보다 '복음의 내용' 그 자체에 모든 승부수를 던졌다는 점이다. 그들은 탄탄한 신학적 토대와 교리적 정확성을 바탕으로 복음의 본질을 날카롭게 꿰뚫었다. 이들의 발자취를 세밀하게 추적하는 과정은, 오늘날 우리 시대의 강단이 회복해야 할 가장 고귀한 가치가 무엇인지 깨닫게 해주는 소중한 탐구가 될 것이다.

오직 믿음,
강단을 깨우는 복음의 총성

"그러므로 사람이 의롭다 하심을 얻는 것은 율법의 행위에 있지 않고 믿음으로 되는 줄 우리가 인정하노라"(롬 3:28).

친애하는 형제자매들이여! 우리는 오늘 사도 바울이 로마서 3장 28절에서 선포하는, 기독교 신앙의 가장 높은 봉우리에 서 있습니다. "그가 선언하노라. '그러므로 사람이 의롭다 하심을 얻는 것은 율법의 행위에 있지 않고 믿음으로 되는 줄 우리가 인정하노라.'"

이 구절은 우리에게 구원의 참된 길을 가르치며, 우리가 하나님 앞에서 어떻게 설 수 있는지를 보여줍니다. 여기서 우리는 두 가지 길을 보게 됩니다. 바로 율법의 행위의 길과 믿음의 길입니다.

1. 율법의 행위는 우리를 의롭게 할 수 없습니다.

율법의 행위는 무엇입니까? 그것은 당신이 행하는 모든 선한 일, 당신이 지키는 모든 계명, 당신이 치르는 모든 고행입니다. 율법은 우리가 의로워지기 위해 반드시 행해야 하는 것을 가르쳐줍니다. 그러나 율법의 목적은 우리를 의롭게 하는 데 있지 않습니다. 율법은 우리를 정죄합니다!

율법의 행위를 아무리 열심히 쌓아도, 여러분은 단 하나의 완전한 행위도 만들어 낼 수 없습니다. 당신의 마음에는 언제나 죄의 찌꺼기가 남아있습니다. 그러므로 율법은 우리에게 죄가 무엇인지를 알려주지만, 그 죄를 없애는 능력은 주지 못합니다. 율법은 우리가 죄인임을 선언할 뿐입니다.

2. 오직 믿음만이 우리를 의롭다 합니다.

바울은 분명히 말합니다. '율법의 행위로써가 아니니라.' 그러면 무엇으로 의롭다 함을 얻습니까? '믿음으로' 입니다. 이 믿음은 단순한 지적 동의가 아닙니다. 이 믿음은 살아 있는 확신이며, 하나님께서 당신의 아들 예수 그리스도 안에서 우리를 위해 행하신 모든 일에 대한 굳건한 신뢰입니다.

믿음은 우리의 선한 행위나 공로를 바라보지 않습니다. 믿음은 오직 그리스도의 완전한 의(義)를 붙잡습니다. 그리스도께서는 율법을 완전히 지키셨고, 당신의 십자가 죽음을 통해 우리의 모든 죄를 담당하셨습니다. 이제 이 모든 것이 우리에게 주어집니다. 선물로,

은혜로, 오직 믿음을 통하여!

마치 가난한 사람이 부자의 재산을 붙잡듯이, 당신은 오직 이 믿음의 손을 내밀어 그리스도를 붙잡아야 합니다. 이 믿음을 가질 때, 하나님께서는 당신의 공로가 아닌 그리스도의 공로를 보시고, 당신을 의롭다고 선언하십니다. 당신은 여전히 죄인이지만, 그리스도 때문에 의롭다고 여겨지는 것입니다.

3. 참된 믿음의 열매가 무엇입니까?

그러나 오해하지 마십시오! 이 믿음은 게으른 믿음이 아닙니다. 참된 믿음은 살아 있고 창조적이며 활발하고 능력 있는 것입니다. 믿음은 스스로 선을 행하도록 강요하며 언제나 모든 사람을 섬길 준비가 되어 있습니다. 믿음은 선한 행위를 멈출 수 없습니다. 마치 나무가 좋은 열매를 맺듯이 말입니다.

그러므로 우리는 선행을 쌓아 구원을 얻으려고 노력하는 어리석음을 버려야 합니다. 우리는 먼저 오직 믿음으로 의롭다 함을 받고, 그 의로워진 상태에서 기쁨과 감사함으로 자발적인 선행을 해야 합니다. 이것이 바로 그리스도인의 삶입니다. 오직 그리스도를 바라보십시오! 오직 그분의 은혜를 신뢰하십시오! 아멘.

루터의 설교 내용 분석

설교 단계	루터의 내용 전개	강조점 및 특징
율법의 선포 (정죄)	율법은 하나님의 거룩한 요구다. 본문 말씀이 선언하듯, 율법의 행위로는 결코 의롭다 함을 얻을 육체가 없다. 우리가 평생 쌓아온 모든 율법적 행위는 우리를 의롭게 하지 못하고, 오히려 영원한 정죄 아래 가둘 뿐임을 상기시킨다.	율법의 기능(정죄)과 인간 행위의 무력함을 직설적으로 폭로하여 절망에 이르게 한다.
복음의 선포 (칭의)	그러나 복음은 다르다. 본문이 분명하게 선포하듯 "율법의 행위에 있지 않고 믿음으로 되는 줄 우리가 인정하노라!" 우리의 구원은 우리의 행위를 빼앗아 가시고, 오직 그리스도의 의로 채우시는 하나님의 놀라운 기적이다. 우리는 예수님 밖에서는 그 어떤 의도 찾을 수 없다. '오직 그리스도, 오직 믿음' 임을 제시한다.	오직 믿음과 그리스도 중심의 교리를 명료하게 선언하여 죄인을 안심시킨다.
자유와 촉구 (적용)	그러므로 이제 영혼의 참된 자유를 누리도록 한다. 우리는 '의롭다 함을 얻은 자'다. 이 확신 안에서 불안과 두려움을 떨쳐내고, 이제 율법의 종이 아니라 은혜의 자녀로서 기쁨으로 선을 행하도록 권면한다.	칭의의 확신에 근거한 영혼의 평안과 자유를 강력하게 촉구하며, 구원받은 자의 기쁨의 삶을 권면한다.

▶ 루터의 설교 세계

1517년 10월 31일, 비텐베르크성 교회 문 앞에 울려 퍼진 루터의 망치 소리는 단순한 항의를 넘어 잠들어 있던 시대를 깨우는 종교개혁의 서막이었다. 거대한 역사의 폭풍 중심에 서 있었던 마틴 루터(Martin Luther, 1483-1546)는 화려한 혁명가이기에 앞서, 하나님의 엄중한 말씀 앞에서 끊임없이 고뇌하고 전율하던 한 명의 설교자였다. 그의 일생을 관통한 가장 처절한 질문은 "나 같은 죄인이 어떻게 거룩하신 하나님 앞에 설 수 있는가"였으며, 그는 이 답을 찾기 위해 고행과 선행에 매진했으나 영혼의 갈증만 더해갔다. 그러던 중 그는 "의인은 오직 믿음으로 살리라"는 성경의 핵심 진리와 마주하게 되었고, 이 깨달음은 그의 인생뿐만 아니라 세계사의 흐름을 완전히 뒤바꾸는 계기가 되었다.

당시 로마 가톨릭교회가 전통과 교황의 권위를 성경보다 우위에 두고 면죄부 판매와 같은 부패를 일삼을 때, 루터는 오직 성경만이 성도의 유일한 권위임을 단호하게 선포하였다. 그는 설교를 인간의 단순한 강연이나 지식 전달의 수단으로 보지 않고, 선포되는 말씀을 통해 하나님이 직접 청중에게 말씀하시는 '신적 사건'으로 인식하였다. 이러한 인식에 따라 루터의 설교에서는 인간의 공로나 행위가 들어설 자리가 완전히 사라졌으며, 오직 하나님의 전적인 은혜와 그에 따르는 믿음만이 강조되었다.

루터의 설교는 예외 없이 예수 그리스도를 향해 수렴된다는 특징을 지닌다. 그는 복음이란 하나님의 아들이 인간을 위해 사람이 되고 죽으시고 다시 살아나셔서 만물의 주가 되셨다는 '그리스도에 관한 이야기' 외에 다른 것이 되어서는 안 된다고 확신하였다. 따라서 그는 난해하고 복잡한 신학 용어 뒤로 숨지 않았으며, 일반 대중이 말씀을 듣고 실질적인 삶의 변화를 경험하기를 갈망하였다. 그의 메시지는 언제나 간결하고 명확했으며, 복잡한 수사학적 형식보다는 '예수 그리스도를 믿음으로 의롭다 함을 얻는다'는 이신칭의의 핵심 진리를 전하는 데 모든 힘을 쏟았다.

루터에게 설교는 자신의 목숨을 건 치열한 영적 전투였다. 그는 매일 강단에 오를 때마다 이것이 자기의 마지막 설교라는 비장한 각오로 진리를 쏟아내었으며, 이러한 열정은 종교개혁이라는 거대한 집을 짓는 든든한 기초가 되었다. 특히 그의 설교는 율법과 복음이라는 두 축을 중심으로 전개되었다. 율법은 인간의 죄를 철저히 깨닫게 하여 스스로 구원할 수 없음을 폭로함으로써 옛 인간을 파괴하고 절망으로 인도하는 역할을 한다. 반면 복음은 율법으로 인해 절망한 인간에게 그리스도의 은혜와 용서를 선포하며, 믿음을 통해 새로운 인간을 형성하는 생명의 역할을 수행한다.

결과적으로 루터는 모든 성경 본문을 그리스도 중심으로 해석하였으며, 설교의 중심에 항상 예수 그리스도의 십자가 대속 사건을 위치시켰다. 또한 모든 신자가 세례를 통해 하나님 앞에 직접 나아갈 수 있다는 '만인제사장' 교리를 설교에 녹여냄으로써, 교황과 성직자 계급에 집중되어 있던 중세 교회의 권위주의적 구조를 해체하고 성도들에게 영적 자유를 선사하였다.

▶ 루터의 설교 전달

루터의 설교는 청중의 이해를 최우선으로 하는 단순하고 명료한 전달 방식을 특징으로 한다. 라틴어가 아닌 일반 대중이 사용하는 독일어로 설교하여, 누구나 하나님의 말씀을 이해하고 믿음을 가질 수 있도록 했다. 독일어 성경 번역과 함께 어려운 학문적 용어나 수사학적 기교를 배제하고 평범한 사람들이 쉽게 이해할 수 있도록 직설적이고 간결하게 메시지를 전달했다. 그의 설교는 때로는 격정적이고 논쟁적인 어투를 사용하여, 진리에 대한 확신과 열정을 청중에게 생생하게 전달했다. 본문에서도 마찬가지로 간결하고 단순한 언어로 말씀을 전하여 청중이 쉽게 알아들을 수 있게 했다.

▶ 루터의 설교 적용

설교의 적용은 단순히 개인의 도덕적 개선을 넘어서, 그리스도인의 자유와 세상 속에서의 섬김으로 확장되었다. 믿음으로 의롭다 함을 받은 그리스도인은 모든 죄와 율법의 정죄로부터 자유를 얻는다는 것을 가르쳤다. 이 자유는 방종이 아니라 사랑을 통해 자발적으로 이웃을 섬기는 삶(선행)으로 이어진다고 강조했다. 선행은 구원의 조건이 아니라 구원받은 믿음의 열매로서, 세상 속에서 그리스도인의 역할을 다하도록 촉구했다. 이 외에도 수도원이나 특별한 성직에만 국한되지 않고 그리스도인의 일상적인 직업과 삶의 현장 전체가 하나님이 주신 거룩한 소명임을 강조하며 신앙을 적용했다.

마틴 루터의 설교는 종교개혁을 성공으로 이끌었을 뿐만 아니라 후대 기독교 설교와 서구 문화 전반에 걸쳐 혁명적인 영향력을 미쳤다. 루터는 모든 설교에서 본문 해석과 설교의 중심이신 예수 그리스도를 의식적으로 드러내려 했다. 때로 알레고리적 해석으로 본문에서 벗어나는 경우도 있었지만, 예수 그리스도만을 전하고자 하는 그의 열정은 모든 설교자가 간직해야 할 자세다. 본문의 문자를 풀고 해석에 집중해도, 나아가 감동적인 은혜를 준다 해도 예수 그리스도가 없는 설교는 영혼의 변화를 불러올 수 없다는 것을 알고, 설교에서 반드시 그리스도를 드러내고 적용했다.

▶ 루터의 설교가 한국 강단에 주는 교훈

그는 굳게 닫힌 성경을 열어 '하나님의 음성'을 들려주었다. 루터는 중세 교회의 두꺼운 전통과 교황의 권위 아래 갇혀 있던 성경을 해방해 성도들 손에 들려준 설교자였다. 그는 설교란 사람이 만든 제도나 이론을 전달하는 시간이 아니라 오직 살아있는 하나님의 말씀만이 왕 노릇 하는 '거룩한 사건'이어야 함을 몸소 보여주었다. 성경 본문을 충실히 풀어내는 그의 설교는 오늘날 우리가 마주하는 현대 설교의 든든한 뿌리가 되었으며 세상의 유행이 아닌 변치 않는 진리의 권위를 회복시켰다.

그의 설교는 율법의 절망을 지나 복음의 품으로 인도하였다. 루터의 메시지 안에서 율법과 복음은 역동적으로 살아 숨 쉬었다. 율법은 우리의 부끄러운 죄를 거울처럼 비추어 절망하게 했지만, 그것은 우리를 무너뜨리기 위함이 아니라 생명인 복음으로 떠밀기 위한 과정이었다. 그는 인간의 공로나 행위라는 헛된 소망을 단호히 거부하고, 십자가에서 완성된 그리스도의 용서와 은혜만을 선포했다. 이 구속사적인 틀은 기복주의와 성공주의에 물들기 쉬운 오늘날의 강단에 '오직 십자가'라는 본질적인 나침반을 제시한다.

또한 그의 설교는 가장 낮은 곳으로 흐르는 생생한 언어였다. 루터는 상아탑 안의 고귀한 신학 용어 뒤로 숨지 않았다. 그는 시장터의 사람들, 평범한 이웃들이 알아들을 수 있는 쉽고 명료한 언어로 복음의 보화를 전달했다. 복잡한 이론보다는 일상의 비유를 들어 생동감 있게 진리를 쏟아냈으며, 때로는 진리를 희석하려는 세력에 맞서 목숨을 건 용기를 보여주기도 했다. 그의 설교는 지루한 강연이 아니라 성령의 감동과 확신이 넘쳐흐르는 살아있는 대화였다.

더 나아가 그의 설교는 교회당 문을 넘어 세상의 소명으로 나아가게 하였다. 루터는 신앙을 예배당이라는 좁은 틀 안에 가두지 않았다. 그는 '모든 신자는 하나님 앞에 당당히 서는 제사장'이라는 선포를 통해 우리의 일터와 가정, 평범한 일상 전체가 하나님이 부르신 거룩한 소명(Calling)의 현장임을 일깨웠다. 그의 설교를 들은 사람들은 더 이상 성직자의 그늘에 머물지 않고 세상 속에서 그리스도인답게 살아가는 법을 배웠다. 이처럼 차가운 신학적 지식을 가슴 뜨거운 실천으로 연결한 루터의 통찰은 오늘날 우리 삶이 곧 예배가 되어야 함을 강력하게 웅변한다.

마지막으로 그의 설교는 한국 강단을 향한 거장의 외침으로 다가온다. 결국 루터의 설교가 우리에게 주는 가장 큰 선물은 '본질로의 복귀'이다. 오직 성경, 오직 그리스도, 오직 은혜라는 종교개혁의 가치는 여전히 유효하다. 그의 설교를 마주하는 것은 단순히 과거의 역사를 배우는 일이 아니다. 그것은 머리로 이해한 진리가 가슴을 적시고 마침내 삶의 현장에서 뜨겁게 살아 움직이게 하는 '영적 혁명'을 오늘 우리 강단에서 재현하는 일이다.

성경의 명료함으로
종교개혁 설교 완성

"곧 창세 전에 그리스도 안에서 우리를 택하사"(엡 1:4).

이제 바울은 하나님이 우리를 자신의 은혜로 인도하시게 된 그 원천과 근거, 혹은 가장 중요한 이유가 무엇인지를 알려줍니다. 하나님이 복음을 통하여 우리를 천국의 소망으로 인도하시기 위해 선하심과 자비라는 보화를 드러내셨다고 말하는 것만으로는 충분하지 않기 때문입니다. 사실 이것만으로도 대단한 것이긴 하지만 말입니다.

만약 바울이 우리가 방금 읽은 본문을 덧붙이지 않았다면 하나님은 모든 사람에게 예외 없이 공통된 은혜를 베푸시는 분이 되어 결과적으로 그 은혜는 자신의 자유의지에 따라서 받아들이는 각 사람의 개인적인 능력에 달려 있다는 억측이 나올 수도 있을 것입니다. 결국에는 우리 공적이 있는 셈이 될 것입니다.

그러나 바울은 인간 편의 모든 공적을 배제하고 모든 것이 하나님의 순전하신 선하심과 은혜로부터 온다는 것을 보여주기 위해, 하나님이 우리를 미리 선택하심으로 우리에게 복을 주셨다고 말합니다. 바울의 이 말은 우리가 하나님을 온전히 찬양하기 위해서는 사람들 사이에 다양성이 발견된다는 것에 주의를 기울여볼 것을 알려줍니다. 왜냐하면 어떤 사람에게는 복음이 선포되지만, 다른 사람에게는 복음이 무엇인지 모른 채 복음으로부터 철저하게 닫혀 있기 때문입니다. 이는 마치 어떤 지역에는 하나님이 비를 내리시고, 다른 지역은 바짝 말라 있게 하시는 것과 마찬가지입니다.

만일 누군가 "왜 하나님은 어떤 사람에게는 긍휼을 베푸시고, 다른 어떤 사람은 포기하고 내버려 두시는가?"라고 질문한다면, 거기에는 그분이 그렇게 하기를 기뻐하신다는 말 외에는 다른 대답이 있을 수 없습니다. 복음이 선포될 때 어떤 사람은 생생한 믿음으로 마음 깊이 감화를 받지만, 어떤 이는 아무런 유익도 받지 못한 채 왔던 길로 되돌아가고, 또 어떤 이는 하나님을 대항하여 마음이 굳어져서 이전부터 그 안에 숨겨져 있던 완고함을 드러내 보이기도 합니다. 이런 다양한 차이의 원인이 무엇이겠습니까? 그것은 바로 하나님이 어떤 이는 성령으로 인도하시고, 또 이떤 이는 그 본래적인 부패 속에 그대로 내버려 두시기 때문입니다.

바울이 이 말씀을 통하여 하나님의 선택을 따라 하나님께 복을 받는다고 말하는 것에는 그럴 만한 충분한 이유가 있는 것입니다. 왜냐하면 우리가 그분께로 나아간 것이 아니라 그분이 우리를 찾아오시기 때문입니다. 선지자 이사야의 말(사 65:1)은 모든 면에서 성취되어야 합니다. 하나님은 그분을 찾지 아니한 자들에게 자신을 드러내셨고, 멀리 떨어져 있는 자들이 그분을 가까이 뵈었던 것입니다. 또한 그분은 그들에게 다음과 같이 말씀하셨습니다. "내가 여기 있노라. 내가 여기 있노라. 비록 너희들이 나를 경멸할지라도 나는 너희의 구원에 깊은 관심이 있기 때문에 너희에게로 가노라." 바로 이것이 이 말씀을 통해 바울이 말하고자 하는 내용입니다.

만일 우리가 철학자들에게 묻는다면, 그들은 언제나 하나님은 그럴 만한 가치가 있는 사람을 사랑하시고 덕이 있는 사람을 구원하셔서 자기 백성으로 삼으신다고 대답할 것입니다. 우리는 자신의 상상력에 의존하여, 하나님이 어떤 사람은 사랑하시고 어떤 사람은 미워하실 때 각 사람의 가치나 인품에 따라 그들을 구분하신다고 생각할 것입니다.

그러나 우리는 우리의 지식 안에 오직 허영만이 들어있음을 알아야 합니다. 하나님은 우리의 잣대를 가지고 제어할 수 있는 분이 아니십니다. 이 문제는 우리에게 이해되지 않는 하나님의 비밀에 대한 존경과 관계되어 있습니다. 만일 우리가 그 비밀을 존경하지 않는다면 우리는 믿음의 원리들을 이해하지 못하게 될 것입니다. 왜냐하면 우리의 지혜는 언제나 겸손으로부터 시작되어야 하며, 우리의 이런 겸손은 곧 하나님의 판단을 우리의 저울로 재단해서는 안 된다는 것과 우리 스스로 하나님의 판단에 대한 심판자나 중재자가 되어서는 안 된다는 것을 의미하기 때문입니다.

여러분은 사람들이 이 예정 교리를 어렵고 귀찮은 것으로 생각하는 이유가 그들이 자기 의견에 너무 집착하고 자신을 하나님의 지혜에 굴복시키지 못하며, 그분의 말씀에 집착하고 겸손하게 받아들이지 못하기 때문임을 알고 있습니다. 참으로 우리는 "육에 속한 사람은 하나님의 성령의 일들을 받지 아니하나니 이는 그것들이 그에게는 어리석게 보임이요"(고전 2:14)라는 바울의 말로부터 교훈을 얻어야 합니다. 왜 그렇습니까? 우리는 그분의 지도교사가 아니라 오히려 성령에 의해 우리에게 계시 된 것들을 받아야 할 사람에 불과하고, 그런 방법이 아니고는 결코 그 비밀을 알 수 없기 때문입니다. 또한 우리는 그분이 우리에게 허락하시는 방법에 따라 그 비밀의 해답을 얻어야 하기 때문입니다.

사실 우리는 바울이 우리에게 그와 같은 생각에 도달하도록 권면하고 있다는 것을 압니다. 바울은 이렇게 말합니다. "이 사람아, 네가 누구이기에 감히 하나님께 반문하느냐"(롬 9:20). 그는 우리가 으레 하는 여러 가지 답변을 한 후에 '사람아' 라는 말을 쓰고 있습니다. 바울은 이 '사람아' 라는 단어를 가지고 우리의 연약함을 깨닫도록 일깨워 줍니다. 왜냐하면 우리는 먼지에 불과하기 때문입니다(시 103:14). 그렇다면 우리가 하나님께 대항하여 입을 벌려 말하는 것은 얼마나 무모한 것입니까. 그것은 자연의 질서를 뒤집는 일이 아니겠습니까.

우리 중에는 감히 성령을 거스르는 것을 원하지 않기 때문에 바울이 여기서 말하는 예정 교리를 인정하기는 하지만 그 교리가 이야기되는 것을 막기 위해 그것을 묻어두려는 사람들이 있습니다. 하지만 그들은 선지자들과 사도들, 그리고 심지어 하나님 아들의 입을 통하여 그 교리를 가르쳐주신 성령을 통제하려 함으로써 자기들이 바보라는 사실을 보여줄 뿐입니다. 우리 주님은 자신이 우리에게 구원에 대한 확신을 주고자 하실 때나 혹 믿음의 은사를 칭찬하려 하실 때면 언제나 우리를 이 '영원한 선택'으로 이끌어 가셨습니다.

우리는 다시금 바울이 하나님의 선하심을 찬양하는 데 있어 예정 교리 이상으로 더 좋은 증거를 가지고 있지 않다는 점에서 이 교리에 반대하는 자들의 어리석음을 볼 수 있습니다. 그러므로 다른 이유가 없다면 이 교리를 침묵하게 하기보다는 차라리 온 세상이 혼란에 빠지게 하는 편이 나을 것입니다. 하나님은 우리 눈앞에 무한한 자비의 보화를 펼쳐 놓으셨는데 사람들이 그것에 대해 말하지 않고 오히려 그 보화를 발밑으로 던져버린다면 그것이 과연 제정신이 있는 행동이겠습니까?

하나님의 선하심은 어떻게 칭송받아야 할까요? 그것은 바로 그분의 인품이나 업적 어느 곳에서도 우리를 사랑할 만한 어떤 것도 발견할 수 없음에도 불구하고 그분의 순전한 관대함으로 우리 앞에 보여주시는 은혜를 통해서입니다. 만약 그렇다면 거기에는 필연적으로 하나님의 선택이 먼저 있어야 합니다. 하나님은 자신이 그렇게 하기를 좋게 여기시기 때문에 어떤 사람은 선택하시고 다른 사람은 버리십니다. 더 나아가 우리는 믿음이라는 것이 우리에게서 오는 것이 아니라는 사실을 알아야 합니다. 만일 그렇다면 우리의 행위 안에 어떤 공로가 있는 셈이 되기 때문입니다. 물론 우리 안에는 사악함만이 존재한다고 또 우리는 저주를 받았으며 우리는 죄를 인정하는 것밖에 다른 할 일이 없다고 고백하는 것은 바로 믿음을 통해서 그렇게 하는 것입니다. 그러나 그렇다고 할지라도 만일 우리가 자신의 주도 아래 믿음을 가진다면 그 믿음은 일종의 공로와 같은 성격을 지니게 될 것입니다. 그러므로 위로부터 주어지지 않는다면 사람이 스스로 믿는다는 것은 불가능하다는 결론을 내려야 합니다.

확실히 바울은 하나님을 "찬송하리로다"(엡 1:3)라고 주목받을 만한 가치 있는 무엇인가를 선언하고 있습니다. 왜 그렇습니까? 그것은 곧 그가 하나님은 예수 그리스도 안에서 우리를 풍성하게 하심으로써 우리 삶을 즐겁고 복된 것이 되도록 하셨다고 말하고 있기 때문입니다. 이어서 그는 "우리를 택하사"(엡 1:4)라는 말을 덧붙이고 있습니다.

바울이 언급하고 있는 신령한 복 가운데 믿음이 발견됩니까? 물론입니다. 그것은 모든 신령한 복 가운데 으뜸입니다. 왜냐하면 우리는 바로 그 믿음을 통해서 성령을 받기 때문입니다. 우리는 믿음으로 역경을 인내합니다. 또한 믿음으로 하나님께 복종하고 믿음으로 그분을 섬기는 일을 허락받습니다. 즉 언제나 믿음은 하나님이 우리에게 허락하시는 모든 신령한 은혜 중 으뜸인 것입니다.

다음의 요점은 구원에 대한 확신입니다. 우리 주 예수님은 우리에게 그 모든 유혹에 대항해서 자신을 견고케 하는 치유책을 보여주셨습니다. 그분은 이렇게 말씀하십니다. "너희는 스스로 내게 오는 것이 아니라 하늘의 아버지께서 너희를 내게로 이끄시는 것이다. 내가 너희를 내 보호 안에 두었나니 더 이상 두려워하지 말라. 나는 너희를 나의 아버지 하나님의 유업으로 인정한다. 너희를 내게 맡기시고 내 손에 두신 분은 나보다 크시니라." 그러므로 우리는 우리의 구원이 하나님의 영원하신 예정 때문에 확증된다는 것을 알 수 있습니다.

하나님은 모든 사람에 대하여 관대하십니다. 그분은 선인과 악인 모두에게 햇빛을 비추시기 때문입니다(마 5:45). 그런 그분이 이제 사람 중에서 어떤 이들을 뽑아 그분의 자녀가 되는 특권을 허락해 주신다고 해서, 우리가 그분께 대항해 중얼거린다고 무엇을 얻을 수 있습니까? 누군가가 하나님은 사람을 편파적으로 대하신다고 말할지라도, 그러나 그렇지 않습니다(롬 3:25). 왜냐하면 그분은 부자를 선택하고 가난한 자를 무시하시는 분이 아니기 때문입니다. 그분은 아무 지위도 없는 낮은 사람보다 고귀한 사람이나 신사들을 택하는 그런 분이 아니십니다(고전 1:26).

그러므로 하나님은 어떤 편파적인 성향도 없으십니다. 왜냐하면 그분은 가치 없는 사람을 선택하심에 있어 오직 자신의 순전하신 선에만 의존하시기 때문입니다. 그분은 누가 다른 사람보다 더 가치 있는지 생각하지 않으십니다. 그분은 자신이 기뻐하는 대로 선택하실 뿐입니다. 그 이상 무엇을 더 바랄 수 있겠습니까. 그러므로 우리에게는 하나님 뜻에 만족하고 스스로 제어하여, 그분으로 하여금 자신이 기뻐하는 대로 선택하시게 해야 할 충분한 이유가 있습니다. 그분의 뜻이야말로 모든 평등과 권리에 대한 지배적인 기준이기 때문입니다.

이제 우리는 바울이 여기에서 무엇을 말하고 있는지 알 수 있습니다. 그가 하나님이 우리에게 복을 주셨다고 말할 때, 그것은 모호한 교리가 아닙니다. 참으로 하나님이 성령을 통하여 우리를 복음에 대한 믿음으로 인도해 주시고, 또 우리 주 예수 그리스도의 은혜의 참여자가 되게 해주실 때, 그것은 바로 하나님이 그것을 통하여 우리를 창세전부터 선택하셨다는 사실을 보여주는 것입니다. 그러므로 우리가 하나님의 은혜를 바르게 찬양하려면 이런 근본적이고 본디 원인인 '하나님의 선택'에까지 나아가야 한다는 것을 깨달아야 합니다.

이제 우리는 이보다 더 나아가야 합니다. 왜냐하면 바울은 본문에서 사람들이 자기 스스로 취할 수 있는 모든 존경과 가치를 더욱 잘 제거하기 위하여 "창세전에"(엡 1:4)라는 말을 쓰고 있기 때문입니다. 하나님은 우리를 창세전에 선택하셨습니다. 그러니 우리가 그분께 무엇을 내세울 수 있겠습니까. 따라서 우리는 하나님이 창세전에 우리를 선택하셨다고 바울이 말할 때, 그가 다음과 같은 올바른 전제를 세우고 있음에 주목해야 합니다. 즉 하나님은 우리 안에서 악 외에는 어떤 것도 보실 수 없었다는 것입니다. 우리 안에는 하나님이 발견하실 수 있는 어떤 선도 존재하지 않습니다. 그러므로 그분이 우리를 선택하셨다는 사실을 아는 우리는 그러한 선택은 하나님의 값 없는 은혜에 대한 매우 분명한 증거라고 간주해야 합니다.

바울은 이와 같은 일이 "그리스도 안에서"(엡 1:4) 이루어졌다고 말함으로써 이 문제를 더욱더 훌륭한 방식으로 확증하고 있습니다. 만약 우리가 '우리 안에서' 선택받았다고 한다면 하나님은 우리 안에서 다른 사람들에게는 알려지지 아니한 어떤 비밀스러운 공로를 발견하셨다고 말할 수도 있을 것입니다. 그러나 그분이 우리를 우리의 어떤 것과도 상관없이 선택하셨음을 볼 때, 즉 우리 밖으로부터 우리를 사랑하셨음을 알 때 우리가 그 사실에 대해 무엇이라고 말하겠습니까. 만약 내가 어떤 사람에게 선을 행한다면, 그것은 바로 내가 그를 사랑하기 때문입니다. 만약 내 사랑의 원인이 무엇이냐고 묻는다면, 거기에는 우리가 성격 면에서 서로 닮았다거나 아니면 그와 유사한 어떤 다른 이유가 있었을 것입니다.

다음으로 나오는 말씀은 "사랑 안에서 그 앞에 거룩하고 흠이 없게 하시려고"(엡 1:4)입니다. 이 '사랑'이란 단어는 마땅히 하나님께 돌려야 합니다. 이것은 마치 우리가 하나님의 값없는 사랑 이외에는 하나님이 우리를 자녀로 삼아주시도록 할 만한 그 어떤 다른 이유도 발견할 수 없다고 말하는 것과도 같습니다. 바울은 여기에서 비록 하나님의 선택은 자유로운 것이며 인간의 모든 가치와 업적과 덕행을 무시하고 없애버리는 것이기는 하지만, 그렇다고 해서 그와 같은 선택이 우리에게 악을 행하게 하거나 무질서한 삶을 살게 하거나 미친 듯이 날뛸 수 있도록 허가증을 제공해 주는 것은 아니며, 오히려 그런 선택은 우리가 빠질 수 있는 모든 악으로부터 우리를 건져내기 위함이었다는 것을 보여줍니다.

이 시간 우리는 이 교훈으로부터 어떤 유익을 얻어 내야 합니다. 지금 우리는 우리의 선택에 대한 증거이시며 우리 구원과 하나님의 무한한 사랑이 근원으로부터 흘러나오는 모든 신령한 은혜의 소망 되시는 우리 주 예수 그리스도의 만찬을 받을 준비를 하고 있습니다. 그러므로 우리는 그분이 우리에게 자신의 부요함을 보여주시는 것은 우리가 그것을 남용하도록 하시려는 것이 아님을 알아야 합니다. 그것들로 인하여 우리의 입술로뿐만 아니라 삶 전체를 통하여 영광 받으실 목적으로 그렇게 하시기 때문입니다. 또한 우리는 모든 것을 그분께 받고 있으므로, 그분이 우리를 마음껏 기뻐하시도록 하기 위해 그분의 자녀가 되고 그분께 복종하는 것을 배워야 합니다.

이제 우리는 우리의 좋으신 하나님의 위엄 앞에 엎드려 우리의 죄를 자복합시다. 그리고 그분이 우리로 하여금 그런 죄과들을 더욱 깊이 느끼게 하시어 하나님에 대한 두려움 안에서 유익을 얻을 수 있게 해주시고 그 안에서 더욱 강건하게 하시기를 기도합시다. 우리로 하여금 모든 약점을 견딜 수 있게 해주시기를 또한 기도합시다. 그리고 하나님이 예수 그리스도로 인하여 우리의 죄를 씻어 주시고 깨끗하게 해주실 때까지, 즉 그분이 모든 것을 우리에게 소유로 허락해 주시는 날까지 우리가 하나님 은혜를 맛보며 살아가게 해주시기를 기도합시다. 이제 우리는 이렇게 기도합시다. "하늘에 계신 우리 아버지, 아버지 이름을 거룩하게 하시며…."

설교 단계	칼빈의 내용 전개	강조점 및 특징
본문 명료화 (성경의 의도)	사도는 여기서 우리의 구원이 우리 자신의 노력이나 공로가 아닌, 오직 하나님께 있다는 엄중한 진리를 선포하고 있다. '창세전' 이라는 표현은 시간의 시작 이전에 선택의 영원성을 명확히 한다.	정확한 신학적 용어와 성경의 원 의도를 명확히 제시한다.
교리적 논증 (주권)	만일 구원이 우리 편의 행위나 믿음을 아는 하나님의 예지에 달려 있다면, 그것은 인간의 공로가 될 것이다. 그러나 성경은 우리의 구원이 오직 하나님의 주권적인 뜻에서 비롯되었음을 명백히 밝힌다. 우리의 영광은 우리 선택이 아닌, 하나님의 영광에 있음을 논증한다. 하나님의 선택에 대해 대항하는 것이 아니라 순응하고 감사하도록 한다.	교리적 진리를 논리적이고 체계적인 논증으로 확립한다.
삶으로의 적용 (겸손과 감사)	이 선택과 예정 교리는 우리를 절망케 하는 것이 아니라 무한한 겸손과 불멸의 감사로 인도한다. 우리가 구원받은 것은 우리가 잘나서가 아니라 오직 그분의 은혜이며, 우리는 이제 거룩함과 흠 없음이라는 목적을 향해 부름을 받았다. 이 은혜에 합당하게 살 것과 기도할 것을 권면한다.	교리적 진리가 성도의 합당한 삶과 태도로 이어지도록 적용한다.

▶ 존 칼빈의 설교 세계

종교개혁의 신학을 설교로 완성한 인물을 꼽는다면 단연 존 칼빈 (John Calvin, 1509-1564)일 것이다. 그의 설교는 화려한 미사여구로 청중을 매료시키기보다는, 하나님의 주권과 성경의 권위라는 두 기둥 위에 세워진 견고한 진리의 성과 같았다.

칼빈의 설교 목적은 설교자 개인의 사상을 전하는 것이 아니라 성경이 스스로 청중에게 말하게 하는 데 있었다. 그는 본문의 문법적, 역사적 의미를 해부하듯 엄격하게 파헤쳤으며, 강단을 설교자의 무대가 아닌 하나님의 구원론과 교회론을 대중의 눈높이에서 가르치는 거룩한 교리 교육의 현장으로 삼았다.

그는 수사학적 화려함이나 설교자의 기교, 재미있는 예화에 청중의 시선이 쏠리는 것을 경계했다. 대신 성경을 장절로 끊지 않고 처음부터 끝까지 순서대로 설교하는 방식을 통해 성경 전체의 맥락을 꿰뚫게 했다. 설교의 구조 또한 본문의 의미를 간결하게 해설하고 거기서 진리를 논증한 뒤, 청중의 삶으로 연결하는 질서 정연한 형식을 고수했다.

칼빈 설교의 종착역은 언제나 하나님의 주권과 영광이었다. 그는 인간의 전적인 타락과 무능력을 가차 없이 선포했는데, 이는 절망을 주기 위함이 아니라 인간의 한계를 깨달을 때 비로소 하나님의 은혜가 얼마나 압도적인지를 알 수 있기 때문이었다. 그는 죄와 심판을 선포한 뒤 반드시 예수 그리스도를 통한 구원의 복음으로 결론을 맺으며 청중에게 최고의 위로와 소망을 선사했다.

비록 장황한 예화는 없었으나 칼빈의 설교는 매우 실용적이었다. 하나님의 은혜를 깨달은 성도가 세상 속에서 어떻게 질서 있게 살아가야 하는지를 논리적으로 권면했기 때문이다. 덕분에 청중은 일시적인 감정의 소용돌이에 휘말리는 대신, 명확한 진리 위에서 자신의 삶을 재구성할 실질적인 힘을 얻을 수 있었다.

그는 설교자의 권위가 개인의 매력이 아니라 하나님의 말씀을 대언한다는 소명에서 비롯된다고 믿었다. 따라서 강단 위에서 매우 경건한 태도를 보였으며, 학자부터 평민까지 모두가 이해할 수 있도록 정확하고 명료한 발음을 사용했다. 제네바에서 일주일에 열 차례 이상 강단에 올랐던 그의 헌신은 설교를 통해 도시 전체를 개혁하려는 확고한 의지의 발로였다.

▶ 존 칼빈의 설교 전달

칼빈의 설교 전달은 겸손함과 진지함이 특징이었다. 설교자의 권위는 개인의 매력이 아니라 하나님 말씀 대언자의 소명에서 비롯된다고 믿었다. 그는 설교자가 자기 과시를 위해 어려운 용어나 철학적 사변을 늘어놓는 것을 경계했다. 누구나 이해할 수 있는 쉬운 언어로 복음을 설명하는 것이 그의 원칙이었다. 그는 성경 한 권을 선택하면 첫 절부터 마지막 절까지 매일 또는 매주 순차적으로 강해했다. 이는 설교자가 자신이 하고 싶은 말만 골라 하는 것을 방지하고 성경 전체의 의도를 전달하기 위함이었다. 그는 설교자의 목소리가 청중의 귀에 들릴 때 성령께서 그 마음속에 역사하셔야만 진정한 변화가 일어난다고 믿었다.

▶ 존 칼빈의 설교 적용

칼빈 설교의 적용은 하나님 나라의 실현과 기독교인의 전 생애에 걸친 성화를 목표로 했다. 모든 기독교인은 각자의 직업을 통해 하나님의 부르심(소명)을 받았으며, 일상생활과 직업 활동에서 근면, 정직, 절제하는 것이 하나님을 영화롭게 하는 길이라고 가르쳤다. 이것은 그의 사회 윤리적 적용의 핵심이었다. 성경적 원리에 따라 가정생활과 교회 질서를 개혁해야 함을 강조했다. 예배 참석, 성례 참여, 자녀 교육 등 모든 일에 대한 성경적 기준을 제시하고 실천을 촉구했다.

부의 불평등을 비판했으나, 그의 적용은 구체적인 자선과 더불어 경제시스템 자체의 정의에 대한 성찰을 요구했다. 부는 하나님의 선물이며, 이를 공동체와 이웃을 위해 책임감 있게 사용해야 한다고 가르쳤다. 기독교인들이 선한 시민으로서 사회의 질서와 법률을 존중하고, 정치적 의무를 다함으로써 도시의 거룩함에 기여해야 함을 강조했다. 그의 설교는 제네바시의 법률과 사회 규범에 직접적인 영향을 미쳤다.

▶ 존 칼빈의 설교가 한국 강단에 주는 교훈

존 칼빈의 설교는 성경의 진리를 명확하고 논리적인 교리로 재구성하여, 이를 청중의 개별적인 삶은 물론 사회 전체의 영역에 치열하게 적용한 결정체였다. 그의 설교 목적은 단순히 지식을 전달하는 데 그치지 않고, 인간 삶의 모든 영역에서 하나님의 주권이 온전히 우러나도록 이끄는 데 있었다. 이러한 칼빈의 설교 방법론은 오늘날까지도 개혁주의 강해 설교의 가장 전형적이자 표준적인 모델로 굳건히 자리 잡고 있다.

칼빈의 설교가 교회사 속에서 특별한 의미를 갖는 결정적인 이유는 죽어 있던 성경 본문을 강단 위에서 살아 움직이게 했다는 점에 있다. 칼빈 이전의 중세 강단은 성경 진리 그 자체를 순수하게 선포하기보다 교회의 전통이나 인위적인 해석이 지배하던 곳이었다. 그러나 칼빈은 성경을 하나님의 살아있는 말씀으로 철저히 신뢰하였으며, 이 말씀이 가감 없이 선포될 때 하나님의 구원 역사가 일어나고 성도의 삶이 거룩하게 변화된다는 확신을 품고 있었다. 그에게 설교는 기록된 계시가 선포된 계시로 바뀌며 청중의 영혼을 뒤흔드는 신적 사건이었다.

오늘날 한국교회가 직면한 여러 위기를 극복하고 영적인 재도약을 이루기 위해서는 칼빈의 설교 신학을 다시금 자세히 살펴야 한다. 현재 교회가 겪는 수많은 갈등과 쇠퇴의 근본 원인은 강단에서 하나님 말씀이 신실하게 선포되지 못하고 있으며, 선포된 말씀을 믿는 대로 살아내지 못하는 언행 불일치에 있기 때문이다. 칼빈은 이러한 위기 앞에서 설교자가 취해야 할 태도를 명확히 보여준다. 그는 위대한 종교 개혁가이자 주석가, 그리고 신학자로서 진리의 복음을 바르게 해석하고 이를 대중 앞에 담대히 선포하는 일에 평생을 바쳤다.

진리에 근거하여 개인의 삶과 사회 구조가 근본적인 변화를 향해 나아가는 것, 이것이야말로 이 시대 교회를 개혁할 수 있는 유일한 길이다. 또한 이는 종교개혁의 후예들이 가슴 깊이 간직해야 할 본질적인 마음가짐이기도 하다. 칼빈은 설교자가 단순히 정보를 전달하는 자가 아니라 세상의 가치관과 타협하지 않는, 하나님 말씀을 두려움 없이 선포하는 영적 파수꾼임을 일깨워 주었다.

강단에서 종교개혁의 견고한 발판을 마련한 그의 영향은 오늘날의 설교자에게 거대한 용기를 부여한다. 청중의 기호나 시대의 흐름에 영합하지 않고, 오직 성경이 말하는 바를 정직하게 전하는 용기가 회복될 때 교회는 비로소 세상을 변화시키는 동력을 얻게 된다. 결국 칼빈의 설교를 계승한다는 것은 철저한 신학적 바탕 위에서 뜨거운 복음의 열정을 회복하고, 그 말씀이 삶의 현장에서 구체적인 실천으로 열매 맺게 하는 전인적인 개혁의 과정이라 할 수 있다.

뜨거운 감성, 대각성 운동의 불꽃

"내가 땅의 모든 족속 가운데서 너희만을 알았나니 그러므로 내가 너희 모든 죄악을 너희에게 보응하리라"(암 3:2).

이 구절은 이스라엘 백성에게 주신 놀라운 특권과 그럼에도 그들이 계속해서 행한 악행에 대해 하나님께서 특별한 징계를 내리실 것을 선포하는 경고입니다. 첫째, 여기서 우리는 하나님께서 이스라엘에게 주신 특권에 대해 주목해야 합니다. "내가 땅의 모든 족속 가운데서 너희만을 알았나니." 하나님이 이스라엘을 '안다'는 것은 그들을 특별히 구별하여 선택하시고, 그들에게 특별한 사랑과 은총을 베푸셨다는 뜻입니다. 둘째, 우리는 하나님께서 이스라엘을 징계하실 이유에 주목해야 합니다. "그러므로 내가 너희 모든 죄악을 너희에게 보응하리라." 하나님께서는 그들이 받은 특권이 크기 때문에, 그들의 죄악에 대한 심판도 더욱더 가혹할 것이라고 선언하십니다.

여기서 도출되는 교리는 이것입니다. 하나님으로부터 더 큰 특권과 은혜를 받은 자들이 그 특권에 합당하지 않게 살 때, 그들의 죄는 더욱더 무거워지고 가증스러워지며, 그만큼 더 큰 형벌을 받을 것입니다. 이 교리는 다음의 사실들로 입증될 수 있습니다.

첫째, 큰 은혜를 받은 후의 죄는 하나님의 은총을 멸시하는 행위입니다. 하나님께서 어떤 사람에게 놀라운 자비와 선하심을 베풀어 주셨을 때, 만일 그가 그 후에 죄를 짓는다면 그는 하나님의 선하심과 은총을 멸시하는 것입니다. 죄는 언제나 하나님의 권위에 대한 모반이지만, 그분의 은혜가 명백하게 드러난 후의 죄는 단순한 모반을 넘어 배은망덕함과 하나님에 대한 특별한 멸시를 동반합니다.

이스라엘 백성은 땅의 다른 모든 족속보다 하나님 자비의 증거를 더 많이 보았습니다. 그런데도 그들이 계속해서 죄를 지었을 때, 그들은 사실상 하나님께 "주님의 선하심은 우리가 순종할 만한 가치가 없다"고 말한 것과 같습니다. 이는 가장 가증스러운 악입니다.

둘째, 큰 특권 아래서 지은 죄는 복음의 빛을 거부하는 행위입니다. 영적인 특권은 우리에게 진리와 의무의 더 큰 빛을 제공합니다. 이스라엘은 계시와 예언자를 통해 다른 민족보다 훨씬 더 분명하게 하나님의 뜻을 알았습니다. 그러므로 그들이 이 빛 가운데서 죄를 지었을 때, 그들의 죄는 단순한 무지의 행위가 아니라 지식에 반하여 행한 의도적인 악행이 됩니다. 주님께서는 마태복음 11장 21절에서 말씀하셨습니다. "화 있을진저 고라신아, 화 있을진저 벳새다야, 너희에게 행한 모든 권능을 두로와 시돈에서 행하였더라면 그들이 벌써 베옷을 입고 회개하였으리라." 이처럼 더 큰 빛을 받은 자가 그 빛을 거부할 때 그는 자신의 죄를 더 크게 만듭니다.

셋째, 큰 특권은 사람을 하나님과 더 가까운 언약 관계에 두게 합니다. 하나님께서는 다른 민족과 달리 이스라엘을 특별한 언약 관계 안으로 데려오셨습니다. 그들은 그분의 소유된 백성이었으며, 그분은 그들의 왕이셨습니다. 이 관계는 특별한 의무와 신실함을 요구합니다. 언약 백성이 죄지을 때, 그들의 죄는 단순한 위반이 아니라 언약 파기이며, 이는 모든 죄 중에서 가장 비열한 행위입니다. 그들의 죄는 주인을 배신한 종의 죄, 아니, 사랑하는 아버지를 배신한 자식의 죄와 같습니다. 언약 관계의 특성상, 죄는 더욱더 경건하지 못하고 모욕적인 성격을 띠게 됩니다.

이 교리는 이 땅에 사는 우리에게도 지극히 중요합니다. 우리 뉴잉글랜드의 백성들은 이스라엘 백성이 받았던 특권 이상으로 복음의 놀라운 빛과 은혜를 받았습니다. 만일 우리가 이처럼 놀라운 빛 아래에서 냉랭하고 불순종하며 산다면, 우리 스스로 죄의 길을 고집한다면, 우리는 필연적으로 하나님의 가장 혹독한 진노와 심판을 경험할 것입니다. 우리의 심판은 이방 민족의 심판보다 더 무거울 것입니다. 우리가 받은 특권이 클수록, 우리의 죄악은 하나님 앞에서 더 크게 보응 받을 것입니다. 회개하십시오!

우리는 이스라엘 백성이 받았던 특권 이상으로 복음의 은혜를 받았습니다. 우리는 그리스도 복음의 빛 아래에 살고 있습니다. 두려움과 떨림으로 자신을 돌아보십시오. 만일 우리 중에 복음의 빛과 모든 영적인 특권에도 불구하고 여전히 불경건하게 살고, 세속적인 쾌락과 죄악을 탐닉하는 사람이 있다면, 이 말씀을 듣고 큰 두려움을 느껴야 합니다.

당신은 자신의 죄가 무지한 이교도나 불신자의 죄보다 얼마나 더 큰 무게를 가졌는지 깨닫지 못하고 있습니다. 당신의 죄는 하나님의 자비를 짓밟고, 그리스도의 피를 멸시하며, 성령을 근심하게 하는 죄입니다. 당신이 받은 복음의 특권이 바로 당신의 심판을 가장 가혹하게 만들 증인으로 설 것입니다.

우리나라(뉴잉글랜드)에 대한 경고입니다. 우리는 복음의 진정한 빛과 청교도적인 개혁의 순수함을 물려받은 나라입니다. 다른 어느 나라보다 하나님의 손길을 경험했습니다. 그러나 만일 이 땅이 불경건과 도덕적 해이, 그리고 영적인 냉담함으로 이어진다면, 우리는 하나님께서 이스라엘에게 내리신 것보다 더 무서운 징벌을 예상해야 합니다.

주님께서는 우리에게 주신 풍성한 특권 때문에, 우리가 범한 죄악을 묵과하지 않으실 것입니다. 오히려, 이 특권이 우리의 죄를 더욱 가증스럽게 만들었기 때문에, 하나님의 심판은 불이 붙듯 빠르게 임할 것입니다.

그러므로 저는 이 모든 특권을 누리고 있는 모든 이에게 권면합니다. 지체하지 말고 지금 당장 회개하고 그리스도를 영접하십시오!

당신이 처한 위험을 깨달으십시오. 당신의 죄는 다른 사람의 죄보다 더 가중되어 있습니다. 당신이 회개하지 않고 복음을 거부한다면, 당신은 지옥에서 가장 깊은 곳, 가장 뜨거운 불길 속으로 던져질 것입니다. 이는 자비와 진리를 거절한 죄에 대한 공의로운 보응입니다. 하나님은 당신의 영혼을 가혹하게 심판하실 것입니다. 하나님께 돌아가십시오.

하나님께서 당신에게 주신 이 큰 특권들을 사용하여 당신의 영혼을 구원하십시오! 당신에게는 아직 복음의 길이 열려 있습니다. 당신이 그리스도를 믿고 회개한다면, 당신이 지은 그 모든 큰 죄악도 그분의 은혜로 충분히 용서하고 덮으실 수 있습니다. 당신 삶을 바로잡고 당신의 특권에 합당한 방식으로 살기 시작하십시오. 더 이상 하나님의 은혜를 멸시하지 마십시오. 하나님의 자비가 영원히 사라지기 전에, 당신의 구원을 위해 주어진 이 황금 같은 기회를 붙잡으십시오! 오직 그리스도만이 이 무서운 진노에서 당신을 구원하실 수 있습니다. 아멘.

에드워즈의 설교 내용 분석

설교 단계	에드워즈의 내용 전개	강조점 및 특징
교리적 진술 (Doctrine)	하나님께서 자신을 특별히 아는 백성에게 더욱 엄격한 심판을 내리시는 것은 하나님의 절대적인 주권과 거룩하심에 기인한다.	논리적이고 엄밀한 신학적 명제를 제시한다.
논증적 증명 (Proof)	이스라엘에게 주신 언약은 특권인 동시에 더 무거운 책임이었다. 하나님은 지식과 특권을 주셨으나, 그들이 그분의 거룩하심을 무시했을 때, 그분의 진노는 더욱 거룩하게 타올랐다.	성경 본문과 이성을 통해 교리를 논리적으로 증명한다.
영적 적용 (Application)	주님께서 이 땅의 어느 백성보다 이 이스라엘을 아셨다. 당신은 말씀을 들었고 은혜를 경험했다. 그런데 그분께 돌이키지 않는다면 당신은 하나님의 진노의 심연에 머물러 있는 것이다. 당신은 지금이라도 지옥에 던질 수 있는 하나님의 손에 붙잡힌 것과 같다.	극단적인 비유를 사용하여 청중의 두려움과 정서에 깊이 호소하며 회심을 촉구한다.

▶ 조나단 에드워즈의 설교 세계

　신학 역사상 가장 정교한 지성을 소유했으면서도 동시에 가장 뜨거운 영적 각성을 이끌어 낸 인물은 단연 조나단 에드워즈(Jonathan Edwards, 1703-1758)다. 그의 설교 철학은 청교도 전통과 개혁주의 신학에 깊이 뿌리내리고 있으며, 설교의 모든 초점을 하나님의 영광을 드러내고 영혼의 회복을 촉구하는 데 맞추었다. 에드워즈에게 설교란 단순히 성경 지식을 전달하는 강의가 아니라 청중의 영혼을 거룩하신 하나님 앞으로 강권하여 이끌고 가는 강력한 영적 초대였다.

　에드워즈 설교의 근간은 하나님의 절대 주권에 있다. 그는 하나님의 형언할 수 없는 위엄과 거룩함, 그리고 그 거대한 존재 앞에 선 인간의 전적인 타락을 가감 없이 선포하였다. 인간에게는 자신을 구원할 힘이 추호도 없다는 그의 절망적인 선언은, 역설적으로 오직 하나님의 전적인 은혜만이 유일한 소망이라는 사실을 깨닫게 하는 가장 강렬한 빛의 역할을 하였다.

　에드워즈 설교의 독특함은 '거룩한 감정(Religious Affections)'을 강조했다는 점에 있다. 그는 먼저 치밀하고 명확한 논리를 통해 성경의 진리를 청중의 머리에 이해시켰다. 그러나 여기서 멈추지 않고, 머리로 이해된 진리가 반드시 가슴으로 내려가 하나님을 향한 뜨거운 사랑과 기쁨으로 승화되어야 한다고 믿었다. 그에게 설교란 차가운 교리를 머리에 채우는 지식 활동이 아니라 하나님이라는 존재를 영혼이 직접 맛보고 느끼게 하는 신비로운 과정이었다.

설교의 전개 방식은 마치 수학적 증명처럼 논리적이고 치밀하였다. 청교도 전통에 따라 그는 항상 명확한 설교 구조를 견지하였다. 우선 성경 구절을 깊이 있게 해석한 뒤, 해당 본문에서 단 하나의 명확한 신학적 명제를 도출해 내었다. 그리고 그 진리를 청중의 구체적인 영적 상태에 날카롭게 대입하여 변화를 촉구하는 식으로 설교를 전개하였다. 이 과정에서 그는 개인적인 의견을 철저히 배제하고 오직 성경이 말하게 함으로써 청중이 하나님 말씀 앞에 온전히 굴복하게 했다.

그의 가장 대표적인 설교인 '진노하시는 하나님의 손안에 있는 죄인'은 당시 청중이 지옥의 공포 앞에 떨 정도로 강력한 파급력을 지녔다. 하지만 에드워즈가 하나님의 진노를 그토록 엄중하고 무섭게 선포한 근본적인 이유는 파멸에 있지 않았다. 그것은 지금 당장 예수 그리스도의 은혜라는 유일한 피난처로 도망치라는 설교자의 절박하고도 뜨거운 사랑의 외침이었다.

▶ 조나단 에드워즈의 설교 전달

조나단 에드워즈의 설교 전달은 외적인 격렬함보다는 메시지 자체가 지닌 내재적인 무게와 진실성을 통해 강력한 힘을 발휘하였다. 그는 오늘날의 많은 설교자와 달리 화려한 몸짓이나 웅변적인 수사학을 사용하지 않았으며, 준비된 원고를 차분히 읽어 내려가는 방식을 고수하였다. 이러한 엄숙한 태도는 설교의 힘이 설교자의 연기나 감정 표현이 아닌, 하나님의 진리가 지닌 본질적인 능력에서 나온다는 그의 신앙을 반영한 것이었다.

에드워즈의 강단에는 화려한 기교가 부재했음에도 불구하고, 청중은 그가 뿜어내는 깊은 진지함과 날카로운 지적 통찰에 완전히 압도되었다. 특히 그는 죄와 심판이라는 무거운 주제를 다룰 때 청중의 마음속에 지워지지 않는 깊은 인상을 남기기 위해 매우 생생하고 강렬한 이미지를 도입하였다.

그는 '지옥의 불길', '금방이라도 끊어질 듯한 거미줄', '모든 것을 쓸어버릴 듯한 홍수'와 같은 상징적인 비유를 사용하여 복음의 긴박성을 시각화하였다. 이러한 방식은 청중의 이성을 설득할 뿐만 아니라 정서를 강력하게 뒤흔들어, 죄를 철저히 회개하고 예수 그리스도의 구원을 간절히 갈망하도록 만드는 영적 각성의 촉매제가 되었다. 결과적으로 그의 설교는 가장 고요한 전달 방식 속에서도 가장 뜨거운 영혼의 반응을 끌어내는 역설적인 능력을 보여주었다.

▶ 조나단 에드워즈의 설교 적용

조나단 에드워즈의 설교 적용은 청중의 표면적인 변화를 넘어, 영혼의 참된 회심과 하나님을 향한 거룩한 감정의 근본적인 변화를 촉구하는 데 모든 역량을 집중하였다. 그는 하나님의 진노와 심판이 임박했음을 가감 없이 선포함으로써, 청중이 자신의 비참한 영적 상태를 직시하고 위기의식을 갖게 하였다. 이러한 긴박한 선포의 목적은 청중이 지체하지 않고 유일한 소망인 예수 그리스도께로 즉시 나아오도록 강력하게 독려하는 것이었다.

에드워즈는 참된 회심의 증거가 단순히 종교적인 외적 행위에 있는 것이 아님을 명확히 가르쳤다. 그는 신앙의 진정성이 인간의 내면 깊은 곳에서 솟아나는 하나님을 향한 거룩한 감정과 순수한 사랑에 있음을 강조하였다. 특히 그는 청중이 겪는 영적 경험이 일시적인 감정의 동요에 불과한 것인지, 아니면 성령의 진정한 역사에 의한 것인지를 성경적 기준에 따라 스스로 분별하도록 돕는 데 세심한 주의를 기울였다.

그의 설교가 도달하는 최종적인 적용점은 하나님을 향한 지극한 사랑의 응답이었다. 에드워즈는 진정한 신앙이 하나님을 향한 뜨거운 사랑으로 반드시 나타나야 하며, 이러한 내면의 사랑은 이웃에 대한 사랑과 윤리적인 거룩함의 삶으로 자연스럽게 흘러가야 한다고 역설하였다. 결과적으로 그의 설교 적용은 청중의 지성을 깨우고 정서를 뒤흔들어, 마침내 삶의 모든 영역에서 거룩한 열매를 맺게 하는 전인적인 변화를 목표로 삼았다.

▶ 에드워즈의 설교가 한국 강단에 주는 교훈

조나단 에드워즈는 개혁주의 신학이 지닌 치밀한 지성적 깊이를 뜨겁고 강렬한 감정적 호소와 완벽하게 결합함으로써 영혼의 각성을 목표로 하는 설교의 참된 전형을 제시하였다. 그의 설교는 오직 하나님의 절대적인 영광에 초점을 맞추었으며, 청중에게 참된 회심과 거룩한 감정이 동반된 삶을 요구함으로써 교회사에 거대한 흔적을 남겼다.

오늘날 한국교회가 복음의 진정한 능력을 회복하기 위해 가장 절실히 요청되는 모델이 바로 에드워즈의 설교이다. 그는 뜨거운 영적 체험을 강조하며 대부흥 운동을 주도했으나, 결코 인위적인 기교나 심리적 자극으로 부흥을 조작하려 하지 않았다. 오히려 그는 부흥의 주권이 오직 하나님께 있음을 믿고, 설교자는 오직 진리의 말씀을 신실하게 선포하는 도구가 되어야 함을 몸소 보여주었다.

현재 우리 시대는 하나님의 엄중한 심판과 지옥 형벌에 관한 메시지를 회피하는 경향이 짙다. 청중의 기분을 맞추기 위해 하나님의 공의를 생략한 채 가벼운 위로만을 전하는 설교가 만연한 상황에서, 에드워즈의 외침은 설교자의 무거운 책임을 다시금 일깨워 준다. 설교자의 개인적인 철학이나 화려한 예화로 청중이 감동하게 하려는 시도는 본질적인 변화를 이끌어 낼 수 없다. 설교자가 전해야 할 것은 오직 진리의 말씀뿐이며, 본문을 자신의 목적에 이용하는 것이 아니라 본문에 나타난 하나님을 깊이 사색할 때 비로소 영혼을 움직이는 참된 설교가 탄생한다.

특히 영적 침체를 벗어나 부흥을 갈망하는 한국 강단에 에드워즈의 설교는 중요한 이정표가 된다. 그는 진정한 부흥이 인간의 노력이 아닌, 하나님 말씀과 성령의 주권적인 역사로만 가능하다는 사실을 철저히 믿고 따랐던 신학자이자 설교자였다. 거룩한 말씀과 성령을 통한 심령의 부흥이 절실한 이 시대에, 에드워즈의 메시지는 길 잃은 설교자에게 명확한 나침반 역할을 한다.

결론적으로 우리는 에드워즈를 통해 진리의 말씀을 철저히 신뢰하는 믿음뿐만 아니라 그 믿음을 거룩한 삶으로 증명해 내야 할 엄중한 책임을 배워야 한다. 그의 설교 철학을 계승하는 것은 단순히 과거의 유산을 답습하는 것이 아니라 오늘날 우리 강단 위에 하나님의 영광이 다시금 뜨겁게 타오르게 하는 강력한 개혁의 출발점이 될 것이다.

시대의 영혼을 진단하는 영적 의사

"하나님의 전신 갑주를 입으라"(엡 6:11).

그리스도인 된 여러분, 바울 사도는 이 위대한 서신을 마무리하면서, 마치 전쟁터로 나가는 용사들에게 마지막으로 격려와 지침을 주는 장수처럼 우리에게 명령합니다. 그는 우리가 주 예수 그리스도를 믿는 순간, 평화로운 삶에 들어선 것이 아니라 곧바로 피할 수 없는 치열한 전쟁터에 들어섰음을 분명히 합니다. 10절의 명령을 기억하십시오. "주 안에서와 그 힘의 능력으로 강건하여지고." 왜 우리가 강건해져야 합니까? 이어지는 11절이 그 이유를 말해줍니다. "마귀의 간계를 능히 대적하기 위하여 하나님의 전신 갑주를 입으라." 여기서 사도 바울은 우리에게 단 두 가지, 그러나 지극히 중요한 진리를 확립합니다. 그리스도인의 삶은 투쟁입니다. 이 투쟁은 우리의 감정적인 경험이나 개인의 기질에 좌우되는 부차적인 문제가 아닙니다. 이것은 모든 참된 신자가 참여해야 하는 필수적인 전쟁입니다.

이 투쟁의 본질은 영적입니다. 우리의 싸움은 혈과 육에 대한 것이 아니며, 이 세상의 정치적, 사회적 문제에 대한 싸움도 아닙니다. 우리의 적은 '이 어둠의 세상 주관자들'이며, 그들의 지도자는 '마귀'입니다. 만일 당신 삶의 문제를 단순히 심리학적, 도덕적, 혹은 사회적 문제로만 본다면 당신은 이미 전투에서 패배하고 있는 것입니다.

바울은 여기서 우리에게 수동적인 자세를 취하라고 말하지 않습니다. 그는 명확하게 명령합니다. "전신 갑주를 입으라." 이 명령에는 깊은 의미가 담겨 있습니다.

우리가 구원을 선물로 받았듯이, 이 갑옷 역시 하나님께서 제공하신 것입니다. 하지만 그 갑옷을 입는 것은 우리의 책임입니다. 집 안에 훌륭한 소화기가 있다고 해도, 화재가 발생했을 때 당신이 그것을 사용하지 않으면 아무 소용이 없지 않습니까? 마찬가지로, 하나님께서 당신을 위해 구원의 모든 자원을 마련해 놓으셨지만, 당신이 그것을 믿음으로 '입지' 않으면 아무런 보호도 얻을 수 없습니다. 이 명령은 매일의 결단을 요구합니다. 우리는 아침에 잠자리에서 일어나듯이, 매일 아침 영적인 무장을 해야 합니다. 그리스도인의 삶은 곧 지속적인 무장의 삶입니다.

헬라어로 '파노플리아(Panoplia)'는 군인이 전장에 나갈 때 필요한 모든 방어 및 공격 장비를 포괄하는 단어입니다. 왜 '전신(Whole)'이 중요합니까?

첫째, 마귀는 모든 방면에서 공격합니다. 그는 당신의 이성, 감정, 의지, 육체적 욕구, 심지어 당신의 신앙생활 자체까지 공격합니다. 만일 당신이 진리의 허리띠를 소홀히 한다면, 마귀는 당신의 사생활과 정직성을 통해 당신을 무너뜨릴 것입니다. 만일 당신이 구원의 투구를 벗어버린다면, 마귀는 당신의 생각에 의심과 절망을 주입하여 당신을 혼란에 빠뜨릴 것입니다.

둘째, 구원의 모든 요소가 상호 의존적이기 때문입니다. 당신은 '의로움의 흉배'를 입으면서도 '믿음의 방패'를 무시할 수 없습니다. 이 여섯 가지 혹은 일곱 가지 무장 요소는 마치 하나의 유기체처럼 서로 연결되어 있습니다. 하나의 약점은 전체 방어 체계를 무너뜨릴 수 있습니다. 당신은 모든 것을 갖추어야만 마귀의 간계에 맞서 '능히 설' 수 있습니다.

이 갑옷은 당신의 지성이나 도덕성, 종교적 열심, 또는 교회에서의 봉사 활동으로 만든 것이 아닙니다. 이 모든 인간적인 자원은 영적 전쟁에서는 솜털과 같습니다. '하나님의 전신 갑주'는 하나님께서 당신의 아들 예수 그리스도 안에서 우리에게 값없이 제공해 주신 모든 영적인 덕목과 자원을 가리킵니다. 우리가 죄와 악을 대적하기 위해 사용하는 모든 무기는 하나님의 속성과 그리스도의 사역에서 비롯된 것이어야 합니다. 이 갑옷은 오직 성령의 능력으로만 입혀지고 사용될 수 있습니다.

왜 우리가 이처럼 철저히 무장해야 합니까? "이는 마귀의 간계를 능히 대적하기 위함이라." 마귀는 단순히 '힘'으로만 공격하는 폭군이 아닙니다. 마귀는 '간계(wiles)'를 사용합니다. 헬라어 메토데이아(methodeia)는 '방법론' 또는 '교묘한 술책'을 의미합니다. 마귀는 교활하고 지적이며 우리의 취약점을 누구보다 잘 알고 있는 전략가입니다. 그는 다음과 같은 '간계'를 사용합니다. 거짓 교리와 이단 진리를 미묘하게 왜곡하여 우리를 하나님에게서 멀어지게 합니다. 우리의 구원, 하나님의 사랑, 혹은 복음의 진리성에 대한 의심을 심어줍니다. 좌절과 절망, 당신의 반복되는 실패를 들어 당신이 구원받을 수 없는 존재라고 속삭입니다. 당신의 영적 상태가 최고라고 속여서 방심하게 만들고, 당신이 넘어지게 할 함정을 팝니다. 이 간계에 대항하기 위해서는 오직 하나님의 전신 갑주만이 해답입니다. 이 갑옷은 마귀의 모든 전략과 속임수를 간파하고 무효로 할 수 있는 유일한 방어 시스템입니다.

사랑하는 여러분, 당신은 지금 이 순간에도 전투 속에 있습니다. 당신이 이 세상에서 겪는 모든 고통과 어려움, 갈등 뒤에는 마귀의 교활한 손길이 도사리고 있을 수 있습니다. 그러므로 당신의 마음을 굳게 하십시오. 하나님의 전신 갑주를 입으십시오. 진리를 확신하고 그리스도의 의로움을 붙잡고 복음의 평화를 선포하며 믿음으로 방패를 들고 구원의 투구를 쓰십시오. 그리고 성령의 검, 곧 하나님의 말씀으로 마귀의 간계를 꿰뚫고 물리치십시오. 주 안에서, 그 힘의 능력으로 강건 하십시오. 그리고 완전한 갑옷을 입고 흔들리지 말고 굳건히 서서, 그리스도 안에서 승리하는 삶을 사시기를 주님의 이름으로 축원합니다. 아멘.

로이드 존스의 설교 내용 분석

설교 단계	로이드 존스의 내용 전개	강조점 및 특징
도입 및 문제 정의	기독교인의 삶은 영적인 전쟁이며, 사도 바울은 우리가 이 전쟁에 홀로 맞설 수 없음을 명백히 한다. 우리가 입어야 하는 것은 보통의 갑옷이 아니라 '하나님의' 전신 갑주다. 우리가 싸우는 적은 살과 피가 아니며, 우리의 이해를 뛰어넘는 정사와 권세다.	교리적 진술을 통해 영적 상황을 엄중하게 정의하고 청중의 이성에 호소한다.
교리적 분석 (세부 해부)	전신 갑주는 단순한 상징이 아니다. 이것은 하나님의 구원 계획을 이루는 교리적 진리다. 우리는 허리띠처럼 진리를 알아야 한다. 호심경처럼 의를 가져야 한다. 이 각 요소는 그리스도 안에서 성취된 구원의 교리를 나타낸다.	설교의 모든 요소를 세부적으로 분석하고 그것을 구원론적 교리와 연결하여 깊이를 더한다.
실제적 적용 (경고와 권고)	만약 당신이 이 전신 갑주의 일부라도 무시한다면, 이미 영적 싸움에서 패배하고 있는 것이다. 자기 감정이나 경험이 아니라 오직 하나님의 약속된 진리와 그분의 전신 갑주를 의지하라. 전쟁터에서 승리하는 유일한 길이다.	진리 외의 모든 것을 경계하며, 청중에게 교리적 진리를 붙들도록 권고한다.

▶ 마틴 로이드 존스의 설교 세계

20세기 최고의 설교자로 추앙받는 마틴 로이드 존스(Martyn Lloyd-Jones, 1899-1981)의 설교 철학은 성경의 절대적인 권위와 성령의 능동적인 역사에 대한 확고한 신뢰에 그 뿌리를 두고 있다. 본래 영국 왕립 의과대학 출신의 장래가 촉망되는 의사였던 그는, 1926년 하나님의 부르심을 확인한 후 의사직을 내려놓고 목회자의 길에 들어섰다. 그는 평생 "설교하는 것보다 더 중요한 것은 참된 그리스도인이 되는 것"이라고 고백하며 겸손하면서도 예리한 통찰력으로 하나님 말씀을 전하는 데 전념하였다.

로이드 존스는 설교를 교회의 모든 활동 중 가장 중요하고 지고한 명령으로 간주하였다. 그에게 설교란 인간의 사사로운 의견이나 심리학적인 조언을 늘어놓는 시간이 아니라 살아계신 하나님의 진리를 선포하는 거룩한 행위였다. 그는 확고한 개혁주의 신학을 바탕으로 인간의 전적인 타락과 하나님의 절대 주권을 시종일관 강조하였으며, 구원이 오직 그리스도를 통한 은혜로만 성취됨을 명확히 선포하였다.

그의 설교가 지닌 진정한 가치는 설교자의 수사학적 기교나 논리적 탁월함 자체에 머물지 않았다. 로이드 존스는 설교의 실제적인 효력은 청중이 말씀을 듣는 순간 성령의 임재와 능력을 경험하는 데 있다고 역설하였다. 그는 설교를 통해 청중의 지성과 감정, 그리고 의지 전체가 하나님 말씀에 사로잡히기를 갈망하였으며, 이를 통해 영혼의 각성과 진정한 부흥이 일어나기를 목표로 삼았다.

로이드 존스 설교의 가장 큰 특징은 깊은 신학적 통찰과 철저한 강해 설교의 논리적 전개에 있다. 의사로서 훈련받은 배경을 가진 그는 성경의 한 구절, 심지어 단어 하나에 담긴 진리를 놓치지 않고 마치 환부를 집도하듯 세밀하게 해부하였다. 때로는 성경 한 절을 몇 주 또는 몇 달에 걸쳐 강해하며 진리의 정수를 파헤치기도 했다. 이러한 체계적이고 명료한 전달 방식은 본문의 핵심 사상을 청중에게 가장 확실하게 각인시키는 힘이 되었다.

그의 메시지는 항상 견고한 교리적 토대 위에 세워졌으며, 청중이 단순히 흥미를 느끼는 수준을 넘어 성경적 신학의 깊이에 도달하도록 이끌었다. 특히 인간의 비참한 죄의 실상을 가감 없이 드러내어 청중의 죄책감을 일깨우는 동시에, 그리스도의 놀라운 구원의 은혜를 제시하여 위로와 소망을 주는 영적 균형을 철저히 유지하였다. 결과적으로 그의 설교는 시대를 초월하여 읽는 이를 설득하고 감동을 주는 영혼의 처방전이 되었다.

▶ 마틴 로이드 존스의 설교 전달

마틴 로이드 존스의 설교 전달은 깊은 진지함과 단호한 권위, 그리고 영혼을 향한 열정적인 진실성이 결합된 독특한 양식을 띠고 있다. 그는 설교단에 오를 때마다 자신이 하나님의 말씀을 대언하는 자라는 엄중한 자각을 유지했으며, 이러한 태도는 청중이 말씀을 가볍게 여기지 않고 거룩한 경외감을 품은 채 경청하도록 만드는 강력한 분위기를 형성하였다.

그는 사람의 마음을 현혹하는 화려한 수사학적 기교를 의도적으로 배제하였다. 그러나 메시지의 본질적인 중요도에 따라 목소리의 강약과 속도를 정교하게 조절함으로써, 그 어떤 기교보다 강력한 감정적 깊이와 논리적 설득력을 전달하였다. 그의 설교가 지닌 힘은 꾸며낸 기술이 아니라 선포하는 진리에 대한 확고한 신학적 확신과 영혼 구원을 향한 간절한 열망에서 비롯된 것이었다.

복음을 선포하는 과정에서 그는 종종 뜨거운 감정이 북받쳐 잠시 말을 멈추거나 목소리가 떨리기도 하였는데, 이러한 모습은 연출된 것이 아닌 그의 내면에서 우러나온 진실함의 증거였다. 청중은 그의 떨리는 음성과 진지한 눈빛을 통해 설교자가 전하는 복음이 단순한 이론이 아닌 생생한 실재임을 깨달았으며, 이를 통해 그의 메시지는 청중의 가슴속에 더욱 깊이 각인되었다.

▶ 마틴 로이드 존스의 설교 적용

마틴 로이드 존스의 설교 적용은 선포된 교리적 진리가 청중의 내밀한 삶과 영적 상태에 어떠한 실질적인 변화를 일으키는가에 초점이 맞춰져 있다. 의사 출신이었던 그는 설교를 영혼을 향한 정교한 '의학적 진단과 처방'으로 간주하였다. 그는 청중의 내면에 숨겨진 불신앙, 영적 냉담, 교만, 그리고 우울과 같은 다양한 영적 질병의 원인을 교리적으로 세밀하게 분석하였으며, 그에 따른 유일하고 완전한 해결책으로 오직 복음만을 제시하였다.

그의 적용은 단순히 겉으로 드러나는 외적 행위를 고치는 수준을 넘어섰다. 로이드 존스는 청중의 지성과 감정의 상태가 하나님의 진리로 인해 근본적으로 변화되도록 끊임없이 도전하였다. 그는 청중이 말씀을 수동적으로 받아들이는 데 그치지 않고, 자신의 삶에 믿음을 적극적으로 투영하도록 권면하였다. 특히 청중이 자신의 의지나 힘이 아니라 오직 그리스도의 십자가와 성령의 능력을 의지할 때만 죄와 세상의 유혹을 이길 수 있음을 깨닫고 실천하게 하는 데 적용의 목적을 두었다.

로이드 존스는 올바른 교리적 이해가 반드시 올바른 신앙의 실천으로 이어진다고 굳게 믿었다. 따라서 그는 청중이 단순히 감정적인 위로를 얻는 것이 아니라 견고한 교리를 통해 자기 삶의 문제를 스스로 해석하고 해결할 수 있는 영적 안목을 갖추도록 도왔다. 결과적으로 그의 설교 적용은 성도들이 복음의 원리를 삶의 모든 영역에 구체적으로 대입하여 전인적인 변화를 경험하게 하는 강력한 힘이 되었다.

▶ 로이드 존스의 설교가 한국 강단에 주는 교훈

마틴 로이드 존스는 현대 기독교 역사에서 '강해 설교의 표준'을 세운 인물로 평가받는다. 그가 후대에 미친 가장 큰 영향은 설교의 중심을 인간의 경험이나 심리학이 아닌, 다시 '성경 본문'으로 되돌려 놓았다는 점이다. 그는 설교자가 본문의 의미를 깊이 파고들어 하나님의 영광을 선포할 때, 성령의 능력이 청중의 지성과 감성, 의지를 전인격적으로 변화시킨다는 사실을 몸소 증명해 보였다.

또한 그는 교회의 정체성에 대해 분명한 이정표를 제시했다. 교회가 사회 구제나 정치적 메시지에만 치중하며 복음의 본질을 잃어가던 시기에, 그는 '영혼을 살리는 것은 오직 하늘의 생명 양식인 복음뿐'이라고 외쳤다. 이러한 그의 가르침은 교회의 참된 부흥이 화려한 프로그램이 아니라 하나님의 말씀이 올바르게 선포되는 강단의 회복에서 시작된다는 깨달음을 후대 목회자들에게 심어주었다.

결국 로이드 존스는 설교를 단순한 지식 전달이 아니라 '불붙은 논리'로 정의하며, 차가운 신학에 뜨거운 성령의 열정을 결합한 설교자의 모델이 되었다. 오늘날까지도 그의 설교집은 전 세계 수많은 그리스도인에게 읽히며, 혼란스러운 시대 속에서 변하지 않는 진리를 붙잡게 하는 영적 나침반 역할을 하고 있다.

"

기독교인의 삶은 영적인 전쟁이며
사도 바울은 우리가 이 전쟁에 홀로 맞설 수
없음을 명백히 한다.
우리가 입어야 하는 것은
보통의 갑옷이 아니라 '하나님의' 전신 갑주다.
우리가 싸우는 적은 살과 피가 아니며
우리의 이해를 뛰어넘는 정사와 권세다.

02

효과적인 통로로
복음이 흐르게 하다

"진리는 가장 생생한 그릇에 담겨야 한다."
"경우에 합당한 말은 아로새긴 은쟁반에 금 사과니라."

이번 장에서는 설교자들이 어떻게 하면 복음을 있는 그대로 잘 청중에게 방해받지 않고 전할까라는 고민 앞에 이러한 전달 부분에서 뛰어난 평이 있는 선대 설교 대가들을 찾아보았다. 그리하여 설교 거장의 교훈을 배워 소중한 복음을 전하는 메신저로서 역할 다하기를 기대한다. 설교 전달의 효과를 극대화하고 메시지의 생명력을 높이기 위해, 설교 수사학의 거장들인 스펄전, 크래독, 로우리, 로빈슨을 주요 연구 대상으로 선정하였다. 이들이 보여준 독특한 수사학적 구조와 논리적 흐름, 그리고 탁월한 전달 방식을 심층적으로 분석함으로써, 현대 설교자가 강단에서 청중의 영혼에 메시지를 각인시키는 구체적인 기제를 파악하고자 한다. 각기 다른 시대를 살았던 이 설교가들은 때로는 정교한 논리로 지성을 설득하고, 때로는 서사적 긴장감을 통해 감성을 흔들며, 결국 청중의 의지를 결단으로 이끄는 복음 전달의 정수를 보여주었다.

　그러나 설교의 수사학적 탁월함을 연구하기에 앞서 반드시 선행되어야 할 본질적인 과제가 있다. 그것은 설교자가 그리스도의 전달 방식을 따라 철저한 '십자가'의 자리에 서는 것이다. 설교자의 개인적인 선이해나 주관적인 선입견, 혹은 세속적인 욕망이 성경 텍스트의 순수한 본질을 왜곡하는 장애물이 되어서는 안 되기 때문이다. 설교자는 강단 위에서 자신의 매력을 뽐내는 연설가가 아니다. 십자가의 고난을 감당하는 비장한 심정으로 자신을 한없이 낮추어야 하며, 오직 그리스도 중심적인 소통만을 지향해야 한다.

　결국 설교의 스타일이나 화려한 기교가 메시지의 본질보다 우위에 서지 않도록 경계하는 것이 중요하다. 이를 위해 설교의 내용(Content)은 물론 그 방법론(Methodology)에 이르기까지 모든 과정이 반드시 십자가를 통과하는 엄격한 신학적 검증을 거쳐야 한다. 앞서 살펴본 루터, 칼빈, 에드워즈, 로이드 존스의 전통이 강조했듯, 설교는 인간의 기술로 완성되는 유희가 아니라 성령의 역사 아래서 설교자가 죽고 그리스도만 사시는 영적 사건이어야 한다.

　따라서 진정한 설교의 권위는 설교자의 수사학적 세련미가 아니라 철저하게 자기를 부인하고 하나님 말씀 앞에 엎드리는 설교자의 거룩한 태도에서 비롯된다. 설교자는 자신의 존재를 감추고 오직 십자가의 복음만이 선명하게 드러나도록 하는 투명한 통로가 되어야 한다. 이러한 신학적 정체성을 견고히 견지할 때만, 스펄전의 열정과 로빈슨의 논리 같은 수사학적 도구들이 단순한 기교를 넘어 영혼을 변화시키는 전달의 혁명을 이루는 생명의 도구로 극대화될 수 있다.

설교의 황태자,
시장터의 언어로 복음을 생동하게 하다

"그러나 내게는 우리 주 예수 그리스도의 십자가 외에 결코 자랑할 것이 없으니 그리스도로 말미암아 세상이 나를 대하여 십자가에 못 박히고 내가 또한 세상을 대하여 그러하니라"(갈 6:14).

형제 여러분, 바울은 진심으로 예수 그리스도를 자랑하는 삶을 살았지만, 오늘 말씀에서는 그리스도를 자랑한다고 말하지 않는다는 것에 주목하기 바랍니다. 그는 도리어 세상 사람들에게 주님의 삶 가운데 가장 비천하고 불명예스러운 순간인 '우리 예수 그리스도의 십자가'만을 가장 자랑한다고 선포합니다.

아마도 바울은 예수님의 성육신 탄생을 자랑할 수 있었을 것입니다. 그리스도 생애에 대하여 자랑할 수 있었고, 그리스도의 부활을 자랑할 수도 있었을 것입니다. 그리스도의 부활이야말로 잠자는 자들에게 세상에 존재하는 가장 큰 소망이 아니겠습니까. 그는 주님의 승천에 대해서도 자랑할 수 있었고, 다시 오실 주님의 재림에 대해서도 자랑할 수 있었습니다. 그러나 사도 바울은 기독교 신앙의 중요한 핵심 교리를 뒤로하고 그의 적대자들에게 가장 맹렬한 공격과 세상의 조롱거리가 된 '십자가'를 자신의 자랑으로 삼았습니다. 모든 자랑거리를 내려놓고 "그러나 내게는 우리 주 예수 그리스도의 십자가 외에 결코 자랑할 것이 없으니"라고 선언합니다.

우리가 간직한 거룩한 신앙의 가장 영광스러운 자랑이 십자가라는 사실을 깨닫기 바랍니다. 은혜의 역사는 과거에서 시작하여 미래로 흘러갑니다. 그 중간 지점에 있는 것이 십자가입니다. 과거의 역사와 미래의 영광, 이 두 영원 가운데 중심을 차지하는 것이 십자가입니다. 오늘 아침에 우리 모두 십자가 앞으로 나아가 성령의 능력 안에서 "그러나 내게는 우리 주 예수 그리스도의 십자가 외에 결코 자랑할 것이 없다"고 각자가 고백할 때까지 십자가에 대하여 묵상해 보기를 원합니다.

먼저 바울이 십자가를 통해서 전달하고자 하는 것을 우리가 깨달을 수 있도록 주님이 도우시길 원합니다. 바울은 주님이 달리신 십자가가 무엇인지, 십자가의 도가 무엇인지, 그리고 교리로서의 십자가에 대하여 말합니다. 바울은 가장 먼저 주님이 지신 십자가가 무엇인지에 관하여 말합니다. 우리 주 예수 그리스도는 실제로 중죄인의 처형 방법인 십자가에 달려 돌아가셨습니다. 그분은 말 그대로 사람들의 저주를 받아 나무 위에서 죽임을 당하셨습니다.

사도 바울이 '우리 주 예수 그리스도'라고 말하는 것을 유념해 주시기 바랍니다. 이 칭호는 단순한 명칭이 아닙니다. '주(Lord)'는 그분의 신성한 권위를, '예수(Jesus)'는 그분의 인성을, 그리고 '그리스도(Christ)'는 그분의 영원한 사명을 선포합니다.

이 영광스러운 칭호를 지닌 분이 십자가에 달리셨다는 것은, 자랑이 될 수 없는 곳에서 가장 큰 자랑이 나왔다는 역설적인 진리를 강조합니다. 십자가는 로마 제국에서 가장 수치스럽고 잔인한 형벌이었습니다. 이는 가장 비천하고 저주받은 자에게나 허락된 형벌이었습니다. 왕 중의 왕께서 우리의 수치를 대신 짊어지시기 위해 가장 수치스러운 자리를 취하셨다는 사실, 이것이 바울이 자랑하는 첫 번째 이유입니다!

그분의 십자가는 우리의 모든 수치와 비참함이 종결되는 지점입니다. 그 십자가가 없었다면, 우리는 여전히 우리 죄의 멍에 아래에서 고통받았을 것입니다. 십자가는 비참함의 극치였지만, 그 비참함이야말로 우리 구원의 영광을 이룬 근거였기에, 우리는 이 수치를 자랑하는 것입니다.

둘째로, 바울은 교리로서의 십자가, 즉 십자가의 도(道理)를 자랑합니다. 십자가는 단순한 역사적 사건이 아닙니다. 그것은 하나님의 지혜와 능력이 담긴 구원의 원리입니다. 십자가의 도는 우리에게 죄의 심각성을 가르칩니다. 하나님께서는 죄를 덮어두실 수 없었습니다. 오직 자기 아들의 생명이라는 궁극적인 대가를 통해서만 죄의 삯을 지불할 수 있었습니다. 십자가는 하나님께서 죄를 얼마나 증오하시는지, 동시에 우리 죄인을 얼마나 사랑하시는지 보여주는 놀라운 장소입니다. 정의와 사랑이 십자가 위에서 입을 맞춥니다.

다른 복음은 필요 없습니다. 우리의 의(義)와 우리의 공로(功勞)를 자랑하는 모든 율법주의적인 복음은 십자가 앞에서 무너집니다. 십자가는 우리의 모든 인간적인 노력, 우리의 윤리적인 성취, 우리의 뛰어난 재능을 단칼에 부정합니다. 왜냐하면 구원이 오직 그리스도의 완전한 대속을 통해서만 온다는 것을 선포하기 때문입니다. 우리가 자랑할 수 있는 것은 우리 믿음의 크기가 아니라 믿음의 대상인 십자가에 달리신 그리스도입니다! 십자가 외의 모든 것은 헛된 지푸라기요, 안개와 같습니다. 우리가 이 교리 위에 굳건히 설 때, 우리의 구원은 흔들리지 않을 것입니다. 오직 십자가! 이 복음의 핵심 교리 외에는 아무것도 붙잡을 것이 없습니다.

마지막으로, 바울은 십자가를 자랑함으로 얻게 된 결과를 자랑합니다. 그가 십자가를 자랑할 때, 이 세상은 그에 대하여 십자가에 못 박히고 그는 세상에 대하여 십자가에 못 박혔습니다. 십자가를 자랑하는 것은 세상과의 단절을 선포하는 것입니다. 세상은 힘과 권력, 부와 명예를 자랑합니다. 세상은 십자가를 나약함과 패배의 상징으로 조롱합니다. 그러나 바울이 십자가를 붙잡고 자랑할 때, 그는 세상의 모든 가치 기준에 대하여 '나는 죽었다'고 선언하는 것입니다.

"세상이 내게 대하여 십자가에 못 박히고."

이는 세상이 더 이상 우리에게 매력을 주지 못한다는 뜻입니다. 이전에 우리를 사로잡았던 세상의 모든 헛된 자랑거리인 학식, 혈통, 인간적인 업적은 이제 우리에게는 십자가에 매달려 죽은 시체와 같습니다.

"내가 또한 세상에 대하여 그러하니라."

이는 우리가 더 이상 세상의 찬사와 인정에 목말라하지 않는다는 고백입니다. 세상이 우리를 비난하든 칭찬하든, 우리는 이미 십자가에서 예수님과 함께 죽었으므로, 세상의 판단은 우리에게 아무런 힘도 미치지 못합니다.

사랑하는 성도 여러분, 오늘 우리는 무엇을 자랑하며 살고 있습니까? 우리의 학위입니까? 우리의 재산 목록입니까? 아니면 우리의 교회 봉사 기록입니까? 이 모든 것이 십자가 앞에서는 티끌에 불과합니다. 우리가 십자가를 자랑할 때, 비로소 세상적인 자랑거리로부터 진정한 자유를 얻게 될 것입니다. 십자가는 우리의 과거를 깨끗하게 하고 우리의 현재를 인도하며 우리의 미래를 보증하는 유일한 닻입니다. 오늘 아침, 십자가를 붙잡으십시오. 십자가에 달리신 '우리주 예수 그리스도' 외에는 결코 자랑할 것이 없다고 담대하게 선언하십시오. 그리하여 주님께서 여러분의 삶을 통해 십자가의 영광을 나타내시기를 간절히 기도합니다. 아멘.

설교 단계	스펄전의 내용 전개	강조점 및 특징
십자가의 실체 (역설적 자랑)	가장 수치스러운 형벌(십자가)이 가장 영광스러운 자랑이 됨을 '우리 주 예수 그리스도' 칭호 분석을 통해 신학적 권위 강조한다.	교리적 진술 (도입 및 본론)
십자가의 교리 (구원의 원리)	모든 인간의 의, 공로, 노력(율법주의적 복음)을 단칼에 부정한다. 십자가는 하나님의 공의와 사랑이 만나는 지점임을 논리적으로 증명하고 구원의 근거는 오직 그리스도의 완전한 대속임을 확고히 한다.	논증적 증명(본론) 십자가의 유일성을 증명한다.
십자가의 결과 (세상과의 단절)	'세상이 내게 대하여 십자가에 못 박히고, 내가 세상에 대하여 못 박힘' 을 통해 세속적 가치관으로부터의 자유를 촉구하고 청중에게 개인적인 자랑거리(학위, 재산, 봉사)를 질문하며 즉각적인 회심과 십자가 고백을 요청하는 강력한 실천적 적용을 한다.	영적 적용 (본론 및 결론) 극단적인 단절을 선언한다.

▶ 찰스 스펄전의 설교 세계

빅토리아 시대 영국에서 매주 수천 명의 영혼을 깨운 찰스 스펄전(Charles Spurgeon, 1834-1892)은 복잡하고 딱딱한 신학적 이론을 시장터의 언어로 풀어낸 설교의 거장이었다. 그는 학식의 유무와 상관없이 모든 청중의 가슴에 복음의 불을 지폈으며, 그의 설교 철학은 매우 단순하면서도 견고하였다. 그는 설교자를 자신의 지식을 뽐내는 지식인이 아닌, 성경이라는 왕의 칙령을 가감 없이 전달하는 전령으로 정의하였다. 하나님의 절대적인 주권과 은혜라는 확고한 신학적 기초 위에서 오직 성경의 진리만을 청중의 영혼에 쏟아붓는 것이 그의 일관된 자세였다.

스펄전에게 설교의 시작과 끝은 오직 '예수 그리스도와 십자가'였다. 그는 영국의 어느 마을에서 시작하든 결국 런던으로 길이 통하듯이, 성경의 어떤 본문에서 설교를 시작하더라도 반드시 그리스도라는 중심 도로로 연결되어야 한다고 믿었다. 이러한 믿음을 바탕으로 그는 구약성경을 설교할 때조차 언제나 그리스도라는 결론으로 귀결되는 '그리스도 중심적 설교' 의 정수를 보여주었다.

메시지의 전달력을 높이기 위해 스펄전은 설교의 구조를 아주 명료하게 설계하였다. 그는 본문을 꼼꼼히 분석하면서도 가장 중요한 핵심을 꿰뚫는 주제별 강해를 시도하였으며, 대개 세 가지 핵심 요점으로 구성된 '3대지' 형식을 취하였다. 이러한 간결하고 논리적인 구조 덕분에 청중은 복잡한 진리를 마치 손에 잡히는 지도처럼 쉽고 명확하게 이해할 수 있었다.

그의 설교가 세대를 넘어 사랑받은 결정적인 비결은 그가 선택한 언어의 생동감에 있었다. 스펄전은 격식을 차린 어려운 전문 용어 대신 시장 사람들이 사용하는 일상적인 언어를 의도적으로 선택하였다. 소박한 시골 풍경과 생생한 삶의 비유를 활용하였으며, 때로는 날카로운 풍자와 따뜻한 유머를 섞어 청중의 마음을 열었다. 그는 설교를 따분한 강의의 차원에서 심장을 뒤흔드는 역동적인 대화의 차원으로 격상시켰으며, 이를 통해 수많은 영혼을 회복시키는 영적 변혁을 이끌었다.

▶ 찰스 스펄전의 설교 전달

찰스 스펄전의 전달 방식은 그의 강렬한 영적 열정과 독보적인 수사학적 능력이 결합하여 수많은 청중을 매료시킨 것으로 유명하다. 그는 설교 속에 인간의 희로애락을 모두 담아내어 청중의 정서와 깊이 공명하였다. 진리에 대한 그의 불타는 열정은 강단 위에서 압도적인 카리스마와 영적 권위로 나타났으며, 자신이 선포하는 복음의 능력에 대한 확고한 자신감은 듣는 이들의 마음을 움직이는 결정적인 힘이 되었다.

스펄전은 수천 명을 수용하는 대규모 예배당인 메트로폴리탄 태버너클의 구석구석까지 울려 퍼질 정도로 크고 힘찬 목소리를 지니고 있었다. 그의 뛰어난 발성과 성량은 마이크가 없던 시대에도 수많은 군중에게 복음의 메시지를 명확하게 전달하는 물리적 토대가 되었다.

특히 그는 미리 작성된 원고에 경직되게 얽매이지 않는 자유로운 전달 방식을 선호하였다. 청중의 즉각적인 반응을 세밀하게 살피며 상황에 맞는 즉흥적인 표현과 유머를 적절히 구사하였는데, 이러한 유연함은 설교에 생동감을 불어넣는 역할을 하였다. 결과적으로 그의 전달은 단순히 정보를 전달하는 행위를 넘어, 청중과 호흡하며 복음의 실재를 현장에서 경험하게 만드는 역동적인 소통의 장이었다.

▶ 찰스 스펄전의 설교 적용

찰스 스펄전의 설교 적용은 청중의 마음을 움직여 즉각적인 영적 결단과 복음적인 순종으로 이끄는 데 최고의 목적을 두었다. 그는 설교의 마지막 부분에서 청중 개개인을 향해 인격적이고 직접적인 호소를 던졌으며, 지금 당장 예수 그리스도를 영접하고 구원의 길로 들어설 것을 강력하게 촉구하였다. 특히 구원의 조건과 방법인 '오직 믿음'의 원리를 지극히 명확하게 제시함으로써, 청중이 복음의 본질 앞에서 어떠한 혼란도 느끼지 않고 확신 가운데 응답할 수 있도록 도왔다.

스펄전은 구원의 확신에서 멈추지 않고, 은혜를 경험한 성도들이 마땅히 드러내야 할 거룩한 삶의 실천을 엄중히 강조하였다. 그는 설교의 메시지를 성도의 가정생활과 직장, 그리고 사회적 의무라는 구체적인 일상의 영역으로 확장하여 권면하였다.

특히 당시 사회적 문제였던 음주와 도박, 그리고 각종 불의한 관습에 대해 매우 단호하고 명확한 경고의 메시지를 전하였다. 이는 복음이 개인의 내면적 위로에 머무는 것이 아니라 성도의 삶 전체를 변화시키고 사회를 정화하는 실제적인 동력이 되어야 한다는 그의 실천적 신학의 발로였다. 결국 스펄전의 적용은 청중을 복음의 문으로 초대하는 동시에, 그 문을 통과한 이들이 세상 속에서 그리스도인답게 살아내도록 이끄는 강력한 이정표 역할을 하였다.

▶ 찰스 스펄전의 설교가 한국 강단에 주는 교훈

찰스 스펄전은 성경적 진리와 칼빈주의 신학을 대중적인 언어로 풀어내어 수많은 영혼을 구원으로 인도한 강해 설교의 거장이었다. 그를 '설교의 황태자'라 부르는 결정적인 이유는 화려한 전달 기교가 아니라 그가 선포한 메시지의 본질적인 '내용'에 있다. 탁월한 표현력과 청중의 감정을 사로잡는 수사력이 곳곳에서 발견되지만, 정작 영혼을 변화시킨 실제적인 동력은 오직 십자가와 그리스도를 외치며 성경 본문의 세계를 있는 그대로 풀어헤친 그의 신학적 충실함에 기인한다.

기독교 역사는 영혼을 움직이는 것이 설교자의 기술이 아니라 설교의 내용이라는 사실을 변증한다. 사도 바울 역시 사람의 뛰어난 화술이나 철학이 아닌, 오직 십자가의 능력만을 전하는 데 전념하였다. 그러나 오늘날 많은 설교자는 진리의 본질보다는 '들리는 설교'를 위한 전달 기법에 과도하게 매몰되어 있다. 아무리 귀한 진리라도 먼저 들려야 한다는 논리 아래, 설교가 청중을 모으기 위한 수단으로 전락하면서 기독교 특유의 생명력을 잃어가고 있다.

현재 우리 시대의 강단은 스펄전과 같이 예수 그리스도의 심장을 품고 십자가에 온몸을 적신 설교자를 절실히 기다린다. 성도들의 귀를 즐겁게 하거나 시원하게 만드는 메시지에만 집중하는 강단에는 더 이상 소망이 없다. 진정한 기독교의 부흥은 생명의 말씀이 선포되는 강단의 회복에서 시작되며, 그 회복은 오직 예수 그리스도의 십자가와 부활, 그리고 진리의 말씀에 근거한 삶의 변화가 가감 없이 선포될 때 비로소 가능하다.

한 시대 십자가 복음으로 영국과 세상을 뒤흔들었던 스펄전의 영향에도 불구하고, 현재 영국 교회는 영적인 피를 흘리며 찬란했던 기독교 영향이 유물이 되어가는 처참한 현실에 직면해 있다. 이는 짧은 역사 속에서 놀라운 성장을 이루었으나 세속주의의 거센 물결에 노출된 한국교회 역시 뼈아프게 새겨들어야 할 대목이다. 스펄전의 외침은 오늘날 설교의 본질인 복음을 놓치고 외적인 기법에만 치중할 때 닥쳐올 영적 위기를 우리에게 엄중히 경고하고 있다.

강해 설교의 아버지,
'빅 아이디어' 로 소통의 길을 열다

"내게 능력 주시는 자 안에서 내가 모든 것을 할 수 있느니라"
(빌 4:13).

사랑하는 성도 여러분, 빌립보서 4장 13절은 기독교의 가장 강력한 선언문처럼 들립니다. 이 구절이 적힌 티셔츠를 입고, 이 구절을 자신의 성공과 야망을 위한 모토로 삼는 사람이 많습니다. 마치 이 구절이 하나님께서 우리에게 '원하는 것은 무엇이든 할 수 있는 무제한의 신용 카드' 를 주셨다고 약속하는 것처럼 말입니다.

그러나 우리가 오늘 이 본문을 깊이 파고들 때, 우리는 이 구절이 개인의 성공이나 성취에 대한 것이 아니라 하나님의 능력으로 감당하는 영적 만족에 관한 것임을 발견하게 될 것입니다. 이 구절은 바울이 인생의 가장 낮은 곳, 곧 로마 감옥에서 깨달은 '일체의 비결'

을 담고 있습니다.

명심하십시오. 이 구절의 참된 힘은 당신이 무엇을 할 수 있는가에 대한 것이 아니라 당신이 어떤 상황에서든지 굳건히 설 수 있는 능력에 대한 것입니다. 이 13절의 말씀은 홀로 존재하지 않습니다. 이 구절은 12절의 직접적인 결론입니다. 12절을 다시 보십시오. "나는 비천에 처할 줄도 알고 풍부에 처할 줄도 알아 모든 일 곧 배부름과 배고픔과 풍부와 궁핍에도 처할 줄 아는 일체의 비결을 배웠노라." 바울이 언급하는 '모든 것'은 그리스도인의 삶에서 발생할 수 있는 모든 상황의 양극단을 포함합니다.

긍정적인 극단은 풍부함, 배부름, 넉넉함입니다. 부정적인 극단은 비천함, 굶주림, 궁핍함입니다. 바울이 진정으로 선언하는 것은 이 모든 극단적인 상황 속에서 자신을 잃지 않고 영적으로 생존할 수 있는 능력입니다. 그는 굶어 죽지 않는 능력을 말하는 것이 아니라 굶주리는 상황 속에서도 하나님 안에서 만족할 수 있는 내적인 힘을 말하고 있는 것입니다.

바울은 "일체의 비결을 배웠노라"라고 말합니다. '비결'이라는 단어는 '신비'나 '비밀스러운 가르침'을 의미합니다. 세상 사람들은 행복을 외적인 환경에 종속시킵니다. 돈이 있어야 행복하고 건강해야 평안하다고 믿습니다.

그러나 바울은 그 비밀을 깨달았습니다. 그 비결은 자신의 행복을 외적인 것에 의존하지 않는 것입니다. 그가 부유하든 가난하든 감옥에 갇혀 있든 자유롭든 그 영혼의 중심은 흔들리지 않는 평안으로 고정되어 있습니다. 이것이 바로 세상이 알지 못하는 참된 만족의 비밀입니다. 이 만족은 고난을 무시하는 것이 아니라 고난을 겪으면서도 하나님이 주시는 힘으로 평안을 붙잡는 것입니다.

"내게 능력 주시는 자 안에서 내가 모든 것을 할 수 있느니라."

이 능력이 바울 자신의 강철 같은 의지나 긍정적인 사고방식에서 비롯되었다면, 그는 교만했을 것입니다. 그러나 바울은 이 능력이 오직 외부에서 온다고 분명히 선언합니다. 우리 자신의 힘으로는 굶주림 속에서 감사할 수 없고 풍족함 속에서 겸손할 수 없습니다. 인간의 자원은 환경의 압력 앞에서 무너집니다.

이 능력은 하나님의 능력, 곧 예수 그리스도께서 성령을 통해 공급하시는 은혜입니다. 바울은 끊임없이 그리스도와의 연합을 강조합니다. 이 능력은 '내게 능력 주시는 자 안에서' 지속해서 주입됩니다. 그리스도와의 살아있는 관계가 없이는 이 능력을 붙잡을 수 없습니다.

그리스도의 능력은 우리에게 두 가지 중요한 은혜를 제공합니다. 고통이나 궁핍이 찾아올 때, 좌절하거나 하나님을 원망하지 않고 굳건히 견딜 수 있는 능력입니다. 이 능력은 우리가 상황을 피하거나 바꾸지 않고, 그 상황을 통해 성숙하게 성장하도록 이끕니다. 성공과 부요함이 찾아올 때, 자만하거나 하나님을 잊지 않고 영적인 겸손을 유지할 수 있는 능력입니다. 많은 이가 풍족함이라는 시험에서 궁핍함이라는 시험보다 더 쉽게 넘어집니다. 그리스도의 능력은 풍요 속에서도 물질이 우리의 주인이 되는 것을 막아줍니다.

사랑하는 성도 여러분, 만일 당신이 이 구절을 사용하여 하나님께 '내게 이 세상의 성공을 주십시오' 라고 요구하고 있었다면, 당신은 본문을 잘못 사용하고 있는 것입니다. 바울의 진정한 능력은 승진하는 능력이 아니라 해고된 후에도 평안을 유지하는 능력이었습니다. 건강을 되찾는 능력이 아니라 병마 속에서도 주님께 감사하는 능력이었습니다.

이제 당신 삶의 초점을 바꾸십시오. 환경을 변화시키려는 노력 대신, 환경 속에서 당신의 영혼을 변화시키려고 노력하십시오. 당신이 원하는 모든 것을 얻으려는 욕망 대신, 당신이 그리스도 안에서 이미 얻은 것으로 충분히 만족하는 법을 배우십시오.

당신 삶의 모든 상황, 즉 기쁨과 슬픔, 성공과 실패, 풍요와 궁핍 속에서 그리스도의 능력을 구하십시오. 오직 그때에야 당신은 바울이 깨달은 이 '일체의 비결'을 맛보게 될 것이며, "내게 능력 주시는 자 안에서 내가 모든 것을 할 수 있느니라"라고 진정한 의미를 선언할 수 있을 것입니다. 아멘.

로빈슨의 설교 내용 분석

설교 단계	로빈슨의 내용 전개	강조점 및 특징
도입 및 주제 선언	Big Idea(주제)는 "참된 능력은 우리를 향한 그리스도의 공급 안에 있으며, 우리는 그분의 공급으로 어떤 환경에서도 만족하는 법을 배울 수 있다." 오늘 우리는 이 하나의 큰 아이디어를 중심으로 말씀을 나눌 것이다.	설교의 핵심 주제를 도입부에서 명확하게 선언하여 설교의 초점을 고정한다.
본문 개발 (설명/증명/적용)	사도가 말한 '모든 것'은 성공이나 부유함이 아니라 결핍과 풍부를 모두 포함하는 모든 환경을 의미한다. 이 능력은 외부의 힘이 아니라 그리스도와의 인격적인 관계에서 나오는 영적인 공급이다. 이 능력이 없다면 우리는 환경에 의해 좌우되지만, 이 능력을 받으면 우리는 환경 속에서 자족함을 누린다.	설교의 모든 부분이 단일 주제를 설명하고, 증명하고, 적용하는 세부적인 구조를 갖는다.
주제 재확인	결론적으로 우리의 모든 능력은 내게 능력 주시는 그리스도 안에 있다. 환경에 흔들리지 말고, 오직 그분을 의지하여 어떤 상황에서도 만족하라고 촉구하고, 이것이 참된 능력임을 확인시켜 준다.	설교의 끝에서 핵심 주제를 다시 한번 강조하여 청중에게 각인시킨다.

▶ 해돈 로빈슨의 설교 세계

해돈 로빈슨(Haddon Robinson, 1931-2017)의 설교 특징은 한 마디로 단 하나의 명확한 사상으로 심장을 관통하는 것이라고 볼 수 있다. 정보가 범람하는 현대 사회에서 사람들은 길고 복잡한 이야기를 기억하지 못한다. 현대 강해 설교의 거장 해돈 로빈슨은 이러한 시대적 특성을 정확히 간파하였다. 그는 설교자가 수많은 이야기를 나열하는 대신, 성경 본문에서 길어 올린 단 하나의 명확한 중심 사상, 즉 '빅 아이디어(Big Idea)'로 청중의 심장을 울려야 한다고 가르친다.

로빈슨이 강조하는 강해 설교의 핵심은 '성경이 스스로 말하게 하되, 그것을 반드시 삶에 연결하는 것'이다. 설교는 설교자 개인의 견해를 피력하는 시간이 아니라 성경 본문이 현재 무엇을 말하고 있는지 들려주는 과정이어야 한다. 그러나 로빈슨은 정확한 주해에서 멈추는 설교는 실패한 것이라고 경고한다. 아무리 신학적으로 올바른 해석이라도 청중의 구체적인 현실과 무관하다면 그것은 죽은 지식에 불과하기 때문이다. 따라서 설교는 반드시 청중의 아픔과 고민이 교차하는 삶의 현장으로 이어져야 한다는 것이다.

로빈슨은 설교의 중심 사상을 도출하기 위한 매우 구체적인 논리적 공식을 제안하였다. 설교의 핵심은 반드시 하나의 완전한 문장으로 집약되어야 하며, 이는 '주제(Subject)'와 '보완어(Complement)'의 결합으로 완성된다.

- 주제 : 본문이 무엇에 관하여 말하고 있는가?
- 보완어 : 그 주제에 대해 구체적으로 무엇을 설명하거나
　　　　요구하는가?

예를 들어, "하나님을 믿는 사람들은(주제) 세상의 유혹을 이기기 위해 서로 격려해야 한다(보완어)"와 같은 방식이다. 이렇게 정교하게 다듬어진 단 하나의 문장이 설교 전체를 지배할 때, 청중은 예배당 문을 나서며 오늘 설교의 결론이 무엇이었는지를 명확하게 인지하고 고백하게 된다.

또한 로빈슨은 성경 속에 담긴 고대인의 메시지인 '텍스트 사상(Textual Idea)'을 현대인의 상황에 맞는 '설교적 사상(Homiletical Idea)'으로 번역하는 과정을 중시하였다. 그는 도입부에서 청중의 실제적인 삶의 문제를 제기하여 관심을 장악하고, 본론에서 성경적 해답을 논리적으로 증명하며, 결론에서 구체적인 삶의 결단을 촉구하는 질서 정연한 흐름을 강조하였다. 이러한 체계적인 접근은 설교를 단순한 강연이 아닌, 현대인의 삶을 변화시키는 강력한 영적 도구로 탈바꿈시킨다.

▶ 해돈 로빈슨의 설교 전달

해돈 로빈슨의 설교 전달은 단순한 수사학적 기교를 넘어, 성경 본문에서 도출한 단 하나의 명확한 사상인 '빅 아이디어(Big Idea)'를 청중의 심장에 효과적으로 이식하는 전략적 소통에 집중되어 있

다. 그는 정보 과잉의 시대를 사는 현대인들이 복잡한 나열식 설명보다는 명확한 한 가지 진리에 반응한다는 점을 간파하였으며, 이를 위해 다음과 같은 전달의 원리를 정립하였다.

설교 전달의 첫 번째 단계는 성경의 고대적 언어인 '텍스트 사상'을 현대인의 삶에 맞춘 '설교적 사상'으로 번역하여 들려주는 것이다. 로빈슨은 아무리 정교한 성경 해석이라 할지라도 청중이 이해할 수 없는 언어에 머문다면 전달의 목적을 상실한 죽은 지식에 불과하다고 보았다.

로빈슨은 청중의 주의력을 장악하고 설득력을 극대화하기 위해 설교의 논리적 설계를 강조하였다. "도입부에서 청중의 실제적인 삶의 문제를 제기하여 긴장감을 조성하고, 본론에서 그에 대한 성경적 해답을 논리적으로 증명하며, 결론에서 구체적인 결단을 촉구하는 흐름을 유지해야 한다. 이러한 체계적인 전달은 청중이 설교의 전 과정을 명확하게 따라오게 만들며, 설교의 핵심인 '빅 아이디어'를 선명하게 각인시킨다"는 것이다.

효과적인 설교 전달의 최종 목적은 청중이 설교를 듣고 난 후 "그래서 내가 무엇을 해야 하는가?(So What?)"라는 질문에 스스로 답할 수 있게 만드는 데 있다. 로빈슨은 설교자가 이 질문에 대한 명확한 답을 메시지 속에 녹여내어, 전달의 과정이 청중의 지성을 넘어 태도와 사고방식, 감정의 심층적인 변화를 촉구하는 강력한 동력이 되도록 디자인해야 한다고 가르쳤다.

로빈슨은 기술적인 소통 기법보다 선행되어야 할 것이 설교자의 영적 권위라고 역설하였다. 설교자는 단순히 본문의 의미를 전달하는 기계가 아니며, 하나님은 한 편의 설교를 완성하시기에 앞서 한 사람의 설교자를 먼저 준비시키시기 때문이다. 따라서 설교자는 강단에 서기 전, 말씀이 자신을 먼저 변화시키는 체험을 해야 한다. 설교자가 본문의 지배를 받고 성령의 역사 앞에 항복한 채 말씀을 대언할 때, 그의 전달은 단순한 강연을 넘어 청중의 영혼을 흔드는 신적인 능력을 갖추게 된다.

▶ 해돈 로빈슨의 설교 적용

해돈 로빈슨에게 있어 설교 적용은 설교의 중심 사상이 청중의 실질적인 삶의 변화로 치환되는 가장 결정적인 단계이다. 그는 설교가 끝난 후 청중이 자신에게 던지는 질문인 "그래서 어쩌라는 것인가?(So What?)"에 대해 명확한 답을 얻을 수 있도록 설교가 정교하게 디자인되어야 한다고 보았다. 로빈슨은 적용이 빠진 설교를 결코 완성된 설교로 간주하지 않았으며, 적용이 없는 메시지는 영적 공허함만을 남긴다고 경고하였다.

로빈슨이 강조하는 적용은 결코 막연하거나 추상적이지 않다. 그는 설교자가 제시하는 적용점이 청중의 가정, 직장, 사회적 관계, 그리고 개인의 내밀한 내면에 이르기까지 삶의 전 영역에서 즉각적으로 실천될 수 있는 구체적인 내용을 포함해야 한다고 주장하였다. 성경적 진리가 청중의 실제적인 고민과 맞닿을 때 비로소 그 말씀은 살아있는 생명력을 얻기 때문이다.

특히 로빈슨은 단순히 외부적인 행위를 강요하거나 명령하는 식의 적용을 경계하였다. 대신 청중의 태도와 사고방식, 그리고 감정의 심층적인 변화를 촉진하는 방식으로 적용을 유도해야 한다고 강조하였다. 그는 요한 크리소스톰이나 존 칼빈의 전통을 계승하여, 성도가 순종하고 실천하는 궁극적인 동기가 율법적인 의무감이 되어서는 안 된다고 보았다.

결국 로빈슨의 설교 적용은 하나님의 무한한 사랑과 은혜, 즉 복음에 대한 감격스러운 응답으로서의 순종을 지향한다. 청중이 복음의 가치를 깊이 깨닫고 자발적으로 삶의 자리를 변화시키도록 돕는 것, 이것이 로빈슨이 추구한 강해 설교 적용의 진수이다.

▶ 해돈 로빈슨의 설교가 한국 강단에 주는 교훈

해돈 로빈슨은 성경의 절대적인 권위와 중심 사상을 현대적 의사소통 방식에 맞게 체계화하여, 청중 중심적이면서도 성경에 철저히 충실한 강해 설교의 틀을 확립하였다. 특히 그는 강해 설교에 대해 만연한 오해들을 바로잡으며 그 본질적인 정의를 명확히 내렸다. 많은 설교자가 성경 본문을 절마다 차례로 풀이하거나 성경 한 권을 순서대로 강론하는 형식을 강해 설교라 여기지만, 로빈슨은 이러한 외적 형식이 강해 설교의 근본정신은 아니라고 단언한다. 본문의 길이나 순서가 어떠하든, '본문의 원래 의미가 설교 전체를 지배하느냐'가 강해 설교의 성패를 가르는 핵심이기 때문이다.

로빈슨이 제시하는 강해 설교의 요체는 "본문 속에 담긴 하나님의 주제, 즉 '중심 사상(Big Idea)'을 명확히 찾아내는 것이다. 설교자는 자신이 전하고 싶은 주관적 주제를 본문에 투영해서는 안 되며, 철저히 본문의 문맥과 저자의 의도에 통제받아야 한다. 이를 위해 설교자는 하나의 중심 사상이 온전히 담긴 본문 단위를 선택해야 하며, 그 안에서 주요소(무엇에 관하여 말하는가)와 보조 요소(그 주제에 대해 구체적으로 무엇을 설명하는가)를 분석하여 단 하나의 문장으로 사상을 정립해야 한다. 마치 잘 쓰인 글에서 하나의 일관된 주제를 찾는 것과 같은 이 논리적 과정이 강해 설교의 본질을 이룬다”고 강조했다.

나아가 로빈슨은 설교자들에게 기술적인 준비를 넘어선 깊은 영적인 준비를 촉구한다. 그는 설교자가 강단에 서기 전, 선포할 말씀을 성령의 도우심 속에서 먼저 충만하게 체험해야 한다고 강조한다. 설교자는 단순히 본문의 의미를 수동적으로 전달하는 기계가 아니며, 하나님은 한 편의 설교를 완성하시기에 앞서 한 사람의 설교자를 먼저 빚으시기 때문이다. 선포될 말씀이 설교자 자신에게 먼저 깊이 적용되어 인격적인 변화를 일으킬 때, 비로소 강단에서 선포되는 말씀에 진정한 영적 권위가 실리게 된다.

결국 로빈슨의 조언은 설교자가 본문을 자신의 의도대로 지배하려 들지 말고, 본문의 진리가 설교자 자신을 지배하게 하라는 것으로 귀결된다. 설교자가 성령의 역사 앞에 먼저 겸손히 엎드려 하나님 말씀만을 온전히 드러낼 때, 그 설교는 단순한 지식 전달을 넘어 청중의 영혼을 변화시키는 신적인 사건이 된다.

새설교학의 창시자,
청중을 진리의 여정으로 초대하다

"어떤 율법교사가 일어나 예수를 시험하여 이르되 선생님 내가 무엇을 하여야 영생을 얻으리이까. 예수께서 이르시되 율법에 무엇이라 기록되었으며 네가 어떻게 읽느냐. 대답하여 이르되 네 마음을 다하며 목숨을 다하며 힘을 다하며 뜻을 다하여 주 너의 하나님을 사랑하고 또한 네 이웃을 네 자신 같이 사랑하라 하였나이다. 예수께서 이르시되 네 대답이 옳도다. 이를 행하라. 그러면 살리라 하시니 그 사람이 자기를 옳게 보이려고 예수께 여짜오되 그러면 내 이웃이 누구니이까. 예수께서 대답하여 이르시되 어떤 사람이 예루살렘에서 여리고로 내려가다가 강도를 만나매 강도들이 그 옷을 벗기고 때려 거의 죽은 것을 버리고 갔더라. 마침 한 제사장이 그 길로 내려가다가 그를 보고 피하여 지나가고 또 이와 같이 한 레위인도 그 곳에 이르러 그를 보고 피하여 지나가

되 어떤 사마리아 사람은 여행하는 중 거기 이르러 그를 보고 불쌍히 여겨 가까이 가서 기름과 포도주를 그 상처에 붓고 싸매고 자기 짐승에 태워 주막으로 데리고 가서 돌보아 주니라. 그 이튿날 그가 주막 주인에게 데나리온 둘을 내어 주며 이르되 이 사람을 돌보아 주라 비용이 더 들면 내가 돌아올 때에 갚으리라 하였으니 네 생각에는 이 세 사람 중에 누가 강도 만난 자의 이웃이 되겠느냐. 이르되 자비를 베푼 자니이다 예수께서 이르시되 가서 너도 이와 같이 하라 하시니라"(눅 10:25-37).

우리는 오늘 예수님의 가르침 중 잘 알려진 이야기 중 하나, 선한 사마리아인의 비유를 마주합니다. 이야기는 한 율법 교사의 질문으로 시작됩니다. 그는 예수님을 시험하려고 일어섰습니다.

"선생님, 내가 무엇을 하여야 영생을 얻으리이까?"(25절).

예수님은 그를 말씀으로 돌려보내셨습니다.

"율법에 무엇이라 기록되었으며 네가 어떻게 읽느냐?"

그 교사는 완벽한 대답을 합니다.

"네 마음을 다하며 목숨을 다하며 힘을 다하며 뜻을 다하여 주 너의 하나님을 사랑하고 또한 네 이웃을 네 자신 같이 사랑하라 하였나이다"(27절).

예수님은 "네 대답이 옳도다. 이를 행하라. 그러면 살리라"고 하셨습니다.

그러나 이 교사는 스스로 의롭게 보이고 싶었습니다. 그래서 두 번째 질문을 던집니다.

"그러면 내 이웃이 누구니이까?"(29절).

이 질문은 오늘날에도 여전히 우리 입에서 나옵니다. 우리는 종종 이웃 사랑의 경계선을 정하고 싶어 합니다.

"내가 사랑해야 할 사람은 누구까지인가?"

"나의 책임은 어디까지 미치는가?"

예수님은 이 질문에 직접적인 정의를 내리는 대신 하나의 이야기를 들려주십니다.

예수님의 이야기는 예루살렘에서 여리고로 내려가는 길에서 시작됩니다. 이 길은 강도들이 득실거리는 위험한 길이었습니다. 한 여행자가 강도를 만나 옷이 벗겨지고, 얻어맞아 거의 죽게 되었습니다. 여기서부터 우리는 세 명의 종교 지도자가 이 길을 지나가는 모습을 목격합니다.

제사장이 내려오다가 그를 보았습니다. 그리고 피해서 가버립니다. 왜 그랬을까요? 아마 제사장은 예루살렘 성전에서 제사를 집례하고 집으로 가고 있었을 것입니다. 율법에 따르면 시체에 닿으면 부정해져서 다시 의식을 수행할 수 없게 됩니다. 그의 마음속에는 이런 질문이 있었을 것입니다. '만일 내가 이 사람을 돕는다면, 나의 의무는 어떻게 되는가?'

그의 행동은 종교적인 의무와 예배를 인간의 필요보다 우선시하는 신앙의 비극을 보여줍니다. 그의 직업은 '하나님을 섬기는 것'이었고, 그는 인간의 고통을 율법의 방해물로 보았습니다.

그다음으로 레위인이 옵니다. 그는 제사장을 돕는 성전 봉사자입니다. 그 역시 길가에서 피투성이가 된 남자를 봅니다. 그는 가까이 가서 살펴보지만, 곧바로 지나가 버립니다.

레위인은 아마 이렇게 생각했을 것입니다. '만일 내가 돕는다면, 혹시 이 사람이 함정은 아닐까? 강도들이 숨어 있다가 나를 공격하지는 않을까? 누가 이 길에서 나를 보호해 줄 수 있을까?' 그의 행동은 자기 보존과 개인의 안전을 이웃 사랑보다 우선시하는 우리의 논리를 대변합니다. 그는 도덕적인 책임감과 개인적인 위험 사이에서 편의를 선택했습니다.

마지막으로, 한 사마리아인이 지나갑니다. 사마리아인은 유대인들에게 혐오와 멸시의 대상이었습니다. 그들의 종교, 민족, 혈통 모두 유대인에게 부정하고 이단적인 것으로 간주되었습니다. 그러나 이 사마리아인은 강도 만난 자를 보자마자 '불쌍히 여기는 마음'이 들었습니다. 이 감정은 그를 즉시 행동하게 했습니다. 그는 가까이 가서 기름과 포도주를 붓고 싸매주었습니다.

그는 자기 짐승에 태워 주막으로 데려갔습니다. 그는 주막 주인에게 두 데나리온을 주며 돌보아 달라고 부탁하고, 부족하면 돌아올 때 갚겠다고 약속했습니다. 이 사마리아인은 자신의 종교적 신념, 민족적 혐오, 개인적인 위험, 그리고 재정적인 희생을 모두 무시하고 인간의 고통을 최우선에 두었습니다.

예수님께서는 이야기를 마치고 율법 교사에게 다시 질문을 던지십니다.

"네 생각에는 이 세 사람 중에 누가 강도 만난 자의 이웃이 되겠느냐?"(36절).

율법 교사는 사마리아인이라는 이름을 입에 담는 것조차 거부하며 "자비를 베푼 자니이다"라고 대답합니다.

예수님은 그에게 명령하십니다.

"가서 너도 이와 같이 하라"(37절).

율법 교사는 "내 이웃이 누구니이까?"라고 물었지만, 예수님은 이 질문을 뒤집어 놓으셨습니다. 핵심 질문은 '누가 나의 이웃인가?' 가 아닙니다. 핵심 질문은 '내가 누구의 이웃이 되어야 하는가?' 입니다.

이웃은 우리가 정의하고 선택하는 대상이 아니라 우리가 자비를 베풀어야 할 필요 속에 있는 모든 사람입니다. 우리의 책임은 우리가 정한 경계선에서 끝나는 것이 아닙니다. 우리의 책임은 우리의 편의와 안전, 심지어 우리의 종교적 의무를 넘어서, 도움이 필요한 곳까지 미칩니다.

권면합니다. 오늘날 당신의 길가에는 누가 쓰러져 있습니까? 당신이 피하고 싶은 그 사람은 누구입니까? 당신의 종교적 의무와 편의의 논리를 잠시 내려놓고, 가서 당신도 이와 같이 행하십시오. 당신의 이웃은 당신이 가장 만나기 싫어하는 그 사람일 수 있습니다. 가서 그의 이웃이 되어주십시오. 아멘.

설교 단계	크래독의 내용 전개	강조점 및 특징
문제 제기	여러분은 길을 가다가 심하게 다친 사람을 본다면 어떻게 하시겠냐고 문제를 제기한다. "멈추시겠습니까, 아니면 바쁘니까 지나가시겠습니까?" 이 질문은 '나의 이웃은 누구인가' 라는 율법 교사의 질문에서 시작되었음을 나타낸다.	질문과 이야기를 통해 청중의 호기심을 자극하고 설교의 문제 속으로 끌어들인다.
본문 전개	제사장과 레위인은 바쁘거나 자신을 더럽히고 싶지 않다는 '합리적인 이유'로 지나간다. 그러나 사마리아인은 그 모든 합리적인 이유를 거부하고, 비합리적인 자비를 베푼다. 여러분은 이 이야기에서 "누구와 가장 가깝습니까?"라며 갈등을 고조시킨다.	청중이 스스로 어느 위치에 있는지 생각하도록 갈등의 요소를 제시한다.
결론 유도	결국 예수님은 '나의 이웃은 누구인가?'라는 질문에 답하지 않으셨다. 대신 그분은 '당신은 누구의 이웃이 되어야 하는가?'를 물으셨다. 진정한 이웃은 우리에게 자비를 베푼 그분(예수 그리스도의 대리자)처럼, 우리가 자비를 베푸는 자가 되는 것이다. 이것이 크래독적인 전환점이다.	설교의 결론을 미리 알려주지 않고, 청중 스스로 진리에 도달하도록 유도한다.

▶ 프레드 크래독의 설교 세계

전통적인 설교가 "결론은 이것이니 믿으라"고 선포하는 연역적 방식이었다면, 프레드 크래독(Fred Craddock, 1928-2015)은 설교자를 일방적 권위자가 아닌 청중의 손을 잡고 진리의 숲을 함께 걷는 '친절한 가이드'로 재정의하였다. 그의 설교론은 청중을 수동적인 수혜자에서 능동적인 참여자로 탈바꿈시켰으며, 이를 위해 다음과 같은 독창적인 설교 기제를 제시하였다.

크래독 설교의 특징은 결론을 설교의 끝까지 아껴두는 '귀납적 흐름'에 있다. 대지를 먼저 제시하고 증명하는 방식이 아니라 설교가 진행되는 동안 청중이 "과연 결론이 무엇일까?"라는 기대를 품고 메시지에 몰입하게 만든다. 설교자가 진리를 강요하는 대신 성경의 증거와 이야기를 따라가게 함으로써, 청중이 스스로 결론에 도달하도록 유도한다. 이때 청중은 메시지를 외부의 강요가 아닌 '나의 발견'으로 받아들이게 된다.

크래독은 설교자가 청중보다 높은 곳에서 가르치는 존재가 아니라고 보았다. 설교자의 참된 권위는 화려한 웅변술이 아니라 성경에 대한 충실함, 그리고 청중과 동일한 삶의 무게를 견디는 인간적인 겸손함에서 나온다. 설교자의 삶이 청중의 구체적인 경험과 맞닿아 있고 선포하는 메시지와 일치할 때, 청중은 비로소 마음을 열고 설교자의 안내를 신뢰하며 진리의 여정에 동참하게 된다.

그의 설교는 난해하고 추상적인 교리 설명에 매몰되지 않는다. 대신 성경 본문이 다루는 주제를 현대인이 일상에서 겪는 갈등, 슬픔, 기쁨과 같은 보편적인 인간 경험과 긴밀하게 연결한다. 추상적인 논증보다 생생하고 구체적인 비유와 이야기를 먼저 던짐으로써 청중의 공감을 이끌어 내며, 군더더기 없는 명료한 아이디어를 통해 자연스럽게 하나의 영적 결론으로 청중을 인도한다.

크래독에게 설교란 단순한 정보 전달의 시간이 아니라 청중의 삶과 하나님의 진리가 충돌하고 만나는 '사건'이다. 도입부에서 제기된 일상의 질문과 이야기가 설교의 마지막에서 성경의 진리와 마주할 때, 청중의 가슴에는 잊지 못할 영적 파동이 일어난다. 이러한 설교 방식은 진리가 청중의 삶 속에서 생생하게 살아 움직이는 실제적인 경험이 되도록 만든다.

▶ 프레드 크래독의 설교 전달

프레드 크래독의 전달 방식은 청중과 친밀한 대화를 나누는 듯한 스타일을 통해 메시지를 영혼 깊숙이 부드럽게 침투시키는 것이 가장 큰 특징이다. 그는 설교자가 일방적으로 정보를 주입하는 전통적 방식을 탈피하여, 다음과 같은 소통의 미학을 설교단에 구현하였다.

크래독은 목소리를 높이거나 강렬한 감정으로 청중을 압도하려 하지 않았다. 대신 부드럽고 차분한 대화적 어조를 견지함으로써, 청중이 심리적 위협이나 거부감을 느끼지 않고 메시지를 자연스럽게 수용하도록 유도하였다. 특히 설교 중간중간에 청중이 스스로 생각하고 반응할 수 있는 '의도적인 여백'을 마련하여, 메시지가 설교자의 일방적인 선포가 아닌 청중의 자발적인 참여로 완성되게 하였다.

그는 개인적인 경험, 문학적 비유, 일상적인 예화 등을 풍부하게 사용하여 메시지에 생명력을 불어넣었다. 그가 활용하는 이야기는 단순한 흥미 유발을 위한 보조 도구가 아니라 논리적인 결론으로 이끄는 결정적인 '귀납적 증거' 역할을 한다. 청중은 이야기를 따라가는 동안 자신도 모르는 사이에 진리의 핵심에 다가서게 된다.

크래독은 겉으로 드러나는 직분이나 직위의 권위를 내세우지 않았다. 그러나 정교하게 설계된 논리의 흐름과 이야기 자체에 담긴 설득력을 통해 청중에게 강력한 영향력을 행사하였다. 강요하지 않으나 거부할 수 없는 진리의 힘을 전달하는 그의 방식은 현대 설교가 지향해야 할 성육신적 소통의 모범을 보여준다.

▶ 프레드 크래독의 설교 적용

프레드 크래독에게 설교 적용이란 설교자가 정해준 답을 청중에게 주입하는 과정이 아니라 청중이 직접 발견한 진리를 바탕으로 스스로 개인적인 결단을 내리게 돕는 과정이다. 그는 외부의 강요가 아닌 내면의 깨달음이 삶을 변화시키는 가장 강력한 동력이라고 보았다.

설교자는 청중에게 "이것을 하십시오"라고 일방적으로 명령하거나 특정한 행위를 강요하는 방식의 적용을 의도적으로 피한다. 대신, 설교의 흐름 속에서 청중이 스스로 내린 결론이 곧 가장 강력하고 실질적인 적용이 되도록 설계한다. 청중이 진리를 자신의 것으로 발견하는 순간, 그 진리는 외부의 압력이 아닌 내적인 힘이 되어 삶의 관점과 태도를 근본적으로 변화시키는 동인이 된다.

크래독의 설교에서 설교자는 진리를 제시한 후 한 걸음 물러나, 청중이 그 진리를 바탕으로 자신의 삶을 돌아보게 만든다. 설교자가 답을 주는 대신 "이 진리가 당신의 삶에 어떤 변화를 요구하는가?"라는 질문을 던짐으로써 청중 스스로 자신에게 필요한 변화를 모색하게 한다. 이러한 방식은 설교를 듣는 행위를 넘어 하나님과 청중 사이의 인격적인 대화와 자각으로 이어진다.

크래독이 지향하는 적용은 거창하거나 추상적인 담론에 머물지 않는다. 적용은 성도들의 가장 평범하고 소박한 일상생활 속에서 일어날 수 있는 구체적인 변화의 가능성을 열어주는 방식으로 이루어진다. 삶의 현장에서 마주하는 작은 선택과 관계의 변화가 진정한 영적 성숙의 시작임을 깨닫게 함으로써 복음이 삶의 구석구석에 스며들도록 안내한다.

▶ 프레드 크래독의 설교가 한국 강단에 주는 교훈

프레드 크래독은 귀납적 구조를 통해 '청중 중심의 설교 모델'을 확립하며 현대 설교학의 패러다임을 혁신하였다. 그의 방법론은 설교자의 겸손한 인격적 신뢰성과 이야기(Narrative)의 힘을 결합하여, 청중이 수동적인 수혜자에 머물지 않고 스스로 진리를 발견하며 결단하도록 돕는 데 중점을 둔다.

크래독의 이론은 전통적인 삼대지(3-Point) 중심의 연역적 설교 방식에 신선한 충격을 던져주었다. 설교자가 일방적으로 답을 선포하는 기존 방식에서 벗어나 청중과 함께 진리의 답을 추구해 가는 과정으로의 전환은 설교 전달 면에서 획기적인 관심을 불러일으켰다. 이는 청중을 '듣기만 하는 존재'에서 '설교에 참여하는 능동적 주체'로 변화시키는 기폭제가 되었으며 이야기식 설교와 상상력의 강조를 통해 더욱 효과적인 메시지 전달의 길을 제시하였다.

크래독이 지적한 전통적 설교의 문제점은 오늘날 한국 교회 강단에서도 동일하게 나타난다. 청중에 대한 깊은 배려 없이 설교자의 일방적인 선포에만 치중하거나, 전달 방식에 대한 고민 없이 본문 주해에만 몰두하는 설교는 급변하는 시대의 청중을 사로잡기에 한계가 있다. 설교자는 시대와 관계없는 영원한 진리를 선포하면서도 동시에 시대를 읽어내고 청중의 삶을 이해하는 목자적 자세를 견지해야 한다. 즉, 말씀을 바르게 파악하는 '주해자'의 직무와 청중에게 가장 효과적으로 전달하는 '설교자'의 책임이 균형을 이루어야 한다.

크래독의 설교가 미친 긍정적인 영향만큼이나 주의해야 할 점도 분명하다. 그의 설교학은 본문 자체에 대한 강조나 그리스도라는 중심을 드러내는 것보다 설교를 통해 본문을 청중에게 '경험'시키는 일에 더 큰 관심을 둔다. 그러나 설교는 단순히 청중에게 감동이나 카타르시스를 제공하는 것을 최종 목적으로 삼을 수 없다.

하나님이 말씀하시고자 하는 바를 정확히 파악하여 증거하는 '사명'과 청중의 변화를 위해 적용하는 '책임'은 그 어떤 새로운 설교 이론으로도 대체될 수 없는 본질이다. 크래독의 전달 이론은 기존 설교의 한계를 극복하는 신선한 대안이 될 수 있지만, 설교자는 '무엇을, 왜 설교하는가'라는 근본적인 질문 앞에서 성경 본문을 그대로 드러내는 설교의 기본 정의에 더욱 충실해야 한다는 점을 일깨워 주었다.

이야기 설교의 황제,
한 편의 드라마로 복음을 경험케 하다

"그 날 저물 때에 제자들에게 이르시되 우리가 저편으로 건너가자 하시니 그들이 무리를 떠나 예수를 배에 계신 그대로 모시고 가매 다른 배들도 함께 하더니 큰 광풍이 일어나며 물결이 배에 부딪쳐 들어와 배에 가득하게 되었더라. 예수께서는 고물에서 베개를 베고 주무시더니 제자들이 깨우며 이르되 선생님이여 우리가 죽게 된 것을 돌보지 아니하시나이까 하니 예수께서 깨어 바람을 꾸짖으시며 바다더러 이르시되 잠잠하라 고요하라 하시니 바람이 그치고 아주 잔잔하여지더라. 이에 제자들에게 이르시되 어찌하여 이렇게 무서워하느냐 너희가 어찌 믿음이 없느냐 하시니 그들이 심히 두려워하여 서로 말하되 그가 누구이기에 바람과 바다도 순종하는가 하였더라"(막 4:35-41).

사랑하는 성도 여러분, 오늘 우리가 주목할 이야기는 예수님의 일과가 마무리되는 시점에서 시작됩니다. '그날 저물 때' 였습니다. 햇볕이 뜨겁던 낮 동안 예수님은 수많은 비유를 들려주시며 지친 군중에게 하나님 나라의 진리를 가르치셨습니다. 씨 뿌리는 비유, 등불 비유, 겨자씨 비유… 이 모든 가르침은 우리의 일상, 우리의 노동, 우리의 평범한 삶에 천국의 진리가 스며들게 하는 것에 대한 이야기였습니다.

그리고 이제 해가 집니다. 긴 하루가 끝났습니다. 예수님은 지친 몸을 이끌고 제자들에게 말씀하십니다.

"우리가 저편으로 건너가자."

이 명령은 단순한 이동이 아닙니다. 우리는 '오래달리기' 처럼 신앙의 여정을 꾸준히 가야 합니다. 이 "저편으로 건너가자"는 것은 우리 삶이 목적 있는 여정이며, 그 목적지는 주님께서 정하신 곳이라는 것을 선언합니다. 그분은 우리에게 멈추라고 하지 않으십니다. 그분은 우리를 '저편', 즉 우리가 경험하지 못한 새로운 믿음의 단계로 끊임없이 초대하십니다.

제자들은 무리를 떠나 배에 예수님을 모셨습니다. 여기서 마가는 "예수를 배에 계신 그대로 모시고 가매"라고 기록합니다. 이것은 그들이 어떤 특별한 준비나 의식을 한 것이 아님을 보여줍니다. 일상의 평범함 속에서 지친 그대로 주님을 모시고 가는 것. 이것이 우리 신앙생활의 본질입니다. 우리의 '오래달리기'는 웅장한 사건이 아니라 주님을 그대로 모신 채 하루하루를 건너가는 지루하고도 꾸준한 순종의 과정인 것입니다.

그런데 순종의 여정은 곧바로 시험에 부딪힙니다.

"큰 광풍이 일어나며 물결이 배에 부딪쳐 들어와 배에 가득하게 되었더라."

갈릴리 호수는 기상 변화가 심하기로 유명합니다. 하지만 '큰 광풍'이라는 마가의 표현은 이것이 단순한 소나기가 아니었음을 암시합니다. 배는 거의 침몰 직전이었습니다. 우리는 이 배에 누가 타고 있었는지 기억해야 합니다. 베드로, 안드레, 야고보, 요한. 이들은 갈릴리 바다의 전문가들이었습니다. 파도를 아는 자들, 바람의 방향을 읽는 자들, 배를 다루는 데는 도가 튼 사람들이었습니다.

하지만 이 폭풍 앞에서는 그들의 경력, 기술, 경험이 아무 소용이 없었습니다. 그들의 '노력'과 '최선'이 배에 들어오는 물을 막지 못했습니다. 광풍은 우리의 모든 인간적인 능력의 한계를 드러내는 거울입니다. 우리가 잘 아는 영역, 우리가 통제할 수 있다고 믿었던 우리 삶, 즉 가족이나 직장, 혹은 재정에 갑자기 통제 불가능한 광풍이 닥쳐올 때, 우리는 제자들과 똑같은 절망을 느낍니다. 우리가 스스로 '전문가'라고 자부했던 영역이 무너질 때, 우리의 평범한 일상이 파괴될 때, 우리는 비로소 우리 힘으로 건널 수 없는 바다에 있음을 깨닫습니다.

배는 물로 가득 차 죽음의 그림자가 드리우는데 주님은 무엇을 하고 계셨습니까?

"예수께서는 고물에서 베개를 베고 주무시더니."

제자들에게는 이것이 폭풍보다 더 큰 스캔들이었습니다. 어떻게 이토록 극심한 위기 상황에서 평안할 수 있단 말입니까? 우리의 기도는 종종 이렇습니다.

"주님, 제가 이 난관을 헤쳐나가도록 당신의 능력을 사용해 주십시오."

그러나 예수님의 잠은 우리에게 묻습니다.

"너희는 나의 능력만 원하는가, 아니면 나의 평안과 주권을 신뢰하는가?"

제자들의 절규는 깊은 불신을 드러냅니다.

"선생님이여, 우리가 죽게 된 것을 돌보지 아니하시나이까?"

이 외침은 단순한 도움 요청이 아니라 "당신은 우리를 사랑하지 않는 것 아닙니까? 당신은 우리의 고난에 무관심합니까?"라는 원망과 비난입니다. 우리가 통제할 수 없는 고난 속에서 주님이 침묵하실 때, 우리는 종종 주님의 부재를 의심합니다. 그러나 예수님의 잠은 부재가 아니라 완전한 현존 속의 완전한 안식을 상징합니다. 그분은 만물을 창조하신 분이며 그분을 태운 배가 파도 몇 번에 침몰할 리 없다는 것을 아셨기에 평안히 주무셨던 것입니다. 그분의 잠은 곧 그분의 권위를 보여주는 증거였습니다.

결국 예수님은 깨셨고 이 짧은 구절은 세상의 역사를 바꾸는 두 가지 꾸짖음을 담고 있습니다.

첫째 꾸짖음은 '자연의 혼돈을 향하여' 입니다.

예수님은 바람을 꾸짖으시고 바다더러 말씀하십니다. "잠잠하라, 고요하라." 이 말은 단지 바람을 멈추라는 명령이 아니라 존재의 근원적인 침묵을 명하는 창조주의 음성이었습니다. 혼돈은 즉시 질서로 바뀌었고 아주 잔잔해졌습니다. 이것은 예수 그리스도께서 세상의 모든 통제 불가능한 힘 위에서 절대적인 주권을 행사하시는 분임을 선포합니다. 우리 삶을 흔드는 모든 광풍, 곧 질병, 경제 위기, 관계의 갈등은 결국 그분의 한마디 앞에 굴복해야 하는 피조물일 뿐입니다.

둘째 꾸짖음은 '제자들의 마음을 향하여' 입니다.

그리고 예수님은 시선을 돌려 가장 중요한 꾸짖음을 하십니다.

"어찌하여 이렇게 무서워하느냐? 너희가 어찌 믿음이 없느냐?"

예수님은 그들의 두려움 자체를 꾸짖지 않으셨습니다. 그분은 그들의 '믿음 없음' 을 꾸짖으셨습니다. 배 안에 주님이 계신다는 사실, '저편으로 건너가자' 는 주님의 약속이 있다는 사실, 이 모든 것을 경험하고서도 여전히 눈앞의 폭풍에 모든 초점을 맞추고 있는 불신앙의 습관을 꾸짖으셨습니다.

'오래달리기' 에서 믿음은 단순히 '느낌' 이나 '열심' 이 아니라 '주의 깊은 주의' 를 훈련하는 것입니다. 제자들은 광풍의 소리와 파도의 위협에는 주의를 기울였지만, 자기들 배 안에 계신 예수 그리스도의 현존에는 주의를 기울이지 못했습니다. 이 이중의 꾸짖음을 통해 제자들은 비로소 진정한 두려움의 대상이 무엇인지 깨닫습니다. 그들은 폭풍이 아니라 "그가 누구이기에 바람과 바다도 순종하는가?"라는 질문 앞에서 경외함으로 가득 찬 두려움을 느끼게 됩니다. 폭풍에 대한 두려움이 하나님에 대한 두려움(경외)으로 바뀐 것입니다.

사랑하는 성도 여러분, 우리 인생의 배는 지금 어디를 향하고 있습니까? 주님께서 "저편으로 건너가자"고 초청하신 그 길 위에서, 지금 어떤 광풍을 만나고 계십니까? 어쩌면 우리의 주님은 우리의 분주한 염려와 노력 속에서 '베개를 베고 주무시는' 것처럼 보일 수도 있습니다.

우리 신앙의 초점은 파도가 얼마나 높은가에 있지 않습니다. 우리의 신앙은 '누가 우리 배에 타고 있는가?' 에 대한 확신에서 시작됩니다.

우리의 광풍을 잠재우는 분은 오직 예수 그리스도 한 분이십니다. 잠잠하십시오. 고요하십시오. 그리고 그 잠잠함 속에서 당신의 배 안에 계신 주님의 음성을 들으십시오. 그분의 현존을 믿고 그분의 명령에 순종하여 오직 믿음으로 저편을 향한 항해를 지속하십시오. 그분의 약속은 반드시 우리를 목적지에 이르게 할 것입니다. 아멘.

설교 단계	로우리의 내용 전개	강조점 및 특징
혼란에 빠지기	잔잔한 목소리로 시작하며 배는 순항하고 있음을 밝힌다. 태양은 따뜻했고 호수 위에는 평화가 있었다. 그런데 갑자기 상황이 뒤바뀐다. 예측 불가능한 폭풍우가 닥쳐 배를 뒤집을 듯이 흔든다. 여러분도 예상치 못한 삶의 폭풍우에 갇혀 있지는 않은지 묻는다.	평온했던 상황을 제시한 후, 갑작스러운 혼란으로 청중의 심리를 흔든다.
갈등 분석	제자들은 공포에 질려 소리친다. "우리가 죽게 된 것을 돌아보지 않으십니까!" 그들은 예수님과 함께 있지만 여전히 절망한다. 제자들의 이 절규는 '내 삶에 예수님이 계시는데 왜 이렇게 힘들어야 하는가' 라는 우리의 절규와 같다.	극 중 갈등을 청중의 현실적인 질문과 연결하여 깊이를 더한다.
복음의 해결	그때 예수님이 일어나신다. "잠잠하라, 고요하라" 그분의 말씀 한마디에 폭풍우는 멈추게 된다. 그분이 누구신가? 그분은 자연의 힘조차 복종시키는 하나님의 아들이다. 우리의 폭풍우는 예수님의 임재 앞에서 힘을 잃는다.	복음적 해결책을 극적인 결말처럼 제시하여 희망을 선포한다.

▶ 유진 로우리의 설교 세계

유진 로우리(Eugene Lowry, 1932–)는 설교를 단순한 지식 전달의 통로가 아닌, 청중이 직접 몸을 던져 통과해야 할 '경험의 여정'으로 재정의하였다. 그는 영화 속 주인공이 위기를 극복하고 반전의 쾌감을 맛보듯, 강단 위에서도 역동적인 서사적 흐름이 일어나야 한다고 믿었다.

로우리의 설교 여정에는 전통적인 설교에서 흔히 보이는 성급한 결론이 존재하지 않는다. 그는 진리를 미리 제시하는 연역법 대신, 복음이라는 보화를 설교의 가장 마지막 순간에 열리는 보물 상자 속에 숨겨두는 방식을 취한다. 청중은 설교가 진행되는 내내 질문과 고민의 파도를 넘으며 설교자와 함께 항해하게 되며, 이 긴장감 넘치는 과정을 통해 진리를 직접 발견해 내는 여정의 주인공으로 거듭나게 된다.

그는 성경을 딱딱한 도덕적 법칙의 나열이 아닌, 생명력 있는 하나님의 구원 이야기로 이해하였다. 설교자의 역할은 청중을 성경 속 드라마의 등장인물로 초대하는 것이다. 그 초대된 공간에서 진리는 차가운 머리로 이해하는 정답이 아니라 뜨거운 가슴으로 겪어내는 생생한 '영적 체험'이 된다.

로우리는 설교를 한 편의 완벽한 서사물로 탈바꿈시키기 위해 5단계의 흐름을 설계하였다. 이 구조는 청중의 심리적 몰입을 극대화한다.

- Oops! (평형의 균열) : 평온한 일상에 숨겨진 의문을 건드려 청중의 마음을 흔들고 주의를 집중시킨다.
- Ugh! (갈등의 심화) : 문제를 집요하게 파고들어 청중이 문제의 심각성을 느끼고 깊은 공감의 자리에 머물게 한다.
- Aha! (반전의 암시) : 갈등의 끝에서 성경적 해답의 실마리를 넌지시 비추며 긴장과 기대를 고조시킨다.
- Whee! (복음의 절정) : 설교의 클라이맥스로서, 복음이 선포되는 순간 청중은 터져 나오는 깨달음의 환희를 경험한다.
- Yeah! (새로운 삶) : 변화된 관점으로 다시 세상을 향해 나아갈 용기를 얻으며 위대한 여정을 마무리한다.

로우리가 설교를 통해 궁극적으로 제공하고자 했던 것은 바로 이 '아하!(Aha!)' 의 경험이다. 갈등의 어둠 속을 헤매던 영혼이 복음이라는 눈부신 빛을 마주하는 그 찰나의 환희 속에, 사람을 변화시키고 세상을 뒤바꾸는 설교의 진정한 힘이 숨어 있다고 그는 역설한다.

▶ 유진 로우리의 설교 전달

유진 로우리는 설교 전달을 단순한 정보의 나열이 아닌, 능숙한 이야기꾼(Storyteller)의 역할로 정의한다. 그는 청중의 감정을 움직이고 영혼의 깊은 울림을 자아내는 전달 방식을 강조하며 다음과 같은 구체적인 전략을 제시하였다.

로우리는 귀납적 구조를 활용하여 설교 전반에 걸쳐 팽팽한 긴장감을 유지한다. 청중이 직면한 갈등과 의문을 집요하게 파고들다가, 설교의 클라이맥스인 해결 지점(복음 선포)에서 그 긴장을 극적으로 해소한다. 이러한 반전의 기법은 청중의 뇌리에 메시지를 강렬하게 각인시키는 역할을 한다.

그는 추상적이고 개념적인 용어 대신, 청중의 감정을 움직이는 생생하고 구체적인 이미지를 사용한다. 마치 눈앞에서 한 편의 그림을 그리듯 서사적인 언어를 구사함으로써 메시지가 머리로만 이해되는 지식을 넘어 가슴으로 체험되는 생생한 사건이 되도록 디자인한다.

설교 전달 과정에서 청중이 '설교자가 나의 문제를 깊이 공감하고 있다'는 강력한 인상을 받도록 만든다. 청중의 삶의 아픔과 모순을 설교자가 먼저 깊이 공감하며 전달할 때, 청중은 설교자를 신뢰하게 되며 마음의 문을 열고 진리의 여정에 동참하게 된다.

로우리의 전달 방식은 설교자가 해답을 일방적으로 주입하는 형태가 아니다. 대신 정교하게 설계된 서사의 흐름을 따라 청중이 스스로 해답을 발견하도록 돕는다. 이러한 전달을 통해 청중은 선포된 진리를 타인의 것이 아닌 '자신이 발견한 소중한 진리'로 여기게 되며 이는 곧 삶을 변화시키는 강력한 동기로 이어진다.

▶ 유진 로우리의 설교 적용

유진 로우리에게 설교 적용은 설교자가 제시한 도덕적 지침을 수행하는 차원을 넘어, 청중이 진리를 직접 경험한 후 일어나는 '내면적인 관점의 변화'에 그 초점을 맞춘다. 그는 강요된 행동보다 본질적인 인식의 변화가 선행될 때 비로소 진정한 삶의 변혁이 일어난다고 믿었다.

로우리가 지향하는 적용은 단순한 도덕적 명령이나 행동 강령의 나열이 아니다. 진리를 깊이 깨달음으로써 세상을 바라보는 내면의 틀이 바뀌고 그 결과로 행동이 자연스럽게 뒤따라오게 하는 것을 목표로 한다. 설교를 통해 복음이 청중의 가장 깊은 갈등과 문제를 해결하는 '해방과 위로'임을 실존적으로 경험하게 한 후, 그 은혜에 기반한 새로운 삶을 살도록 부드럽게 권면한다.

설교의 마지막 단계에서 청중은 이전에는 미처 보지 못했던 새로운 신앙적 관점으로 자신의 삶과 세상을 바라보게 된다. 이러한 '새로운 시각'은 억지로 짜내는 의무감이 아니라 기꺼이 순종하고자 하는 강력한 행동의 동기가 된다. 즉, 적용은 설교자가 시키는 일을 하는 것이 아니라 청중이 하나님 안에서 얻은 새로운 통찰을 가지고 삶을 재해석하는 과정이다.

로우리의 적용은 청중에게 무거운 짐을 지우는 것이 아니라 하나님 안에서 발견한 희망과 긍정적인 기대를 제시한다. 설교의 여정을 성공적으로 통과한 청중이 영적인 승리감과 통찰력을 품고 자신의 일상으로 돌아가도록 격려하며, 삶의 현장에서 그 변화된 관점을 구체화할 수 있는 용기를 북돋우며 마무리된다.

▶ 로우리의 설교가 한국 강단에 주는 교훈

유진 로우리는 설교를 청중의 경험을 중시하는 한 편의 드라마로 전환시켰다. 그는 '로우리의 루프'라는 귀납적 구조를 통해 청중이 스스로 진리를 발견하고 복음의 능력을 실존적으로 체험하게 하는 서사적 설교 모델을 확립하였다.

로우리가 현대 교회 강단에 준 가장 큰 교훈은 설교 전달의 새로운 가능성을 열었다는 점이다. 그는 설교 시작부터 마치는 순간까지 청중을 완전히 압도하며 시선을 놓지 않는다. 그의 목소리는 때로 장엄한 하늘의 음성처럼 울려 퍼지고, 때로는 실제 상황을 재현하듯 친밀하게 대화하며 마치 무대 위 배우와 같은 몰입감을 선사한다. 특히 개념적인 설명에 그치지 않고 상황을 눈앞에 그려내듯 실감 나게 묘사하는 간결한 문체는 명제 중심의 설교에 익숙한 설교자들에게 신선한 도전을 제시한다.

설교의 대가들은 본문 해석의 차이는 있을지언정 전달력만큼은 공통으로 탁월하다. 성경 본문의 진리를 바르게 파악하는 것이 설교자의 기본 사명이라면, 그 진리를 담아내는 그릇은 바로 '전달'이다. '금 사과를 담는 은쟁반'처럼 로우리의 이야기식 설교는 하나님의 말씀이 들림을 통해 믿음으로 역사하게 하는 소통의 통로로서 거대한 획을 그었다고 평가받는다.

프레드 크래독, 데이비드 버트릭과 함께 '신설교학'의 거장으로 불리는 로우리의 철학에는 보수주의 설교자들이 경계해야 할 대목이 또한 존재한다. 특히 명확한 적용과 결론을 유보하고 청중에게 그 몫을 맡기라는 로우리의 주장은 성경을 하나님의 확고한 선포로 믿는 신학적 입장과 충돌할 수 있다. 진리의 말씀을 청중에게 구체적으로 복음적 적용을 하는 것은 설교의 목적이자 마땅한 방향이기 때문이다.

　　성경을 진리의 말씀으로 확신하는 설교자는 로우리의 방식과는 달리, 본문에 근거하여 청중에게 명확한 결론을 제시하고 삶의 변화를 강력히 촉구해야 한다. 결론을 모호하게 남겨두는 것은 청중에 대한 배려라기보다 오히려 하나님의 말씀에 대한 불확실한 자세이거나 설교자의 사명을 방기하는 결과가 될 수 있다. 따라서 로우리의 탁월한 전달 기법을 수용하되, 진리를 통한 청중의 변화라는 설교 본연의 책임은 결코 타협할 수 없는 가치이다. 물론 말씀을 들은 청중에게 성령의 적용이 아닌 개인적인 선입견에 의한 적용은 주의가 필요하다.

제사장과 레위인은 바쁘거나
자신을 더럽히고 싶지 않다는
'합리적인 이유'로 지나간다.
그러나 사마리아인은
그 모든 합리적인 이유를 거부하고
비합리적인 자비를 베푼다.
여러분은 이 이야기에서 "누구와 가장
가깝습니까?"라며 갈등을 고조시킨다.

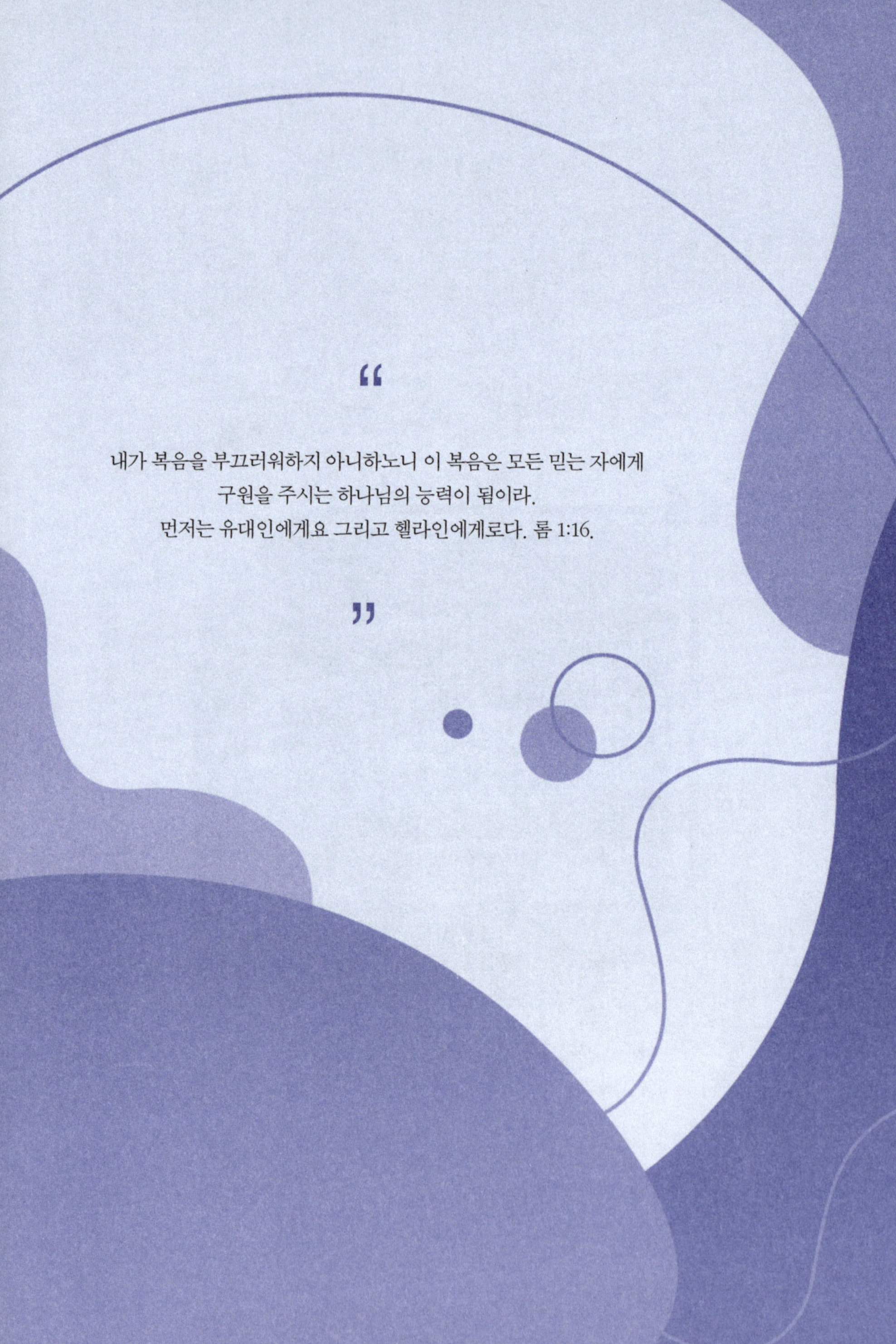
"

내가 복음을 부끄러워하지 아니하노니 이 복음은 모든 믿는 자에게
구원을 주시는 하나님의 능력이 됨이라.
먼저는 유대인에게요 그리고 헬라인에게로다. 롬 1:16.

"

03

청중의 회심으로
교회의 부흥을 이루다

오늘날 설교자들은 성경 말씀에서 이루어진 내용을 전달받은 복음을 성도의 삶에 어떻게 반영하며, 적용해야 할지 갈피를 못 잡는 경우가 많다. 말씀을 주해하고 끝내거나 성경 해석만으로 설교를 다 했다고 할 수는 없다. 생명의 말씀은 청중 속에 깊이 파고들어 새로운 변화와 변혁을 이루어야 하는데 이 부분이 약하다. 그래서 어떤 신학자들은 적용이 없으면 설교가 아니라고 말할 정도다. 물론 적용의 방법이 획일적인 것은 아니다. 설교 전달 과정에서 적용이 이미 이루어진 경우나 적용을 성령께 전적으로 맡기는 예도 있을 것이다.

특별히, 설교 적용에서 남다른 두각을 나타내는 설교 대가 중, 존 크리소스톰, 존 스토트, 브라이언 채플과 팀 켈러의 설교 적용이 어떻게 이루어지고 있는지를 살펴보고 교훈을 얻는 것이 아주 유익하다.

설교의 진정한 완성은 성경 본문의 해석을 넘어 청중의 구체적인 삶으로 이어지는 다리를 놓는 데 있다. 존 크리소스톰, 존 스토트, 브라이언 채플, 그리고 팀 켈러는 각기 다른 시대적 배경 속에서도 성경의 진리가 어떻게 현대인의 인격을 변화시키고 삶을 재구성할 수 있는지에 대해 탁월한 이정표를 제시하였다. 이들은 적용의 거장들로서 이들의 설교는 진리를 삶의 체계로 바꾸는 힘이 있었다.

존 크리소스톰은 '설교의 황금 입술'이라는 명성답게, 주해 된 말씀이 성도의 삶과 사회적 책임으로 즉각 연결되어야 함을 역설하였다. 그는 설교가 끝난 후 성도들이 시장과 가정에서 어떻게 살아야 하는지를 매우 세밀하고 집요하게 다루었다. 그에게 있어 적용이란 막연한 결단이 아니라 예배당 문을 나서는 순간부터 시작되는 그리스도인으로서의 구체적인 '실천적 현존'이었다.

존 스토트는 설교를 '두 세계 사이의 다리 놓기'로 정의하며 적용의 현대적 변증성을 확립하였다. 그는 고대 성경의 세계와 현대의 복잡한 사회를 잇기 위해 설교자가 성경과 세상을 동시에 읽어야 한다고 주장하였다. 그의 적용은 현대 사회의 정치, 경제, 문화적 이슈들에 기독교적 지성이 어떻게 응답해야 하는지를 명확히 제시하였으며, 이를 통해 지성적인 청중들이 복음의 합리성을 깨닫고 삶의 방향을 전환하도록 안내하였다.

브라이언 채플은 적용의 동기 측면에서 중대한 신학적 전환을 가져왔다. 그는 모든 성경 본문에서 인간의 죄성인 '타락 상태의 초점(FCF)'을 찾아내어 이를 그리스도의 은혜와 연결하였다. 채플의 적용은 '무엇을 하라'는 율법적 명령 이전에, 우리를 위해 행하신 그리스도의 완벽한 사역이 어떻게 우리의 순종을 이끌어 내는지에 집중한다. 이는 인간의 의지에 호소하는 도덕주의적 적용이 아닌 복음에의 감격에 근거한 자발적 변화를 지향하는 방식이다.

팀 켈러는 현대인의 내면 깊숙이 자리 잡은 '우상'을 파헤침으로써 적용의 깊이를 심리적, 실존적 차원으로 끌어올렸다. 그는 단순히 잘못된 행동을 교정하라고 촉구하는 대신, 그 행동 이면에 숨어 있는 '마음의 우상'을 복음의 빛으로 폭로하였다. 돈, 인정, 통제권 등 하나님보다 더 신뢰하는 '가짜 구원자'들을 내려놓게 하고 오직 그리스도 안에서만 참된 안식을 얻게 하는 그의 적용 방식은, 현대인의 냉소적인 마음을 녹이고 삶의 가치관을 근본적으로 재편하는 강력한 동력이 되었다.

결국 이들이 공통으로 추구한 적용의 요체는 '복음 중심적 삶의 변혁'이다. 적용은 설교자의 권위로 청중을 굴복시키는 강요의 시간이 아니라 그리스도의 완결된 사역을 청중의 아픔과 고민에 접목하여 그들이 하나님의 사랑에 반응하게 하는 거룩한 권면의 시간이다. 이러한 복음적 적용을 통해 성도는 자신의 정체성을 재확인하고, 세상 속에서 그리스도의 제자로 살아갈 실질적인 힘과 용기를 얻게 된다.

황금의 입,
수사학으로 시대의 심장을 찌르다

"너희는 말씀을 행하는 자가 되고 듣기만 하여 자신을 속이는 자가 되지 말라"(약 1:22).

사랑하고 존경하는 형제자매들이여, 오늘 우리는 사도 야고보의 서신이 던지는 가장 강력하고도 가장 불편한 진리를 마주합니다. 기독교 신앙의 본질이 무엇입니까? 지식입니까? 아닙니다. 감정입니까? 아닙니다. 야고보는 이 모든 것을 행함이라는 냉철한 기준으로 시험합니다.

듣기만 하는 자가 되지 말라. 이 명령은 이 시대의 영적인 질병을 지적합니다. 많은 이가 말씀을 듣기 위해 교회의 문을 열고 들어옵니다. 그들은 아름다운 찬양에 감동하고 설교의 지혜에 고개를 끄덕이며 잠시 동안 자신의 영혼이 깨끗해진 듯한 착각에 빠집니다. 그러나 그들이 예배당 문을 나서는 순간, 말씀은 그들의 삶과 분리되어 아무런 권능을 발휘하지 못합니다. 말씀을 듣고도 행하지 않는 것은 당신 영혼을 영원한 파멸로 이끄는 가장 치명적인 자기기만입니다.

우리는 말씀을 듣는 것에 너무 쉽게 만족합니다. 여러분, 지식은 은혜가 아닙니다! 말씀을 알고 있다는 사실이 당신을 구원하지 못합니다. 지식의 오만입니다. 말씀을 많이 들은 사람은 때때로 자신이 다른 사람들보다 영적으로 우월하다고 착각합니다. 그들은 진리를 논할 수는 있지만 그 진리에 따라 살지는 못합니다. 이것은 지적인 교만이며 그리스도의 겸손과는 정반대입니다.

설교를 들을 때 흘리는 눈물이나 순간적인 감동은 쉽게 증발하는 안개와 같습니다. 만일 그 감동이 당신의 의지를 움직여 순종으로 이끌지 못한다면, 그것은 단지 일시적인 영적 도취일 뿐이며 당신 삶에는 아무런 변화도 가져오지 못합니다. 당신의 귀가 열려 있을지라도 당신의 손과 발이 말씀을 행하지 않는다면, 당신은 마귀에게 속고 있는 것이 아니라 스스로를 속이고 있는 가장 어리석은 사람입니다.

사도는 계속해서 말씀 듣는 행위를 거울 보는 것에 비유합니다 (약 1:23-24).

말씀은 당신의 영적인 얼굴을 보여줍니다. 말씀은 당신의 이기심, 당신의 정욕, 당신의 은밀한 죄, 당신의 냉담함을 가차 없이 드러냅니다. 듣고도 행하지 않는 자는 거울을 보자마자 곧바로 돌아서서 자기 모습을 잊어버리는 자입니다. 그는 자기 얼굴에 묻은 더러움을 알면서도 씻을 의지가 없습니다. 그는 자신이 죄인임을 알지만 죄로부터 돌이켜 회개할 의지가 없습니다. 이것은 망각의 죄입니다. 당신은 진리를 잠시 기억했을지 모르지만, 그것을 당신 삶에 적용할 때 당신은 그것을 의도적으로 잊어버린 것입니다. 이것이 바로 영혼을 파괴하는 나태함의 근원입니다.

"너희는 말씀을 행하는 자가 되고."

말씀을 행한다는 것은 순종을 삶의 법칙으로 삼는 것을 의미합니다. 참된 행함은 다음 세 가지 영역에서 증명됩니다. 먼저 재물에 대한 태도입니다. 당신은 말씀을 듣고도 부를 우상으로 섬기고 있습니까? 말씀은 가난한 자와 궁핍한 자를 돕고 나누라고 명령합니다. 재물을 나누는 행위는 말씀에 대한 당신의 순종과 믿음이 살아 있다는 가장 확실한 외적 증거입니다. 그다음은 혀의 절제입니다. 당신은 격렬한 분노와 험담, 그리고 거짓말로 이웃에게 상처를 주고 있습니까? 말씀을 행하는 자는 혀를 다스리고 그 입술에서 나오는 말이 은혜와 덕이 되도록 합니다. 혀를 다스리지 못하는 자는 그의 신앙이 헛된 것입니다(약 1:26).

마지막으로 세상으로부터의 구별입니다. 당신은 세상의 유행과 더러움에 물들지 않고 자신을 깨끗하게 지키려 싸우고 있습니까? 말씀을 행하는 자는 세상을 사랑하는 것이 하나님을 미워하는 것임을 알기에(요일 2:15), 세상의 정욕과 죄악으로부터 자신을 단호하게 분리합니다. 행함은 당신의 신앙이 단지 공허한 이론이나 지적인 취미가 아니라 당신 영혼에 뿌리내린 생명임을 증명하는 유일한 열매입니다.

형제자매들이여, 말씀을 듣는다는 특권 때문에 당신 영혼이 속임을 당하게 내버려두지 마십시오! 저는 여러분에게 간곡히, 그리고 엄중히 권면합니다. 당신 삶을 변화시키십시오! 성경을 들고 당신의 집을 떠날 때, 말씀을 당신 삶의 허리띠처럼 단단히 묶으십시오. 말씀이 당신의 모든 생각과 행동을 지배하게 하십시오. 당신이 직장에서 부당한 이익을 얻으려는 유혹에 직면할 때, '너희는 말씀을 행하는 자가 되라'는 이 명령을 기억하십시오. 당신이 누군가를 정죄하거나 험담하려는 유혹을 느낄 때, '혀를 재갈 먹이라'는 말씀을 기억하십시오.

듣기만 하는 자는 어리석은 자로서 홍수가 날 때 그의 집은 무너집니다. 그러나 말씀을 행하는 자는 지혜로운 자로서 영원한 반석이신 그리스도 위에 그의 집을 짓습니다. 당신의 구원을 위해! 당신의 영원한 복락을 위해! 오늘부터 말씀을 듣는 자를 넘어 말씀을 행하는 자가 되십시오. 말씀을 행하는 자에게만 주어지는 영원한 축복을 놓치지 마십시오! 아멘.

설교 단계	크리소스톰의 내용 전개	강조점 및 특징
수사적 도입	여러분은 강단에서 선포되는 하나님의 말씀을 듣기 위해 이곳에 모였음을 상기시킨다. 마치 황금 보배를 찾듯 말씀을 듣는다. 그러나 "듣는 것으로 충분합니까?"라고 문제를 제기한다. 듣는 귀만 가졌을 뿐, 행동하는 손과 발을 가지지 못한 자는 없는지 질문하며 관심을 집중하게 한다.	유창하고 극적인 수사를 사용하여 청중의 주의를 집중시킨다.
본문 강해 (비판)	하나님의 말씀을 듣기만 하는 것은 자신을 속이는 행위다! 말씀을 들었으나 실천하지 않는 자는, 거울로 자기 얼굴을 보았으나 돌아서자마자 자기 모습을 잊어버리는 어리석은 자와 같다. 여러분의 혀는 거룩한 말씀을 고백하나, 여러분의 지갑은 여전히 이웃에게 닫혀 있다.	삶이 없는 신앙의 모순을 지적하며 비판적인 강해를 통해 실천을 압박한다.
열정적 권면 (행동 촉구)	말씀을 행하라! 여러분의 집에서, 시장에서, 법정에서, 어디서든 말씀을 행하라. 참된 신앙은 듣는 데 있는 것이 아니라 삶으로 외치는 데 있다! 말씀을 듣고 행하는 자에게만 하나님의 영광과 축복이 임할 것임을 촉구한다.	뜨거운 열정과 강력한 반복으로 삶을 촉구한다.

▶ 존 크리소스톰의 설교 세계

교회사 속에서 가장 위대한 설교자를 꼽을 때 먼저 생각하는 인물이 바로 존 크리소스톰(John Chrysostom, 347-407)이다. '황금의 입'이라 불린 그의 설교는 당대의 귀를 즐겁게 하는 수사가 아니었다. 그것은 부패한 시대를 향한 준엄한 하나님의 칙령이었으며, 동시에 상처 입은 영혼을 어루만지는 목자의 노래였다.

크리소스톰은 성경의 문자적 의미와 역사적 맥락을 무엇보다 중시하였다. 그는 성경을 단지 설교를 위한 도구로 여기지 않고, 본문 전체를 처음부터 끝까지 연속해서 다루는 연속 강해 설교(Lectio Continua) 방식을 고수하였다. 이러한 방식은 성경의 메시지가 설교자의 주관적 생각에 의해 왜곡되지 않고, 하나님의 뜻 그대로 청중에게 흘러가게 하는 영적 통로가 되었다.

그의 메시지는 당시 콘스탄티노플 사회의 도덕적 타락에 정면으로 도전하는 날카로운 칼날이었다. 그는 부유층의 사치와 탐욕을 거침없이 비판하였으며, 행동하지 않는 믿음은 가짜임을 선포하며 자선과 사회적 정의를 강력히 역설하였다. 그에게 신앙이란 지적 동의를 넘어 삶의 변화와 사회적 행동으로 증명되어야 하는 실천적 과제였기 때문이다.

수사학의 대가였던 그는 자신의 지성을 과시하기 위해 수사를 사용하지 않았다. 대신 청중에게 질문을 던지거나 예상되는 반론에 직접 답하며, 마치 곁에서 대화하는 듯한 생동감 넘치는 어조를 취하였다. 설교자를 단순한 정보 전달자가 아닌 영혼을 치유하는 목자로 여겼던 그의 태도는 딱딱한 교리를 살아있는 생명력으로 바꾸어 놓는 강력한 동력이 되었다.

무엇보다 크리소스톰의 설교는 죄의 심각성과 심판을 명확히 선포하였으나, 그 서슬 퍼런 경고의 종착지는 언제나 '예수 그리스도의 위로와 소망'을 향해 있었다. 청중을 철저한 회개로 이끌어 결국 그리스도의 품에 안기게 하는 것, 그것이 그가 황금의 입을 열어 평생을 외친 단 하나의 이유였다.

▶ 존 크리소스톰의 설교 전달

존 크리소스톰의 설교가 시대를 초월하여 강력한 힘을 발휘할 수 있었던 비결은 그의 탁월한 전달 능력에 있었다. 그의 입술을 통해 선포된 메시지는 단순한 언어적 유희를 넘어, 청중의 삶을 뒤흔드는 실존적인 울림으로 다가갔다.

먼저, 그의 전달은 인격적 진실함과 영적 에너지에 기반하였다. 크리소스톰의 설교는 진리에 대한 확고한 믿음과 영혼 구원을 향한 뜨거운 열정에서 우러나왔다. 청중은 그의 수사학적 기교 이전에 설교자에게서 뿜어져 나오는 진실함과 강력한 영적 에너지를 먼저 경험하였다. 무엇보다 그는 설교한 내용을 자신의 삶으로 실천하고자 부단히 노력하였기에, 청중 앞에서 단순한 연설가가 아닌 청중의 상황을 정확히 관통하는 상황 적합적 소통을 추구하였다. 크리소스톰은 청중의 사회적 계층과 교육 수준, 그리고 영적 상태를 세밀하게 고려하여 메시지를 전달하였다. 특히 부유층과 권력층을 향해서는 그들의 안일함을 깨우는 도전적인 어조를 사용한 반면, 가난하고 고통받는 소외계층에게는 따뜻한 하나님의 위로를 전하는 방식을 취하였다. 이러한 '맞춤형 전달'은 복음이 각 사람의 처지에 가장 적절한 처방전이 되게 하였다.

마지막으로, 청중의 몰입을 극대화하는 역동적 상호작용을 활용하였다. 그는 설교 중에 청중의 예상되는 반응이나 질문을 의도적으로 삽입하여 일방적인 강의가 아닌 설교자와 청중이 함께 호흡하는 대화의 장을 만들었다. 이런 상호작용적 전달 방식은 청중이 설교의 객체가 아닌 주체로서 메시지에 깊이 몰입하게 만들었으며, 선포된 진리가 청중의 내면에 더 깊이 뿌리내리게 하는 결정적인 역할을 하였다.

▶ 존 크리소스톰의 설교 적용

존 크리소스톰의 설교 적용은 청중 개개인이 성경 말씀을 거울삼아 자신의 영혼 상태를 점검하고 그리스도인으로서 삶의 책임을 다하도록 도전하는 데 초점을 맞추었다. 그는 신앙이 성전 안의 의례에 머무는 것을 경계하며 복음이 일상의 현장에서 어떻게 실천되어야 하는지를 집요하게 파고들었다.

내면의 회개와 실천적 경건을 촉구하였다. 크리소스톰은 죄의 심각성을 직설적으로 선포하며 청중이 진정한 회개를 통해 삶의 방향을 돌이키도록 촉구하였다. 그에게 경건이란 단순히 종교적 의식에 참여하는 것이 아니라 일상에서의 절제와 성화를 통해 증명되는 것이었다. 그는 "성경을 아는 것만으로는 충분하지 않으며, 배운 내용을 행동으로 옮기는 것이 본질"이라고 가르쳤다. 특히 야고보서의 가르침을 수시로 인용하며, 행함이 없는 믿음은 죽은 것임을 강조하는 동시에 고난과 시련을 인내로 극복하는 것이 영적 성숙의 필수 과정임을 역설하며 청중에게 소망을 제시하였다.

부(富)의 청지기직과 사회 정의를 확립하였다. 부유한 도시 콘스탄티노플에서 목회했던 그의 적용은 자연스럽게 재물의 올바른 사용과 사회 정의 문제에 집중되었다. 그는 부 자체를 악으로 규정하지는 않았으나, 부를 이기적으로 축적하며 가난한 이웃을 외면하는 태도는 하나님 앞에서의 명백한 죄라고 가르쳤다. 구제와 자선은 선택 사항이 아닌 신앙인의 가장 숭고한 의무이며, 부를 가진 자는 가난한 자를 위해 세워진 '청지기'임을 강조하였다. 재물을 필요할 때 써야 할 '도구'로 보았던 그는, 재물을 쌓아두기만 하는 행위는 영혼을 묶는 족쇄가 될 것이라고 신랄하게 경고하였다.

직업 윤리와 정직한 삶을 강조하였다. 크리소스톰은 뇌물이나 부패, 착취를 통해 얻은 불의한 재물의 위험성을 강력히 경고하였다. 그는 성도들이 모든 거래와 직업 활동에서 하나님의 공의를 드러내야 하며, 정직을 실천하는 것이 곧 하나님을 예배하는 삶임을 역설하였다. 이러한 그의 가르침은 신앙의 영역을 종교적 공간에서 세상적 삶의 현장으로 확장하는 획기적인 전환점이었다.

수사학적 설득을 통한 자발적 참여를 유도하였다. 그는 딱딱한 교리나 도덕적 명령을 나열하는 대신, 청중의 삶과 밀착된 일상적 비유와 극적인 예화를 사용하여 메시지의 실재감을 높였다. 설교 중간에 직접적인 질문을 던지거나 청중의 반론을 예상하여 답변하는 방식을 통해, 청중이 수동적인 청취자에 머물지 않고 말씀의 사건에 직접 참여하게 만들었다. 설교의 말미에는 항상 구체적인 결단과 변화된 행동을 요구함으로써, 선포된 말씀이 청중의 삶에 즉각적이고 실질적인 영향을 미치도록 하였다.

▶ 존 크리소스톰의 설교가 한국 강단에 주는 교훈

존 크리소스톰은 성경의 진리를 당대 사회에 가장 효과적으로 전달하는 방법론을 정립한 설교의 거장이다. 그의 설교는 성경 본문에 충실한 강해 설교의 모범인 동시에, 신앙을 사회 정의 및 윤리와 결합한 설교의 전형으로 평가받으며 오늘날 현대 설교학에도 지대한 영향을 미치고 있다. 그의 설교는 단순한 텍스트 해석에 머물지 않고 청중의 실제 삶과 사회적 모순을 정면으로 관통하는 강력한 적용을 특징으로 하며, 이는 개인의 영적 성숙과 사회 윤리적 실천이라는 두 축을 중심으로 전개된다.

크리소스톰은 경건이 교회 안의 거룩한 의식에 참여하는 것만으로 완성되지 않는다고 보았다. 진정한 절제와 성화는 시장과 가정, 즉 성도의 가장 치열한 일상에서 증명되어야 한다고 외쳤다. 야고보서의 가르침을 빌려 "배운 내용을 행동으로 옮기지 않는다면 그 믿음은 가짜"라고 직설적으로 선포하며 지식에 머무는 신앙을 경계하였다. 그러나 그의 메시지가 매서운 질책에만 머문 것은 아니었다. 고난 중에 있는 성도들에게는 시련이 영적 성숙을 위한 필수 과정임을 일깨우며, 끝까지 인내할 수 있는 하늘의 소망을 심어주는 목자적 배려를 잊지 않았다.

화려한 도시 콘스탄티노플에서 사역했던 그는 부유층의 탐욕과 사치에 대해 타협 없는 태도를 견지하였다. 부(富) 자체가 악은 아니라고 전제하면서도 이웃을 외면한 채 이기적으로 쌓아두는 재물은 '영혼을 갉아먹는 족쇄'가 될 것이라고 경고하였다. 모든 부자는 하나님이 맡기신 재물을 가난한 자를 위해 사용해야 하는 '청지기'임을 잊지 말라고 역설하였으며, 특히 뇌물이나 착취로 얻은 불의한 재물은 결코 복이 될 수 없음을 강력히 선포하였다. 이는 모든 직업 활동에서 정직과 정의를 실천해야 한다는 기독교적 직업 윤리의 토대가 되었다.

크리소스톰은 일방적으로 명령하는 설교자가 아니라 최고의 수사학적 기법을 동원하여 청중이 기꺼이 변화의 길을 선택하도록 이끄는 설득의 명수였다. 딱딱한 교리 설명 대신 청중이 매일 겪는 일상의 사건들을 예화로 활용하여 메시지의 현실감을 극대화하였다. "여러분은 어떻게 생각하십니까?"와 같은 질문을 던지거나 청중의 예상 의문을 미리 해소해 줌으로써 청중을 설교의 능동적인 참여자로 변화시켰다. 무엇보다 그의 설교는 언제나 구체적인 결단을 촉구하며 마무리되었다. 막연한 다짐이 아니라 "지금 당장 삶에서 무엇을 바꿀 것인가"를 묻는 그의 강력한 종결 방식은 선포된 말씀이 예배의 현장을 넘어 청중의 실제 삶에 즉각적인 파장을 일으키게 만드는 원동력이 되었다.

이중 경청,
성경과 현대 세계 사이의 다리를 놓다

"한 부자가 있어 자색 옷과 고운 베옷을 입고 날마다 호화롭게 즐기더라. 그런데 나사로라 이름하는 한 거지가 헌데 투성이로 그의 대문 앞에 버려진 채 그 부자의 상에서 떨어지는 것으로 배불리려 하매 심지어 개들이 와서 그 헌데를 핥더라. 이에 그 거지가 죽어 천사들에게 받들려 아브라함의 품에 들어가고 부자도 죽어 장사되매 그가 음부에서 고통중에 눈을 들어 멀리 아브라함과 그의 품에 있는 나사로를 보고 불러 이르되 아버지 아브라함이여 나를 긍휼히 여기사 나사로를 보내어 그 손가락 끝에 물을 찍어 내 혀를 서늘하게 하소서. 내가 이 불꽃 가운데서 괴로워하나이다. 아브라함이 이르되 얘 너는 살았을 때에 좋은 것을 받았고 나사로는 고난을 받았으니 이것을 기억하라. 이제 그는 여기서 위로를 받고 너는 괴로움을 받느니라. 그뿐 아니라 너희와 우리 사이에 큰 구렁텅이가 놓여 있어 여기서 너희에게 건너가고자 하되 갈 수 없고 거기서 우리에게 건너올 수도 없게 하였느니라. 이르되 그러면 아버지여 구하노니 나사로를 내 아버지의 집에 보내소서. 내 형제 다섯이 있으니 그들에게 증언하게 하여 그들로 이 고통 받는 곳에 오지 않게 하소서. 아브라함이 이르되 그들에게 모세와 선지자들이 있으니 그들에게 들을지니라. 이르되 그렇지 아니하니이다. 아버지 아브라함이여 만일 죽은 자에게서 그들에게 가는 자가 있으면 회개하리이다. 이르되 모세와 선지자들에게 듣지 아니하면 비록 죽은 자 가운데서 살아나는 자가 있을지라도 권함을 받지 아니하리라 하였다 하시니라"(눅 16:19-31).

사랑하는 형제자매 여러분, 오늘 우리는 우리의 영적 삶뿐 아니라 윤리적 삶의 기반을 뒤흔드는 예수님의 비유 앞에 섰습니다. 누가복음 16장에 기록된 부자와 나사로의 이야기는, 단순한 권선징악의 도덕극이 아닙니다. 이것은 예수님께서 당시 물질을 사랑했던 바리새인들을 향해 던지신 심판의 예언이자, 하나님 말씀의 충분한 권위에 대한 최종적인 변론입니다.

이 비유는 세 가지 주요 장면을 통해 우리에게 질문합니다. 우리의 현세적 삶의 태도는 어떠한가? 영원한 운명은 어떻게 결정되는가? 그리고 우리의 구원과 회개를 위해 필요한 것은 무엇인가?

예수님은 이야기를 두 인물의 극명한 대비로 시작하십니다. 부자는 이름을 가질 필요도 없었습니다. 그의 신분은 그의 옷차림으로 충분히 설명되었습니다.

"자주색 옷과 고운 베옷을 입고 날마다 호화롭게 잔치했습니다."

자주색 염료는 당시에 금보다 비쌌으며 고운 베옷은 이집트 왕족이나 부유층만 입을 수 있었습니다. 그는 매일이 축제였습니다. 그의 삶은 절대적인 자기중심성 위에 건설되었습니다.

부자의 죄는 '불법적인 착취의 죄'가 아니라 '무관심의 죄'입니다. 성경은 그가 재산을 불법으로 모았다고 비난하지 않습니다. 그의 진정한 죄는 자신이 가진 하나님 은혜의 선물(富)을 오직 자신의 쾌락과 만족을 위해 사용하고 그 선물에 대한 사회적 책임을 완전히 외면했다는 데 있습니다. 이기심, 자기만족, 그리고 주변의 고통에 대한 고의적인 눈감음이야말로 그의 영혼을 좀먹은 독이었습니다.

이에 반해 나사로는 이름이 명시됩니다. '하나님의 도움이 있는 자'라는 뜻의 그 이름은, 그의 삶이 인간의 도움이 아닌 오직 하나님의 궁휼만을 의지했음을 암시합니다. 그는 헌데투성이였고 부자의 문 바로 앞에 버려져 있었습니다.

여기서 우리는 이 비유의 가장 쓰라린 장면들을 목격합니다. '근접성'의 문제입니다. 부자는 매일 자신의 집을 드나들 때마다 나사로를 보았습니다. 그는 나사로의 헌데를 핥는 개들을 보았을 것이며 나사로가 간절히 바라는 음식 부스러기를 알았을 것입니다. 부자는 구호 단체에 기부할 필요도 없이 자기 문 앞의 이웃을 도울 수 있는 가장 직접적인 기회를 매일 외면했습니다.

이것은 오늘날 우리에게도 동일한 도전입니다. 우리는 먼 나라의 기아 문제에는 관심을 가질지 모르나 우리의 일상, 우리 교회, 우리의 직장 문 앞에 있는 '현대판 나사로', 즉 소외되고 고통받는 이웃을 의도적으로 무시하고 있지는 않습니까? 예수님은 우리에게 사랑은 추상적인 개념이 아니라 가까이 있는 이웃의 고통에 대한 책임 있는 응답임을 보여주십니다. 부자의 방종과 무관심이 바로 그의 영원한 운명을 결정지은 치명적인 죄였습니다.

그다음, 죽음이 이들에게 찾아옵니다. 그리고 두 사람의 운명은 완전히, 그리고 절대적으로 역전됩니다.

나사로는 "천사들에게 받들려 아브라함의 품에" 안겼습니다. 이는 구약 시대 의인들이 누리는 하나님과의 교제 속에서의 안식과 위로를 상징합니다. 고통의 삶은 끝났고, 그는 영원한 위로를 누립니다.

부자는 장사되었으나 "음부에서 고통 중에" 눈을 뜹니다. 고통의 극심함 속에서 그는 비로소 멀리 떨어진 아브라함의 품에 있는 나사로를 발견합니다. 아이러니하게도 그는 그제야 나사로의 이름을 부르며 나사로를 인식합니다.

부자의 첫 번째 요청을 보십시오. "아버지 아브라함이여, 나사로를 보내어 그의 손가락 끝에 물을 찍어 내 혀를 서늘하게 하소서." 고통의 장소에 있으면서도 그는 여전히 나사로를 자신의 명령에 복종해야 할 하인으로 여기는 오만한 습성을 버리지 못했습니다. 그의 이기적인 본성은 영원한 심판의 장소에서도 고정되어 있었습니다.

아브라함의 대답은 심판의 근거를 명확히 합니다. "너는 살았을 때에 좋은 것을 받았고 나사로는 고난을 받았으니 이것을 기억하라. 이제 그는 여기서 위로를 받고 너는 고통을 받느니라"(25절).

여기서 '기억하라'는 단어는 강력한 신학적 무게를 지닙니다. 부자는 자기 과거의 삶, 즉 풍요 속에서 나사로를 방치했던 자신의 선택과 행위를 영원히 기억해야 합니다. 구원과 심판은 우연이 아닙니다. 그것은 우리가 현세의 삶에서 내린 근본적인 선택과 하나님의 계시에 대한 우리의 반응에 대한 필연적인 결과입니다.

더 나아가 아브라함은 "너희와 우리 사이에 큰 구렁텅이가 놓여 있어…"(26절)라고 선언합니다. 이 '돌이킬 수 없는 큰 구렁텅이'는 구원의 기회가 현세의 삶에 국한되며 죽음 이후에는 더 이상 운명을 바꿀 수 있는 통로가 존재하지 않음을 단호하게 못 박습니다. 이는 심판의 영원성과 최종성을 분명히 가르칩니다. 우리가 이 지상에서 받은 하나님의 계시에 어떻게 반응하느냐가 영원히 고정될 우리의 운명을 결정하는 것입니다.

비유는 부자의 마지막 호소로 절정에 이릅니다. 그는 이제 자신을 위한 요청이 아닌, '나의 아버지 집에 다섯 형제'를 위해 요청합니다. 그는 죽은 나사로를 보내어 극적인 경고를 하면 그들이 회개할 것이라고 주장합니다.

부자의 요청은 인간의 본성을 대변합니다. 우리는 평범한 말씀보다는 극적인 기적을 통해 믿음을 얻으려 합니다. 우리는 죽은 자가 살아나는 것만큼 확실한 증거가 필요하다고 생각합니다. 마치 이스라엘 백성이 광야에서 끊임없이 표적을 구했던 것처럼 말입니다. 그러나 예수님은 이 요청을 통해 성경의 '절대적인 충분성'이라는 가장 중요한 교훈을 선포하십니다.

아브라함은 단호하게 대답합니다. "그들에게 모세와 선지자들이 있으니 그들에게 들을지니라"(29절).

'모세와 선지자들'은 구약성경 전체를 가리킵니다. 하나님께서는 이미 성경을 통해 정의, 사랑, 심판, 그리고 구원에 이르는 모든 필수적인 진리를 충분하고 명료하게 계시하셨습니다. 우리가 구원받거나 회개에 이르기 위해 성경이 제공하는 계시 이상의 어떤 특별한 기적이나 표적은 필요하지 않다는 것입니다.

부자는 "죽은 자가 살아나면 회개할 것입니다"라고 재차 탄원합니다. 그러나 아브라함의 최종적인 말씀은 이 비유의 결론을 장식합니다. "모세와 선지자들에게 듣지 아니하면 비록 죽은 자 가운데서 살아나는 자가 있을지라도 권함을 받지 아니하리라"(31절).

이 말씀은 예수님께서 이 비유를 말씀하신 후 실제로 일어난 역사적 사건을 강력하게 예표하고 있습니다. 예수 그리스도 자신이 바로 '죽은 자 가운데서 살아난 자'였습니다! 그러나 바리새인들과 당시 유대 종교 지도자들은 모세와 선지자의 말씀(구약성경)에 귀 기울이지 않았기 때문에, 가장 위대한 기적인 예수님의 십자가와 부활을 보고도 그분을 믿지 않았습니다. 그들은 말씀을 거부했기에 기적 역시 거부했습니다. 신앙의 참된 근거는 표적이 아니라 기록된 말씀에 대한 순종과 복종에 있습니다.

우리는 이미 구원에 이르는 가장 충분하고 확실한 권위, 즉 성경을 가지고 있습니다. 우리에게는 더 이상 극적인 기적이 필요하지 않습니다.

이 비유는 오늘 우리에게 이중의 책임을 부과합니다. 영적 책임입니다. 성경, 즉 모세와 선지자들의 가르침에 겸손히 복종하십시오.

기적과 체험을 좇는 신앙의 센세이셔널리즘을 거부하고 하나님 말씀의 명료함과 충분성 속에서 구원의 확신을 찾으십시오.

더 나아가 삶의 책임입니다. 부자의 무관심이라는 죄를 철저히 회개하십시오. 우리의 재물, 시간, 재능은 하나님께서 우리 문 앞에 두신 '나사로'를 돌보라는 거룩한 청지기 직분의 도구입니다. 이기적인 자기만족의 호화로운 잔치를 멈추고, 이웃의 고통에 응답하는 사랑의 실천으로 우리의 믿음을 증명하십시오. 우리가 현세에서 말씀에 귀 기울이고 이웃을 사랑할 때 최종적인 역전의 날에 영원한 위로와 안식, 곧 아브라함의 품에 이르는 축복을 누리게 될 것입니다. 아멘.

설교 단계	스토트의 내용 전개	강조점 및 특징
본문 해석 (오해 해소)	이 비유는 '가난하면 천국 가고 부유하면 지옥 간다'는 단순한 주장이 아니다. 부자의 죄는 그의 재산 자체가 아니라 그의 무관심에 있었다. 그는 눈앞에 있는 나사로를 보고도 아무런 책임을 느끼지 않았다.	본문에 대한 흔한 오해를 해소하고, 성경적 진리의 균형을 명확히 제시한다.
성경적 균형 (복음과 행동)	복음은 우리를 구원할 뿐만 아니라 우리가 이웃에게 가지는 책임을 일깨워 준다. 구원은 오직 은혜로 받지만 그 구원은 사랑의 행동으로 나타나야 한다는 것이다. 이 비유는 우리의 영원한 운명이 우리의 사회적 태도와 무관하지 않음을 보여준다.	구원론(믿음)과 행함 사이의 균형 잡힌 시각을 강조한다.
현실적 적용 (사회적 책임)	오늘날 우리의 나사로는 누구인가? 개발도상국의 굶주리는 아이들인가? 우리 사회의 소외된 이웃인가? 이 비유는 우리에게 '충분히 아는데도 행동하지 않는 죄'에 대해 경고한다. 당신의 삶과 교회 공동체는 이 땅의 고통 앞에서 어떤 모습을 보이고 있는지를 묻고 있다.	복음을 현대 사회와 삶의 문제에 연결하여, 청중에게 구체적인 행동을 부여한다.

▶ 존 스토트의 설교 세계

현대 설교의 거장 존 스토트(John Stott, 1921-2011)는 설교자를 가리켜 '다리를 놓는 사람(Bridge-builder)'이라고 정의하였다. 이는 한쪽 발은 변하지 않는 영원한 하나님 말씀에, 다른 한쪽 발은 급변하는 세상의 한복판에 두고 그 사이를 복음으로 연결하는 직무를 의미한다. 이러한 그의 설교 철학을 응축한 핵심 개념이 바로 '이중 경청(Double Listening)'이다.

존 스토트는 설교자가 두 가지 영역에 동시에 예민하게 반응해야 한다고 주장하였다. 먼저 성경 본문에 철저히 순종하여 하나님이 본래 의도하신 의미를 정확히 파헤쳐야 하며, 이는 설교의 내용을 흔들리지 않는 반석 위에 세우는 기초가 된다. 동시에 청중이 던지는 실존적이고 현대적인 질문, 그들의 고통과 문화, 그리고 복잡한 사회적 이슈에 민감하게 반응해야 한다. 본문에 대한 경청이 설교를 단단하게 만든다면 세상을 향한 경청은 설교를 청중의 삶에 적합하게 만든다.

스토트에게 강해 설교란 단순히 성경 지식을 나열하는 행위가 아니었다. 설교자의 주관을 배제하고 성경 본문이 스스로 말하게 하는 것이 그가 추구한 설교의 본질이었다. 그는 성경의 진리를 청중의 지성이 납득할 수 있는 언어로 번역하여 전달함으로써 그 진리가 삶을 변화시키는 실제적인 동력이 되도록 돕는 데 모든 역량을 집중하였다.

그의 설교는 감상주의에 빠지거나 장황한 수사학에 의존하지 않았다. 대신 정교하게 설계된 건축물처럼 명확한 질서와 논리적 체계를 갖추었다. 문법적·역사적 맥락에 대한 치밀한 연구를 바탕으로 본문의 원뜻을 정확히 포착하였으며, 거기서 도출된 하나의 명확한 핵심 사상을 중심으로 설교 전체를 일관성 있게 전개하였다. 그는 감정에만 호소하기보다 명쾌한 논증과 합리적인 설명을 선호하였는데, 이는 청중의 지성이 먼저 진리를 수용할 때 비로소 마음과 삶의 온전한 변화가 뒤따른다고 믿었기 때문이다.

존 스토트의 이러한 방식은 일시적인 감흥을 넘어선 확실한 영적 이해를 제공한다. 그의 설교를 접하는 청중은 하나님 나라의 진리가 오늘의 복잡한 사회 문제와 어떻게 긴밀하게 맞물리는지 깨닫게 된다. 결국 스토트의 설교학은 그리스도인들이 세상 속에서 표류하지 않고, 복음의 확신을 품은 채 나아가야 할 구체적인 방향을 발견하게 만드는 이정표 역할을 한다.

▶ 존 스토트의 설교 전달

존 스토트의 설교 전달 방식은 진지함과 명료함, 그리고 설교자의 겸손한 태도를 통해 메시지 자체의 권위를 극대화하는 것이 특징이다. 그는 화려한 수사학적 기교보다 진리가 가진 본연의 힘이 청중에게 오롯이 전달되도록 하는 데 집중하였다.

그는 의사소통의 핵심 도구인 언어를 매우 정확하고 간결하게 사용하였다. 불필요한 수식어나 과장된 표현을 철저히 배제하고 메시지의 진실성을 드러내는 데만 모든 정성을 쏟았다. 마틴 로이드 존스와 같은 격렬한 감정의 분출은 없었으나, 깊은 내적 확신에서 우러나

오는 차분하고 진지한 어조를 통해 오히려 더욱 강력하고 품격 있는 영적 권위를 전달하였다.

또한 스토트는 설교자의 태도에 있어 철저한 겸손을 강조하였다. 설교자는 자신의 수사적 능력이나 명성을 드러내려 해서는 안 되며 오직 하나님의 말씀을 높이는 도구로서 존재해야 한다고 믿었다. 설교자가 자신을 낮추고 말씀 뒤로 숨을 때 비로소 하나님의 음성이 청중의 심령에 선명하게 울려 퍼진다는 사실을 그는 자신의 전달 방식을 통해 몸소 증명해 보였다.

▶ 존 스토트의 설교 적용

존 스토트의 설교 적용은 개인의 내밀한 경건과 그리스도인의 사회적 책임이라는 두 축을 중심으로, 삶의 모든 영역에서 일어나는 균형 잡힌 변화를 촉구하는 것이 특징이다. 그는 복음이 인간의 영혼을 구원할 뿐만 아니라 그가 속한 세상까지도 변혁시켜야 한다고 믿었다.

그의 설교 적용은 복음적 정체성에 근거한 개인적 성화의 삶을 강조하였다. 스토트는 청중이 예수 그리스도의 십자가와 부활이라는 복음의 진리를 통과하며 얻게 된 '새로운 정체성'을 인식하도록 이끌었다. 그의 적용은 단순한 율법적 행위나 도덕적 준수를 강요하는 차원을 넘어선다. 대신 그리스도 안에서 자신이 누구인지를 깨닫게 함으로써, 마음의 중심과 태도가 근본적으로 변화되는 거룩한 성화의 삶을 살도록 권면하였다.

또한, 복음 전도와 사회적 책임을 동전의 양면으로 보았다. 스토트는 복음이 개인의 영혼 구원에 머물러서는 안 되며 반드시 사회적 영역으로 확장되어야 한다고 역설하였다. 그는 그리스도인들이 사회적 불의와 고통에 침묵하는 것은 복음의 총체성을 부정하는 일이라고 지적하였다. 따라서 정의를 행하고 자비를 베풀며, 하나님이 창조하신 피조 세계를 돌보는 청지기적 책임을 다하도록 구체적인 삶의 지침을 제시하였다.

결국 스토트에게 있어 설교의 적용이란 복음 전도와 사회 참여를 분리할 수 없는 하나의 사명으로 통합하는 과정이었다. 그의 설교를 통해 청중은 개인의 경건을 갈고닦는 동시에, 세상을 향한 하나님의 사랑을 실천하는 선교적 존재로서 자신의 일상을 재정의하게 된다.

▶ 존 스토트의 설교가 한국 강단에 주는 교훈

존 스토트는 성경의 권위에 철저히 순종하면서도 현대 문화의 질문에 적극적으로 응답하는 '이중 경청(Double Listening)'의 설교 모델을 정초하였다. 그의 설교는 지적인 명료함과 그리스도인의 사회적 책임을 결합한 강해 설교의 전형으로 평가받으며, 오늘날까지 현대 복음주의 강단에 심오한 영향을 미치고 있다.

말씀이 바르게 해석되고 준비된 설교자를 통해 효과적으로 선포될 때 비로소 거룩한 역사가 일어난다는 그의 확신은, 설교자가 말씀을 대하는 자세와 강단에 서는 태도를 근본적으로 바꾸어 놓았다. 설교자는 본문 위에 군림하여 메시지를 임의로 통제하는 권력자가 아니라 본문이 가리키는 진리를 오롯이 드러내는 증인에 불과하기 때문이다. 따라서 설교자는 하늘의 소리를 땅 위를 살아가는 사람들에게 가장 적절한 언어로 전하기 위해, 성경의 세계와 현대의 세계라는 '두 세계' 사이에서 끊임없이 고뇌하며 그 간극을 메우는 노력을 기울여야 한다.

그의 설교가 '다리 놓기(Bridge-building)' 라 불리는 데에는 명확한 이유가 있다. 이는 설교가 관념적 유희에 머물며 청중의 실재적 삶과 동떨어지는 것을 방지하고, 오늘날 우리가 직면한 문제들에 대한 성경적 해답을 실질적으로 제공하기 위함이다. 이 방법론을 통해 설교자는 복잡하고 난해한 성경 본문을 청중의 눈높이에서 쉽고 정확하게 해설할 수 있게 되며, 나아가 청중이 '무엇을 해야 하는가' 에 대한 구체적인 행동 지침을 얻어 말씀대로 살아가도록 견인한다.

결국 존 스토트가 제시한 설교의 다리 놓기는 본문에 충실한 해석과 청중의 삶에 깊이 와닿는 적용이라는 설교의 두 가지 핵심 요소를 모두 충족시키는 필수적인 방법론이다. 급변하는 시대를 살아가는 현대의 설교자들에게 하나님의 영원한 말씀을 변하는 세상 속에 유효한 생명력으로 바꾸어 내는 이 정교한 다리 놓기의 사명은 그 어느 때보다 절실하게 요구되고 있다.

그리스도 중심 설교,
타락한 상황을 은혜로 덮다

"내가 복음을 부끄러워하지 아니하노니 이 복음은 모든 믿는 자에게 구원을 주시는 하나님의 능력이 됨이라. 먼저는 유대인에게요 그리고 헬라인에게로다"(롬 1:16).

바울이 이 서신을 쓰는 로마는 힘, 지혜, 명예가 지배하는 제국이었습니다. 로마인들에게 '복음'은 터무니없는 이야기로 들렸습니다. 로마는 황제의 강력한 군사력과 법률로 통치했습니다. 그러나 복음은 한 유대인 목수가 무력하게 십자가에 못 박혀 죽은 이야기를 핵심으로 삼습니다. 십자가는 가장 수치스러운 형벌이자 최대치의 약함을 상징했습니다.

그리스 철학과 로마의 웅변술이 최고로 여겨졌습니다. 그러나 복음은 이성적 논쟁이나 심오한 철학이 아닌 단순한 믿음으로 구원을 얻는다는 것을 가르쳤습니다. 고린도전서 1장 22~23절에서 보듯 유대인에게는 거리끼는 것이요, 헬라인에게는 미련한 것이었습니다.

이처럼 당시 사회의 주류 가치관과 충돌하는 종교를 믿는다는 것은 곧 사회적 배제와 개인의 명예 실추를 의미했습니다. 바울이 로마에 복음을 전할 때 그는 조롱, 멸시, 그리고 박해를 감수해야 했습니다.

다윗의 이야기에서 보듯 죄는 우리에게 수치심을 안겨줍니다. 다윗이 밧세바와의 죄를 은폐하려 했듯이 인간은 본능적으로 자신의 약점과 죄를 숨기려 합니다. 우리가 복음을 부끄러워하는 것은 세상의 조롱 때문만은 아닙니다. 때로는 우리 자신의 나약한 믿음이나 죄 많은 행동이 이 거룩한 복음에 합당하지 않다고 느끼기 때문입니다. 우리가 자기를 의롭다고 증명하려 할 때 복음의 무조건적인 은혜를 부끄러워하게 됩니다.

바울은 이 모든 부끄러움을 극복하고 "내가 복음을 부끄러워하지 아니하노니"라고 선포합니다. 그 이유는 이 복음이 인간의 한계를 초월하는 하나님의 능력이기 때문입니다.

첫번째로 복음은 죄와 사망의 권세를 깨뜨리는 능력이다. (구속의 능력)

인간은 자신의 의지나 율법 준수로 죄를 이길 수 없습니다. 로마서 1장 18절에서부터 3장까지 바울은 유대인이나 헬라인이나 모두 죄 아래 있다는 사실을 폭로합니다. 인간의 노력은 구원에 미치지 못합니다. 하나님의 개입으로 구원을 주시는 능력은 인간 내부에서 나오는 것이 아니라 하나님으로부터 오는 힘입니다. 이 능력은 십자가에서 예수 그리스도를 통해 죄의 형벌을 대신 감당하게 하시고 부활을 통해 사망의 권세를 영원히 깨뜨리셨습니다. 복음은 '나는 할 수 없다'는 절망을 '그리스도는 하셨다'는 확신으로 바꿉니다.

두번째로 복음은 믿음으로 의에 이르게 하는 능력이다. (의롭게 하는 능력)

이 복음 안에는 하나님의 의가 나타나서 믿음으로 믿음에 이르게 (롬 1:17) 합니다. 이것이 복음의 가장 혁명적인 내용입니다. 우리가 의로워지는 것은 우리 행위나 성과가 아니라 예수 그리스도께서 율법을 완벽하게 순종하신 그 의를 하나님께서 믿음을 통해 우리에게 선물해 주셨기 때문입니다.

우리가 죄책감이나 수치심을 느낄 때, 우리는 그리스도의 완벽한 의의 옷을 입고 하나님 앞에 서 있음을 기억해야 합니다. 우리가 가진 의로움은 우리 것이 아니라 그리스도의 것이기에 우리는 결코 부끄러워할 필요가 없습니다.

세번째로 복음은 모든 사람에게 확장되는 능력이다. (보편적인 능력)

"먼저는 유대인에게요 그리고 헬라인에게로다."

복음은 종교적 특권(유대인)이나 문화적 우월성(헬라인)을 초월하여 적용됩니다. 구원은 배경, 인종, 계층에 상관없이 오직 믿음으로 모든 사람에게 열려 있습니다. 이것은 인간의 배타적인 편견을 깨뜨리는 하나님의 능력이자 지혜입니다. 이 능력의 보편성 때문에 우리는 복음을 들고 세상 모든 민족에게 나아가야 합니다. 복음이 가장 비천한 자에게도 통한다는 사실을 믿을 때, 우리는 담대하게 복음을 전할 수 있습니다.

우리 인간은 십자가라는 부끄러운 자리에서 우리의 모든 수치와 죄를 담당하신 분을 바라보아야 합니다. 예수 그리스도께서는 우리가 마땅히 받아야 할 수치와 저주를 받으심으로써 우리에게 하나님의 영광에 참여할 수 있는 권리를 주셨습니다. 우리가 복음을 부끄러워하지 않을 때, 우리는 자신을 자랑하는 것이 아니라, 하나님의 어리석음이 세상의 지혜보다 더 지혜로우며 하나님의 약함이 세상의 강함보다 더 강하다는 사실을 자랑하는 것입니다.

성도 여러분, 복음을 들고 세상에 나아갈 때 세상은 여러분을 미련하다고 조롱할 수 있습니다. 하지만 기억하십시오. 그 복음은 모든 믿는 자에게 구원을 주시는 하나님의 능력입니다. 여러분이 그리스도의 의로 옷 입었다는 사실을 확신하십시오. 우리가 믿는 복음에는 부끄러움이 없습니다. 오직 영원한 영광만이 있을 뿐입니다. 아멘.

설교 단계	채플의 내용 전개	강조점 및 특징
서론	로마의 가치관과 복음의 충돌을 대응시킨다. 힘, 지혜, 명예가 지배하는 로마 사회에서 십자가는 최대치의 약함과 수치였다.	당시 청중(로마교회 성도)의 사회적 배경을 제시하여 '복음을 부끄러워한다' 는 것이 어떤 의미였는지 구체화한다.
본문 해석	FCF 도출 : 로마의 가치관(힘, 지혜)과 복음의 내용(십자가, 미련함)을 대조하여, 복음을 부끄러워하는 것이 단순히 믿음의 문제가 아니라 세속적 가치관에 대한 굴복임을 강조한다.	인간의 근본적인 죄 문제 (자아의 의로움 추구)를 정확하게 정의하고 그것이 복음에 대한 수치심으로 나타남을 설명한다.
FCF	세상적 가치관에 대한 두려움 때문에 수치스러운 십자가의 복음을 부끄러워하며 자기 힘과 의로움을 내세우려는 인간의 교만함을 드러낸다.	청중의 타락한 상황을 명료하게 한 문장으로 제시한다.
그리스도 증명	인간의 근본적인 문제(FCF, 복음에 대한 수치심)의 원인을 찾고, 그 유일한 해답을 십자가의 겸손과 부활의 능력으로 무장한 예수 그리스도에게서만 찾도록 구조화했다.	본문이 직접 말하지 않더라도 구속사적 흐름을 통해 반드시 그리스도의 십자가와 부활로 귀결시킨다.
복음의 능력	복음의 3가지 능력을 제시한다. 구속의 능력 : 죄와 사망의 권세를 깨뜨리는 능력, 의롭게 하는 능력 : 믿음으로 의에 이르게 하는 능력, 보편적인 능력 : 모든 사람에게 확장되는 능력, 유대인과 헬라인 모두에게 적용.	FCF와 그리스도를 연결하는 복음의 본질을 성경적 증거(롬 1:17)를 들어 해설한다.
그리스도 중심의 적용	부끄러움을 부끄러워하지 않기 : 당신의 왕좌(자아, 의로움)에서 내려와 그리스도의 의의 옷을 덧입으라. 그리스도가 우리의 수치와 저주를 담당하셨다는 사실을 확신할 때, 세상의 어떤 조롱과 멸시 앞에서도 복음을 담대하게 선포하는 증인이 될 수 있다.	FCF와 그리스도의 해결책을 연결하여 구체적이고 회개와 결단에 이르는 적용을 제시한다.

▶ 브라이언 채플의 설교 세계

성경의 방대한 이야기 속에서 길을 잃은 현대인들에게 브라이언 채플은 명확한 나침반을 제시한다. 그는 "구약이 오늘날 나와 무슨 상관인가" 혹은 "성경은 그저 도덕적인 훈화인가"라는 근본적인 물음에 대하여, 성경의 모든 페이지가 결국 하나의 목적지인 '예수 그리스도'를 향해 달려가고 있다고 답한다.

브라이언 채플(Bryan Chappell, 1954-)의 설교 철학은 확고하다. 구약과 신약을 막론하고 모든 본문은 그리스도의 구속 사역을 예고하거나 설명하며, 혹은 그것을 완성해 가는 과정 중에 있다. 그에게 설교란 단순히 정보를 전달하는 시간이 아니다. 성경 전체를 관통하는 하나님의 거대한 구원 계획을 보여줌으로써, 흩어진 성경 지식이 그리스도라는 초점 안에서 어떻게 하나의 생명력으로 응집되는지 깨닫게 하는 거룩한 시간이다. 그는 인간의 노력이나 율법적인 행위로는 결코 삶을 근본적으로 바꿀 수 없으며 오직 그리스도의 은혜만이 인간을 변화시키는 실재적인 힘임을 강력히 강조한다.

채플이 현대 설교학에 남긴 가장 위대한 업적은 'FCF(Fallen Condition Focus, 타락 상황 초점)'라는 개념의 정립이다. 이는 성경 본문이 기록될 당시의 독자들이 가졌던 영적 갈급함이나 죄의 문제가 오늘날 우리에게도 동일하게 잔존하고 있다는 공통점에 주목하는 것이다. "순종하십시오"라는 막연한 명령 대신, "우리는 왜 하나님을 신뢰하지 못하고 눈앞의 염려에 쉽게 무너지는가"와 같은 인간의 근본적인 연약함을 파고들 때, 수천 년 전의 기록은 비로소 오늘을 살아가는 나의 생생한 이야기가 된다.

채플의 설교는 정교하게 설계된 지도를 따라 움직인다. 먼저 우리가 처한 영적 결핍과 죄의 문제(FCF)를 적나라하게 드러낸다. 이어 우리 인간의 힘으로는 도저히 해결할 수 없는 그 지점을 그리스도의 은혜가 어떻게 완벽하게 해결하는지 증명해 낸다. 마지막으로 그 압도적인 은혜를 경험한 자가 마땅히 걸어가야 할 구체적인 삶의 길을 제시한다.

그는 설교가 복잡한 미로가 되어서는 안 된다고 경계한다. 청중이 쉽게 기억하고 일상의 삶 속에서 실천할 수 있도록 설교의 요점은 언제나 간결하고 명확해야 한다. 채플의 설교를 통과한 청중은 자신의 비참함을 발견하는 데서 멈추지 않는다. 그들은 반드시 그 비참함을 덮고도 남는 그리스도의 압도적인 은혜를 마주하며, 그 은혜의 동력으로 세상을 살아갈 용기를 얻게 된다.

▶ 브라이언 채플의 설교 전달

브라이언 채플에게 있어 설교 전달의 궁극적인 목표는 설교자 개인의 매력을 발산하는 것이 아니라 오직 예수 그리스도를 높이는 데 있다. 그는 설교자의 수사적 기술이나 인간적인 화려함보다 메시지 자체가 가지는 복음의 권위를 최우선으로 여긴다.

설교자는 하나님의 말씀을 대언하는 자로서 철저한 겸손을 유지해야 한다. 그러나 동시에 자신이 선포하는 진리에 대해서는 그 누구보다 확고한 확신과 뜨거운 열정을 지니고 있어야 한다. 이러한 태도는 설교자를 단순한 강연자가 아닌 살아있는 하나님의 말씀을 운반하는 사명자로 만든다. 특히 그는 타락 상황 초점(FCF)을 활용하여 청중이 처한 고통과 죄의 현실에 깊이 공감하는 태도를 보일 것을 강조한다. 설교자가 청중의 아픔을 자신의 것으로 느끼며 다가갈 때, 복음의 메시지는 청중의 마음 가장 깊은 곳에 가닿게 된다.

전달의 도구가 되는 언어에 있어서는 명료함과 친숙함을 지향한다. 채플은 설교자가 학문적인 허세나 복잡한 신학 용어 뒤로 숨는 것을 경계한다. 대신 청중이 일상생활 속에서 자연스럽게 사용하고 쉽게 이해할 수 있는 평이한 언어를 사용할 것을 권장한다. 이는 진리가 소수의 전유물이 아니라 모든 청중의 삶 속에서 실제로 작동하고 구현되어야 한다는 그의 목회적 배려와 신학적 신념이 반영된 결과이다.

▶ 브라이언 채플의 설교 적용

브라이언 채플에게 있어 설교 적용은 메시지의 부속물이 아니라 설교의 목적 그 자체이며, 타락 상황 초점(FCF) 분석을 통해 드러난 인간의 근본적인 결핍에 오직 예수 그리스도만이 유일한 해답임을 증명해 내는 성스러운 과정이다. 그는 청중이 단순히 도덕적 지침을 얻는 것에 그치지 않고, 복음의 역동성을 통해 삶이 재구성되도록 돕는 세 가지 단계의 적용론을 제시한다.

첫 단계는 FCF를 통해 청중이 겪는 문제의 근원을 정확히 짚어 내는 것이다. 청중은 설교를 통해 자신이 직면한 고통이 단순한 환경이나 심리적 요인이 아니라 하나님을 떠난 타락한 마음 상태, 즉 죄에서 비롯되었음을 깊이 자각하게 된다. 이어지는 단계에서는 이 비참한 문제에 대한 인간의 모든 노력과 율법적 행위가 결국 실패할 수밖에 없음을 드러낸다. 여기서 설교자는 오직 예수 그리스도의 대속적 사역(Gospel)만이 우리를 구원할 유일한 해결책임을 선포하며, 설교의 초점을 그리스도에게로 강력하게 수렴시킨다.

마지막 단계는 그리스도를 통한 회복을 경험한 청중이 성령의 능력 안에서 구체적인 삶의 변화를 어떻게 실천해야 하는지 실질적인 지침을 제공하는 것이다. 이때 채플이 가장 경계하는 것은 '더 열심히 노력하라'는 식의 율법주의적 강요다. 진정한 적용은 청중의 의지를 압박하는 것이 아니라 그리스도의 사랑과 압도적인 은혜에 매료된 청중이 자발적인 순종의 삶을 선택하도록 격려하는 것이다.

결국 채플의 적용론은 복음이 삶의 가장 강력한 동기가 되어야 함을 역설한다. 은혜를 경험한 자가 그 사랑에 응답하여 행하는 순종은 무거운 짐이 아니라 기쁨의 열매가 된다. 이러한 적용 방식을 통해 청중은 도덕적 행위의 나열이 아닌, 내면에서부터 솟구치는 복음의 동력으로 일상의 변화를 일구어 나갈 실사구시의 힘을 얻게 된다.

▶ 브라이언 채플의 설교가 한국 강단에 주는 교훈

한국교회의 수많은 설교가 "착하게 사십시오" 혹은 "무조건 순종하십시오"라는 도덕적 지침과 행위의 강조에 머물러 있을 때, 브라이언 채플은 복음의 본질을 관통하는 강력한 통찰을 던졌다. 그는 설교가 인간의 의지를 자극하는 도덕 강연이 아니라 우리를 위해 행하신 '예수 그리스도의 은혜'를 발견하는 시간이어야 함을 역설하였다. 이러한 그의 철학은 한국 강단에 만연했던 율법주의적 경향을 극복하고 성경 신학적 토대 위에서 복음의 영광을 회복하는 데 결정적인 기여를 하였다.

채플은 성경 전체, 특히 구약의 아주 작은 이야기조차 궁극적으로는 예수 그리스도의 구속 사역을 향하고 있다고 믿었다. 그는 성경 전체를 꿰뚫는 '성경 신학'을 거대한 틀로 삼아 자칫 흩어진 퍼즐 조각처럼 보일 수 있는 각 본문을 그리스도라는 하나의 완성된 그림으로 연결해 냈다. 이로써 성도들은 설교를 통해 '내가 해야 할 일'에 매몰되기보다 '하나님이 나를 위해 이미 하신 일'을 먼저 바라보는 영적 시각의 전환을 경험하게 된다.

그의 설교학이 한국교회에 준 가장 큰 선물은 삶의 변화에 대한 새로운 정의다. 채플은 성도의 변화가 인간의 결단이나 노력이 아닌, 하나님의 압도적인 은혜에 대한 감격스러운 '응답'으로 나타나야 한다고 명확히 하였다. 죄를 지적하고 회개를 촉구하는 데서 멈추지 않고 반드시 그리스도의 복음을 통한 위로와 희망의 자리까지 나아가게 하는 그의 방식은 성도들이 복음의 동력으로 삶을 재구성하게 만든다.

채플은 본문의 진리가 현대인의 삶에 효과적으로 스며들 수 있도록 '타락 상황 초점(FCF: Fallen Condition Focus)'이라는 구체적인 방법론을 제시하였다. 이는 본문 속 인물들이 겪었던 죄와 고통이 오늘날 우리의 실질적인 문제 및 필요와 어떻게 닮아있는지를 예리하게 포착하는 과정이다. 본문의 고대 진리가 현대의 현실적인 결핍과 연결될 때, 설교는 비로소 강단과 청중 사이의 간극을 좁히고 삶을 흔드는 실재적인 힘을 갖게 된다.

또한 그는 설교의 전달에 있어 '분명한 명제'와 '통일성'을 강조하였다. 설교자가 중언부언하지 않고 하나의 명확한 목적지를 향해 논리적으로 달려갈 때, 청중은 길을 잃지 않고 복음의 정수에 도달할 수 있기 때문이다. 이러한 체계적 방법론은 한국교회 강단에 강해 설교의 단단한 토대와 복음적 열정을 결합한 새로운 표준을 제시하였다.

결과적으로 브라이언 채플의 설교학은 성도들로 하여금 자신의 비참함을 깨닫게 하는 동시에 그 비참함을 덮고도 남는 예수 그리스도의 무한한 은혜 안으로 인도한다. 그의 영향을 받은 강단은 이제 도덕적 훈화의 장소를 넘어 그리스도를 통해 주어지는 참된 자유와 변화의 사건이 일어나는 복음의 현장으로 탈바꿈하고 있다.

복음 변증의 정점,
도시의 우상을 파괴하고 그리스도를 심다

"누구든지 나를 따라오려거든 자기를 부인하고 자기 십자가를 지고 나를 따를 것이니라. 누구든지 제 목숨을 구원하고자 하면 잃을 것이요. 누구든지 나를 위하여 제 목숨을 잃으면 찾으리라. 사람이 만일 온 천하를 얻고도 제 목숨을 잃으면 무엇이 유익하리요. 사람이 무엇을 주고 제 목숨과 바꾸겠느냐"(마 16:24-26).

예수님은 묻습니다.

첫째, 이득이 무엇인가? 둘째, 대가가 무엇인가?

첫 번째 질문입니다. 이득이 무엇입니까?

"사람이 만일 온 천하를 얻고도 제 목숨을 잃으면 무엇이 유익하리요?"

예수님은 이 세상에서 가장 큰 거래를 상상하게 하십니다. 온 천하는 무엇을 의미합니까? 그것은 고대 로마의 제국, 억만장자의 재산, 세계적인 명성과 권력, 심지어 고통과 슬픔이 없는 완벽한 삶, 이 모든 것을 합친 것입니다. 예수님은 당신이 이 세상의 모든 것을 소유할 수 있다고 가정해 보라고 말씀하십니다.

그런데 그 대가로 목숨을 잃는다면, 그 거래에서 당신에게 남는 것은 무엇입니까? 예수님의 대답은 분명합니다. 아무것도 남지 않는다.

우리는 보통 '목숨을 잃는다' 는 것을 단순히 심장이 멎는 육체적인 죽음으로만 생각합니다. 하지만 이 구절에서 예수님이 말씀하시는 '목숨' 은 당신의 영원한 자아, 당신 존재의 핵을 의미합니다. 영혼을 잃는다는 것은 단지 내세에 대한 희망을 잃는 것뿐만 아니라 이 땅에서 진정한 자기 자신을 잃어버리는 것을 포함합니다.

현대 사회에서 우리는 '온 천하' 를 얻기 위해 우리 영혼을 어떻게 희생하고 있습니까? 당신의 정체성이 당신의 직업, 경력, 성과에 묶여 있을 때, 당신은 일을 통해 구원받으려 합니다. 직업에서 실패하면 당신의 자아가 무너집니다. 당신은 성공을 위해 가족, 우정, 도덕성, 안식의 시간을 희생합니다. 성공이라는 우상에게 당신의 영혼을 조금씩 바치는 것입니다.

당신의 자존감이 다른 사람들의 인정에 달려 있을 때, 당신은 진정한 자아를 숨기고 그들이 원하는 가면을 씁니다. 당신은 취약함과 진실함을 잃어버리고 대중의 끊임없는 요구를 충족시키려 노력합니다. 타인의 눈을 위해 당신의 진정성을 팔아버린 것입니다.

이 두 가지 길은 결국 자기 상실로 이어집니다. 우리는 성공을 위해 노력하지만, 성공을 획득했을 때 우리가 원하는 만족을 찾지 못합니다. 왜냐하면 우리는 이 모든 것을 얻기 위해 자신을 소진하고 파괴했기 때문입니다. 이 세상의 모든 것을 얻었지만, 그 모든 것을 누릴 '진정한 나'는 이미 사라져 버린 것입니다. 이것이 예수님이 말씀하시는 '유익함 없음'의 실체입니다.

두 번째 질문입니다. 대가가 무엇입니까?

"사람이 무엇을 주고 제 목숨을 대신 받겠느냐?"

예수님의 두 번째 질문은 더 단호합니다. 첫 번째 질문이 거래의 어리석음을 지적했다면 두 번째 질문은 거래의 불가능성을 선언합니다. 영혼을 잃어버린 후에는 그 어떤 것으로도 영혼을 다시 살 수 없습니다.

당신은 돈으로 집을 사고 차를 사고 명품을 살 수 있습니다. 그러나 당신이 가장 소중히 여겼던 그 모든 부와 명예와 권력을 합친다 해도, 당신의 영원한 영혼을 다시 살 수는 없습니다. 영혼은 영원합니다. 이 세상의 모든 재화는 일시적입니다. 그것은 당신이 죽는 순간 당신에게서 떠나갑니다. 그러나 당신의 영혼은 영원히 지속될 것입니다. 유한한 것을 위해 영원한 것을 포기하는 것은 가장 지독한 재정적 실수입니다.

인간의 영혼은 물질적인 가치로 매길 수 없습니다. 그것은 하나님의 형상대로 지어졌고, 하나님과의 영원한 관계를 위해 존재합니다. 이 영혼을 잃으면, 당신은 우주의 중심이신 하나님과의 관계를 잃는 것입니다.

우리가 무엇을 주고 영혼을 대신 받겠습니까? 답은 명확하게도 우리가 줄 수 있는 것은 아무것도 없다는 것입니다. 우리 영혼의 가치는 우리가 무엇을 지불할 수 있느냐가 아니라 누가 우리를 위해 대가를 지불했느냐에 의해 결정됩니다.

예수님은 이 구절 바로 앞에서 자신이 예루살렘에서 고난받고 죽을 것이라고 말씀하셨습니다. 예수님은 왜 고난받아야 하셨습니까? 바로 우리 영혼이 온 천하보다 귀하기 때문입니다. 우리 영혼을 구원하기 위해 하나님은 온 천하와 바꿀 수 없는 그 어떤 것도 아닌 자신의 독생자를 대가로 내어주셨습니다.

예수 그리스도의 십자가는 우리의 영혼을 죄와 자기 상실의 노예 상태에서 구원하기 위해 지불된, 단 하나뿐인, 대체 불가능한 대가입니다.

결론입니다. 예수님은 우리에게 이 세상의 가치관과 정반대되는 삶을 살라고 촉구하십니다. 세상의 계산법은 성공(천하)을 위해 자아(목숨)를 희생하면 이득입니다. 그러나 그리스도의 계산법은 나(예수)를 위해 자아(목숨)를 기꺼이 잃으면 진정한 자아를 얻습니다(마 16:25).

우리는 흔히 '자기를 부인하고 십자가를 진다' 는 것을 고통스러운 희생으로만 생각합니다. 그러나 예수님께서는 그것이 곧 가장 큰 이득이라고 선언하십니다. 당신이 세상의 성공, 인정, 힘을 추구하느라 지쳐 쓰러지기 직전에 있다면 예수님은 당신에게 돌아오라고 말씀하십니다. 당신이 세상에 팔아버린 영혼을 예수님 안에서 되찾으라고 초청하십니다.

진정한 자기 자신을 찾는 유일한 길은, 예수 그리스도 앞에서 세상적인 모든 성공의 우상과 가면을 벗어던지고 그분의 사랑과 구원 안에서 자기 가치를 발견하는 것입니다. 당신은 오늘, 무엇을 거래하고 있습니까? 온 천하를 얻고 영혼을 잃는 어리석은 거래를 멈추고 예수 그리스도의 십자가를 통해 영원한 영혼을 되찾는 지혜로운 거래를 시작하십시오. 기도하겠습니다.

팀 켈러의 설교 내용 분석

설교 단계	팀 켈러의 내용 전개	강조점 및 특징
문화적 대화 (우상 해체)	현대 도시에서 '온 천하를 얻는 것' 은 무엇을 의미하는가? 그것은 경력, 경제적 안정, 그리고 완벽한 자기실현이라는 우상임을 천명한다. 우리는 이것을 얻으면 진정한 자기가 완성될 것이라 믿지만, 이 성공은 언제나 또 다른 결핍을 낳게 된다. 우리는 현재 이 우상에 우리의 목숨을 걸고 있다.	현대 문화의 가치를 분석하고 그것이 어떻게 우상이 되는지 지적으로 설명한다.
본문 해석 (FCF 연결)	예수님은 우리가 생명을 잃는 것이 죽음의 순간만이 아니라 이 우상을 섬기며 자아를 잃어버리는 매 순간임을 지적하신다. 당신이 진정으로 구원받기를 원하는 것은 당신의 목숨이다.	청중의 내면 깊은 죄의 문제(FCF)를 본문과 연결하여 다룬다.
복음적 해결 (변증)	어떻게 이 헛된 경주에서 멈출 수 있는가? 오직 한 분, '온 천하' 를 가지신 분이 기꺼이 자신의 목숨을 잃으셨기 때문이다. 그리스도만이 우리의 모든 갈망을 채우고, 우리를 이 세상의 헛된 경주에서 해방한다. 그분을 얻는 것이 진정한 목숨을 얻는 것이다.	지적인 논리로 우상 숭배의 허점을 드러내고 복음을 유일한 해답으로 제시한다.

▶ 팀 켈러의 설교 세계

뉴욕이라는 화려한 도시의 지성인들이 매주 고대 성경 말씀에 귀를 기울였던 이유는 팀 켈러(Tim Keller, 1950-2023)가 보여준 복음의 동시대성 때문이다. 그는 복음을 고리타분한 옛이야기로 치부하지 않고, 현대인의 삶을 정교하게 해부하며 치유하는 가장 날카로운 '지적·목회적 도구'임을 입증해 냈다.

팀 켈러 설교의 정수는 죄의 개념을 현대적 언어로 재정의한 데 있다. 그는 죄를 단순히 도덕적 규칙 위반으로 보지 않고, '하나님 외의 다른 것으로 내 삶의 의미를 삼는 것'이라 정의하였다. 가족, 경력, 돈, 로맨스 등 현대인이 집착하는 가치들을 분석하며 이것들이 하나님을 대신하는 '우상'이 되었음을 고발한다. 그는 이 우상들이 결국 우리를 배신하고 파괴할 것이라는 점을 지적으로 납득시키는 동시에, 우상이 약속했던 참된 평안과 가치는 오직 예수 그리스도 안에서만 온전히 성취될 수 있음을 증명해 낸다. 그의 설교는 한마디로 현대인들의 바위 같은 우상을 격파하기 위하여 우상을 추구하는 현대인들을 긍정하면서 깊숙이 파고들어 폭발물의 심지에 불을 붙여 바위의 우상을 폭파하는 방식을 취했다.

그의 설교 방식은 전통적인 강해 설교의 토대 위에 현대 문화의 옷을 입힌 형태를 띤다. 본문의 역사적 배경을 깊이 파고드는 동시에 문학, 철학, 심리학, 사회학을 넘나들며 복음의 보편성을 치밀하게 논증한다. 특히 현대인이 가질 법한 회의적인 질문이나 반론을 설교 과정에서 미리 예견하고 이를 논리적으로 해결해 나가는 변증적 접근을 취한다. 이는 무조건적인 믿음을 강요하는 것이 아니라 복음이 가장 합리적인 해답임을 청중 스스로 납득하게 만드는 설득의 과정이다.

또한 켈러는 세상의 가치관을 뒤집는 복음 특유의 역설을 강조한다. 청중은 그의 설교를 통해 기존의 세상적 사고방식에서 벗어나는 짜릿한 지적 도전을 경험하며, 그 역설의 중심에 계신 예수 그리스도를 대면하게 된다. 그에게 설교란 복음을 도시 문화의 맥락에 맞춰 정교하게 적용하는 작업과 같았다.

결국 복음이 제시하는 해답이 나의 커리어, 인간관계, 그리고 미래와 어떻게 유기적으로 연결되는지 치밀하게 보여줌으로써, 켈러는 복음을 관념의 영역에서 끌어내어 도시인의 일상을 변화시키는 실제적인 능력으로 바꾸어 놓았다.

▶ 팀 켈러의 설교 전달

팀 켈러의 설교 전달 방식은 진지한 대화와 지적인 겸손을 바탕으로 청중의 마음을 여는 데 그 특징이 있다. 그는 강단에서 고압적인 권위를 내세우거나 독단적인 태도를 취하는 대신 청중과 지적으로 대화하듯 설교를 전개한다. 이러한 접근은 복음에 회의적인 도시 지성인에게 거부감을 줄이고 그들이 메시지에 능동적으로 참여하게 만드는 매우 효과적인 소통 전략이 되었다.

전달의 어조 또한 자극적이거나 감정적인 폭발에 의존하지 않는다. 켈러는 차분하고 명료하며 설득력 있는 어조를 일관되게 유지함으로써 청중이 설교자의 감정적 흥분이 아닌 메시지가 가진 논리적 무게와 진실성에 온전히 집중하게 한다. 이는 설교를 단순한 종교적 연설이 아닌, 삶의 근본적인 문제에 대한 깊이 있는 통찰의 시간으로 격상시킨다.

또한 설교에 사용되는 예시들은 철저히 청중의 삶과 맞닿아 있는 문화적 레퍼토리들로 채워진다. 그는 현대 영화, 문학, 시사 이슈, 그리고 도시인이 일상에서 겪는 사소한 경험을 적재적소에 배치하여 복음의 원리를 설명한다. 이러한 방식은 성경의 진리가 구시대적인 유물이 아니라 오늘날의 첨단 문명 속에서도 여전히 유효하며 실재적인 해답이라는 강력한 인상을 심어준다.

결국 켈러는 익숙한 문화적 소재를 징검다리 삼아 복잡한 신학적 진리를 청중의 일상 언어로 제시하여, 가장 현대적인 방식으로 가장 본질적인 복음을 선포하는 전달의 정수를 보여주었다.

▶ 팀 켈러의 설교 적용

팀 켈러의 설교 적용은 단순히 겉으로 드러난 행위를 교정하는 차원을 넘어, 복음에 대한 깊은 이해를 통해 청중의 삶의 근원적인 동기와 사회적 책임을 근본적으로 변화시키는 데 목적을 둔다.

그의 적용 방식은 청중이 표면적인 문제나 잘못된 행위를 고치는 데 머물지 않고, 그 이면에 숨어 있는 '마음의 우상'을 직면하도록 유도한다. 이는 하나님 대신 자기 삶의 의미와 안전을 지탱하고 있던 우상에 대한 의존을 끊어내는 영적 수술과도 같다. 특히 그는 '내가 무엇을 해야 구원받는가'라는 행위 구원의 무거운 짐에서 청중을 해방한다. 대신 "내가 이미 '그리스도 안에서 온전히 수납' 되었기에 무엇을 할 것인가"라는 은혜 구원의 기쁨으로 순종의 동기를 완전히 전환한다. 이러한 적용을 통해 성도는 의무감에 의한 굴종이 아닌 복음의 감격에서 우러나오는 자발적 순종의 삶으로 나아가게 된다.

나아가 켈러는 종교개혁자 칼빈의 소명론을 현대 도시의 맥락에 맞게 재해석하여 적용한다. 그는 그리스도인이 자신의 직업을 단순한 성공의 도구나 생계 수단으로 여기지 않고 도시와 문화를 창조적으로 섬기며 봉사하는 거룩한 영역으로 바라보게 한다. 복음을 통해 회복된 신앙인은 가난한 자를 돕고 사회 정의를 실현하며 각자의 전문 분야에서 창의적인 문화 활동에 참여함으로써 자신이 속한 도시를 사랑으로 섬겨야 한다는 구체적인 실천 지침을 제시한다.

결국 팀 켈러의 적용은 내면의 우상을 타파하는 개인적 회심과 도시의 공익을 추구하는 사회적 책임이라는 두 가지 영역을 복음 안에서 하나로 통합한다. 그의 설교를 듣는 청중은 자신의 정체성을 그리스도 안에서 재정립하는 동시에 세상을 변화시키는 복음의 대리자로서 일상의 현장으로 파송되는 강력한 경험을 하게 된다.

▶ 팀 켈러 설교가 한국 강단에 주는 교훈

팀 켈러는 정통 강해 설교의 깊이를 유지하면서도 현대 도시 문화와 회의론적 지성에 복음이 효과적으로 다가갈 수 있는 '지적이고 상황화된 설교 모델'을 제시하였다. 그의 설교는 복음을 지성적, 정서적, 윤리적 차원에서 청중의 삶 전반에 적용하도록 이끌었으며, 이러한 복음 중심적 접근은 한국교회의 강단과 목회 현장에 새로운 변혁의 바람을 일으켰다.

팀 켈러가 남긴 가장 큰 영향은 전통적인 '칭의와 은혜의 복음'을 현대적인 언어로 새롭게 제시하여 전달하는 데 성공했다는 점이다. 모든 성경 본문을 결국 그리스도의 복음으로 귀결시키는 그의 방식은 율법주의나 도덕주의에 익숙했던 한국 강단에 복음의 역동성을 재확인시켜 주었다. 그는 포스트모더니즘 사회의 특징을 예리하게 파고드는 겸손한 태도와 지적인 변증을 설교에 접목함으로써, 비신자와 지식인 청중이 가진 인식론적 도전을 수용하면서도 복음의 진리를 날카롭게 제시하는 모범을 보였다.

특히 켈러의 '상황화 전략'은 한국의 도심 지역 목회자에게 실질적인 이정표가 되었다. 그는 현대 문화의 내러티브가 가진 내적 모순을 지적하고 그에 대한 유일한 대안으로 그리스도를 제시하는 독특한 방식을 취하였다. 문화를 존중하고 공감하며 복음 안으로 들어가는 동시에 성경적 진리와 충돌하는 지점에서는 문화에 당당히 맞서는 그의 균형 잡힌 전략은 한국의 도시 교회 개척 운동과 선교적 교회론 형성에 깊은 영감을 주었다.

전달 방식에서도 켈러는 중요한 통찰을 제공하였다. 현대인이 감성적이고 감각적인 메시지에만 반응할 것이라는 선입견을 깨고, 치밀한 논리와 변증적 방법으로도 오늘날의 청중을 충분히 설득할 수 있음을 입증해 보였다. 특히 그는 명확한 대지 설교 형식을 통해서도 성경 본문을 효과적으로 제시하고 적용할 수 있음을 확인시켜 주었다. 이는 설교의 형식이 무엇이든 결국 사람을 변화시키고 그리스도를 체험하게 하는 원동력은 설교자의 기교가 아닌 진리의 말씀 자체에 있음을 역설한 것이다.

결과적으로 팀 켈러의 설교는 교회가 단순히 개인의 영적 영역에 머물지 않고 사회와 문화 전반에 긍정적인 영향을 미치는 공동체가 되도록 도전하였다. 그의 복음 중심적 접근과 도시 선교에 대한 강조는 한국 목회자들에게 복음이 가진 총체적 능력을 회복하게 하였으며, 강단이 세상과 분리된 섬이 아니라 세상을 치유하고 변혁하는 발신지가 되어야 함을 일깨워 주었다.

아울러 포스트모던 시대의 상대주의 진리를 갖고 있는 회의론자들에게 복음을 전할 때는 그들이 믿고 있는 것을 우리가 이해하고 있음을 알려주고, 그들이 믿는 대상에 근거하여 그들이 잘못 믿고 있음을 일깨워 주는 방식으로 비교하여 제시할 것을 강조한다. 이를테면 당신이 그것은 믿는데 왜 이것은 믿지 못하는지를 논리적으로 보여 주며, 이미 그리스도께서 십자가에서 다 이루신 완성된 복음을 전하여 그리스도 안에 들어오도록 배려 하는 것은 우리가 배워야 할 대목이다. 또한 신학적인 언어를 청중의 언어로 바꾸어 전달하려는 노력은 청중의 눈높이를 고려한 태도로 본받을 만하다.

복음은 우리를 구원할 뿐만 아니라 우리가 이웃에게 가지는 책임을 일깨워 준다. 구원은 오직 은혜로 받지만 그 구원은 사랑의 행동으로 나타나야 한다는 것이다. 이 비유는 우리의 영원한 운명이 우리의 사회적 태도와 무관하지 않음을 보여준다.

"

우리는 살 능력이 없으나 주님이 다 이루셨으니
그 분을 믿음으로 살자. 팀 켈러.

"

04

설교 준비 현장에 가다

- 거장들의 눈으로 바라본 현대 설교의 나침반 -

설교의 유일한 주제, 그리스도

구속사 설교의 한계를 넘어 그리스도 완성 설교로 가는 길

구속사 설교에서는 구속사 해석의 오용과 인본주의적 함정을 주의할 필요가 있다. 역사의식에 기반한 구속사 설교는 자칫 개인의 신앙을 정당화하거나 인간의 행적에 의미를 부여하는 해석으로 흐르기 쉽다. 그래서 구속사 성경 해석이라도 완전한 것은 아니다. 이 해석은 하나님의 말씀 성취라는 태도를 보인 사도들과 약간의 차이를 보인다. 따라서 구속사 역시 성령에 의해 재해석될 필요가 있다. 그것이 바로 그리스도 완성 해석이다.

사실 구속사 설교는 하나님 말씀을 이루신 그리스도보다는 구속의 때를 이루는 것을 목표로 삼기 때문에 종종 문제가 발생한다. 왜냐하면 말씀을 이루는 것과 때를 이루는 것은 차이가 있기 때문이다.

때를 이루는 것이 수평적 차원이라면 말씀을 이루는 것은 수직적 차원의 것이다. 이미 완성된 세계인 미래(천국, 영생)가 그리스도인에게 현재로 밀려오는 것이 수직적 차원이라면, 시간이 마무리되는 때에 죽어서 가는 내세적인 천국을 바라보는 것은 수평적인 신앙의 차원이라고 볼 수 있다. 물론 수직적으로 임한 천국의 때(카이로스)가 수평적으로 나타난 때(크로노스)와 같은 때일 수 있다. 우리는 십자가 사건이 이루어졌기 때문에 종말(완성)이라고 칭한다. 종말이 되었기 때문에 십자가 사건이 일어났다고 표현하지 않는다.

그러나 성경을 구속사로 해석해야 할 필요가 있는 이유는 그 역사가 정당해서가 아니라 그 역사가 철저한 '인간 죄악사'를 품고 있어서 인간 해석에 어떤 허구적 요소가 개입되었는지를 확인할 수 있기 때문이다. 성경을 역사적 사건의 나열로만 이해하려는 태도는 계몽주의적 사고에 갇혀 온전한 계시를 인간의 관점으로 재구성하려는 위험한 시도이다. 인간은 역사를 분석하여 자신의 신앙적 정당성을 확보하려 하지만, 사실 역사란 인간의 해석이 개입된 철학적 허구에 가깝다.

진정한 복음은 인간의 역사가 멈추고 하나님의 은혜가 흐르기 시작하는 '그리스도의 시간'에서 발견된다. 따라서 설교는 신앙의 탈을 쓴 채 '자기 의'를 쌓아가는 가식을 중단시키고 그 자리에 십자가의 능력을 쏟아부어야 한다.

인간은 역사라는 무대 위에 자신의 의로운 행적을 기록하고 싶어 한다. 그러나 그리스도의 관점은 이러한 인간의 모든 시도를 무효화한다. 역사를 통해 우리가 대면해야 할 실체는 찬란한 업적이 아니라 끊임없이 반복되는 죄의 본성이다. 역사를 초월한 예수 그리스도의 공로가 인간의 처절한 죄의 역사와 만날 때, 인간의 죄는 명백히 폭로되며 동시에 그 죄를 덮으시는 하나님의 압도적인 은혜가 시작된다.

가장 놀라운 신앙의 신비는 내가 무엇을 해왔고 무엇을 할 수 있다는 '역사의식'이 십자가에 못 박히는 지점에서 일어난다. 인간의 자부심과 의지가 십자가 앞에서 사형 선고를 받을 때, 비로소 그리스도께서 홀로 완성하신 공로가 우리를 온전히 덮는다. 나의 역사가 끝나는 바로 그 지점이 하나님의 구원이 실현되는 시작점이다.

설교자의 진정한 사명은 인간의 역사를 미화하는 것이 아니라 그 역사를 끝내고 그리스도 복음의 시작을 선포하는 것이다. 설교는 청중이 붙들고 있는 낡은 역사의식을 십자가로 가져가 못 박도록 돕는 작업이다. 그리스도의 완성을 증언하는 자가 설교자이며, 성도는 자신의 전적인 무능력을 고백하며 '자기 의'를 내려놓을 때, 비로소 오직 그리스도의 공로로만 주어지는 복음의 감격을 누리게 된다.

구속사 설교는 성경 인물의 삶을 본보기로 삼아 인간의 '역사의식'을 고취하고 결국 '나도 할 수 있다'는 자기 의를 강화할 위험이 있다. 그러나 그리스도 완성 설교의 본질은 인간이 쌓아온 역사를 십자가에서 못 박고, 그 빈자리에 그리스도께서 홀로 이루신 공로를 채워 넣는다. 내 역사가 끝나는 곳에서 비로소 하나님의 구원이 시작된다는 사실을 선포한다.

왜 '오직 그리스도' 인가?

그리스도 복음 설교자는 '그리스도 중심 설교'에 대한 오해와 진실을 제대로 알 필요가 있다. 그리스도를 강조하는 설교가 많아지면서 주목받게 되자 일각에서는 '그리스도 중심 설교'에 대해 우려 섞인 시선을 보냈다. 주로 삼위일체의 균형을 잃었다거나 그리스도 일원론이라고 지적한다. 또한 인간의 책임과 행동까지 약화한다고 비판한다.

그러나 이러한 지적은 팀 켈러가 지향하는 '복음이라는 제3의 길'을 충분히 이해하지 못한 데서 비롯된 오해다. 첫 번째 쟁점은 '그리스도만 강조하느라 삼위일체를 잊었는가?'의 문제이다. 일부 비평가들은 '그리스도 중심' 대신 '삼위일체 중심' 설교가 대안이 되어야 한다고 말한다. 하지만 그리스도 중심 또는 그리스도 완성 설교는 그리스도를 성부·성령과 분리하는 '일원론'이 아니다. 인간이 삼위일체 하나님을 아는 유일한 통로는 하나님이 자신을 계시하신 '예수 그리스도' 뿐이다. 인간의 이성으로 삼위일체의 균형을 억지로 맞추려는 시도 자체가 오히려 인본주의적인 접근일 수 있다. 사도 바울이 그리스도의 십자가를 전하며 그것을 '하나님의 능력과 지혜'라고 결론지었듯, 그리스도를 설교하는 것은 곧 성부의 사랑과 성령의 역사를 가장 온전하고 풍성하게 선포하는 길이다.

두 번째 쟁점은 '은혜만 강조하느라 삶의 실천을 잃었는가?'의 문제이다. 가장 흔한 비판은 구체적인 삶의 적용이 부족하다는 것이다. 그러나 팀 켈러는 말하기를 적용을 거부하는 것이 아니라 적용 '순서'가 중요하다고 강조한다. "이렇게 사십시오"라는 명령으로 끝맺는 대신, "우리는 그렇게 살 능력이 없지만, 그리스도께서 우리를 위해 이미 그렇게 사셨습니다!"라고 선포한다. 이때 청중은 의무감이 아닌 은혜에 감격한 '감사'를 동기로 삼아 자발적인 순종을 시작하게 된다.

알다시피 칭의와 성화는 결코 분리될 수 없다. 칭의의 은혜가 먼저 깊이 선포될 때, 비로소 '자기 의'에 빠지지 않는 참된 성화가 일어난다. 이는 율법주의(행위 강조)와 반율법주의(은혜만 강조)를 넘어 마음의 회개가 순종으로 이어지는 복음의 길이다. 따라서 '자기 의'를 허물고 그리스도를 세우게 된다.

브라이언 채플의 말처럼 인간은 하나님 말씀을 스스로 지킬 수 없는 존재라는 '타락한 인간의 조건(FCF)'을 먼저 처절하게 경험해야 한다. 그 절망의 끝에서 그리스도를 만날 때 비로소 진정한 순종의 동력이 발생하기 때문이다.

우리는 어떠한 행위로도 구원에 이를 수 없다. 과연 인간의 의지적 결단만으로 진정한 자기 부인이 가능한가? 그게 가능하다면 자기를 부인하는 행위의 주체는 자기 자신인 것이다. 아담처럼 말씀을 어기고 말씀 밖으로 나가는 것이 인간의 본성이다. 그러나 이제 그리스도인은 성령으로 말미암아 예수께서 십자가로 완성하신 새 언약의 세계 속에서 살아간다. 성도의 삶은 내 의지를 증명하는 장이 아니다. "내가 죽고 내 안에 그리스도가 사시는 것"(갈 2:20, 고후4:10)을 매일 경험하며 그분의 완성된 공로를 증언하는 삶이다. 사실 칭의도 성화도 오직 그리스도의 십자가로 완성된 공로에 달려 있다.

그리스도 완성 설교의 방향은 어디인가?

설교의 자리를 '미완성'에서 '완성'으로 옮기라. 설교 부흥은 양적 팽창이 아니라 본질로의 복귀다. 강단이 생명력을 잃은 이유는 설교의 중심에서 그리스도가 사라졌기 때문이다. 설교는 성경 지식을 전달하거나 인간의 변화를 독려하는 수단이 아니다. 설교의 자리를 인간의 '미완성된 시도'에서 그리스도의 '완성된 세계'로 완전히 옮기는 것, 이것이 바로 그리스도 완성 설교의 시작이다.

그리스도 완성의 '십자가'는 모델이 아니라 구원의 근거다. 성경 인물을 모델 삼아 "우리도 이들처럼 살자"고 외치는 인본주의적 해석을 멈춰야 한다. 십자가는 우리가 흉내 낼 수 있는 대상이 아니다. 십자가는 하나님을 밀어낸 인간의 죄 실체를 처절하게 폭로하는 자리인 동시에 우리가 결코 도달할 수 없었던 순종을 그리스도께서 홀로 '다 이루신' 사건이다. 성령은 오직 이 피 묻은 십자가 복음만을 도구로 일하신다. 인간의 행위를 덧붙이는 순간 복음은 변질되고 성령의 역사는 제한된다.

성취 내용인 '십자가'라는 마스터키로 성경 전체를 열라. 성경은 인간이 써 내려온 발전의 역사가 아니라 인간의 범죄사이며, 이에 반해 그리스도께서 하나님 뜻을 이 땅에 펼쳐내는 약속의 처절한 구현 현장이다. 그리스도 완성 설교는 성경 속에서 우리가 할 일을 찾아내는 과정이 아니다. 이미 십자가에서 완성된 승리의 관점으로 성경 전체를 재해석하는 것이다. 모든 본문이 십자가라는 프리즘을 통과할 때, 성경은 더 이상 지켜야 할 무거운 '명령어'가 아니라 우리를 덮으시는 '완성된 선물'이 된다.

설교자가 죽어야 그리스도가 산다. 강단은 설교자의 지성이나 신학적 통찰을 뽐내는 무대가 아니다. 설교자 자신이 먼저 자아에 대해 죽고 그리스도 안에서 살아나는 십자가의 현장이 되어야 한다. "그는 흥하여야 하겠고 나는 쇠하여야 하리라"는 고백처럼, 설교자가 자기를 '죄인 중의 괴수'로 인정하며 그리스도 뒤편으로 자취를 감출 때 비로소 십자가의 능력이 청중의 영혼을 깨운다.

십자가에서 이루신 '완성된 복음'만이 우리를 자유롭게 한다. 설교자의 사명은 청중에게 무거운 행위의 짐을 지우는 것이 아니라 그리스도께서 십자가에서 성취하신 풍성한 세계를 안겨주는 것이다. 모든 이단은 인간의 행위를 덧붙이지만 참된 복음은 그리스도의 완벽한 공로만을 선포한다. 인간의 미완성된 행위를 부추기는 설교를 멈추고 오직 그리스도의 완성만을 외치라. 그 완성된 복음만이 한국 교회 강단을 진정한 부흥으로 이끌 유일한 길이다.

교리로서의 삼위일체를 전할 것인가,
복음으로서의 그리스도를 전할 것인가?

교리가 복음의 생명력을 억압해서는 안 된다. 성경에서 삼위일체론을 확인하는 것은 필요하지만, 성경을 오직 삼위일체라는 틀로만 해석하려는 태도는 위험하다. 성경은 인간이 만든 신학적 체계보다 훨씬 크기 때문이다. 삼위일체 교리는 복음을 증거하기 위한 수단이지 그 자체가 목적이 될 수 없다. 또한 신학적 주권 사상만 강조되어 강단에서 예수 그리스도의 실제적인 사건이 보이지 않는다면 그 설교는 생명력을 잃은 무기력한 외침에 불과하다.

　세상의 모든 종교는 신의 월등한 권세와 주권 사상을 내세운다. 유대 신학자들 역시 신의 주권을 수호하려다 예수님을 사형대로 보냈다. 그들은 영광스러운 신의 존재만을 바라보았기에 인간의 손에 무력하게 죽어가는 '죽는 하나님'을 용납할 수 없었다. 그러나 사도들이 목숨을 걸고 전한 것은 추상적인 주권 사상이 아니라 예수님이 흘리신 '실제적인 피'였다. 예수님은 주권 사상을 사수하러 오신 것이 아니라 자신의 피를 쏟아내러 오셨다.

　일부 개혁주의자들이 신의 주권에 집착하는 이면에는 역설적으로 '자기 존재'를 보존하려는 욕망이 숨어 있다. 신의 통치 원리를 파악한 주인공이 되어 신의 영광을 경유해 결국 자신의 영광에 도달하려는 계산이다. 이들에게 십자가의 피는 괴로운 대상이다. 거기에는 인간의 자부심이 설 자리가 없기 때문이다. 그래서 이들은 십자가를 피해 신의 보좌라는 거대한 주권 아래 자신의 존재를 안전하게 숨기려 한다.

　성경은 인간의 생명을 '잠깐 보이다가 없어지는 안개'라고 정의한다. 인간은 견고하게 다듬어야 할 '존재'가 아니라 하나님 뜻에 의해 잠시 쓰임 받고 사라지는 '사건'일 뿐이다. 자신의 존재 면적을 넓히려는 모든 시도는 성경이 말하는 '허탄한 자랑'에 불과하다. 천국은 대단한 존재감을 가진 영웅이 아니라 하나님의 은혜가 머물다 간 '사건화된 인물'을 필요로 한다.

　마태복음 20장의 포도원 비유는 이 진리를 극명하게 보여준다. 한 시간 일한 자는 자신의 노동이 무의미함을 알기에 주어진 품삯을 전적인 '은혜의 사건'으로 받아들인다. 반면 종일 일한 자는 자신의 노동을 '존재'라는 면적 속에 '자기 역사'로 쌓아두었다. 그는 타인의 노동(그리스도의 공로)으로 주어진 은혜를 보며 분노한다. 자기 역사가 부정당했기 때문이다.

따라서 하나님은 우리의 '자기 역사'가 십자가 앞에서 완전히 부정당하기를 원하신다. 하나님의 선하심이 나의 악함을 폭로하고 내가 쌓아온 모든 신앙의 이력이 안개처럼 사라질 때 비로소 그리스도의 완성된 공로가 우리를 덮는다. 이것이 바로 나중 된 자가 먼저 되고 먼저 된 자가 나중 되는 천국의 질서이며 복음의 본질이다.

> – 신의 주권 중심 : 신의 영광을 통해 인간의 존재감을 확장함
> (자기 역사의 보존)
> – 십자가 사건 중심 : 십자가의 피를 통해 인간의 존재를 부정함
> (그리스도 공로의 완성)

보편적 하나님인가, 계시인 그리스도인가?

모든 종교가 말하는 일반적이고 보편적인 하나님(God)을 전하는 것은 복음이 아니다. 하나님은 오직 그리스도라는 통로를 통해서만 자신을 계시하셨다. 그러므로 설교는 막연한 하나님 중심이 아니라 반드시 십자가를 통과한 '그리스도 중심'이어야 한다. 그리스도의 '다 이루심' 밖에서 만나는 하나님은 인간의 상상이 만들어낸 우상에 불과하다.

하나님 중심에서 출발하는 신학은 모든 것을 아우르는 매력이 있어 보이지만, 이는 기독교적이라기보다 유대교적이다. 하나님은 계시의 주체이시며 그 계시의 내용은 오직 그리스도다. 성경이 강조하는 '오직'(예수, 십자가)은 다른 방식의 접근을 허용하지 않는다는 선언이다. 기독교 역사는 '오직 그리스도'를 외치는 하나님과, '균형'이라는 명목으로 이를 희석하려는 인간 종교성 사이의 거대한 싸움터이다.

그리스도인은 '그리스도 안'에 있는 자다. 창세전 삼위 하나님의 협약에 따라 세상은 그리스도를 중심으로 움직인다. 우리는 막연한 신의 존재를 믿는 것이 아니라 하나님이 약속하신 '언약의 실체'인 그리스도를 믿는 것이다. 현대 신학에서 '하나님 중심'이 각광받는 이유는 역설적으로 예수 없는 기독교를 가능하게 하려는 인본주의적 시도와 맞닿아 있다.

하나님 믿음은 인간의 몰입과 집중을 강조하며 모든 종교가 수용할 수 있는 종교다원주의로 흐르기 쉽다. 그러나 예수 그리스도 믿음은 믿음의 대상으로부터 오는 은혜와 지식을 강조하며 오직 예수 외에는 다른 길을 허용하지 않는다.

두 믿음 사이에는 거대한 간극이 존재한다. 교회 설교자는 자신이 선포하는 믿음이 이 중 어디에 속하는지 분명히 인식해야 한다. 교회의 통일성을 위해 강단에서는 오직 '주 예수 그리스도를 믿는 믿음'만이 고백 되어야 한다.

인간 중심적 관점은 십자가를 지고의 하나님께 나아가기 위한 '일부 과정'으로 여긴다. 십자가의 효력이 영원히 이어지는 것이 아니라 결국 최고의 신이라는 추상적 존재 속에 흡수되어 버리는 것이다. 이러한 '최고 신 중심 사상'은 인간 종교성의 절정이며 사실상 유대교와 다를 바 없다. 예수님은 바로 이러한 유대적 우상 신관을 부수고 자신을 통해서만 아버지를 만날 수 있음을 드러내기 위해 오셨다.

따라서 인간의 이성으로 이해하기 쉬운 '하나님 중심' 체계는 오늘날 가장 설득력 있는 종교의 모습으로 군림하고 있다. 사탄의 가장 강력한 무기는 십자가 복음의 광채를 가리면서 '최고 신 중심'의 신념을 추구하게 만드는 것이다. 이러한 종교성은 예수 그리스도의 사역을 헛되게 만든다. 무조건 하나님을 언급한다고 해서 다 신앙이 아니다. 참된 신앙은 오직 그리스도의 십자가라는 좁은 문을 통해서만 하나님께 도달한다.

들리는 설교를 위한 신학적 수사학적 전략

효과적인 전달을 위해서는 설교를 준비하여 전달하고 설교를 통해 변화를 기대하는 설교의 모든 과정에서 성령의 역할이 중요하다. 성령의 역사하심은 일반 연설과 설교를 구분 짓는 가장 중요한 특징이다. 설교자들이 설교를 철저하게 준비했는데 그것이 전달되는 과정에서 전혀 효과를 나타내지 않는 것을 경험하기도 하고 반대로 준비는 조금 부족하지만 전달되는 과정에서 생각했던 것보다 효과적이고 능력 있게 설교하는 경험도 한다.

성령에 의존한 그리스도 중심의 전달에 있어서 기억해야 할 것은 효과적인 전달에 관한 '수사학'과 '스피치 커뮤니케이션'도 도움을 준다는 것이다. 물론 이러한 방법을 쓰는 것이 성령의 역할을 의지함을 무시하는 건 아니다.

바울은 복음을 전할 때 인간의 지혜가 아니라 성령이 가르쳐주신

말로 했다고 했다(고전 2:13). 여기서 바울은 인간의 수사 자체를 부인한 것이 아니다. 다만 인간의 수사가 설교의 주인이 아니라 설교의 종이 되어야 한다고 한 것이다. 존 맥아더가 말한 대로 효과적인 전달을 위해서는 상상력을 활용할 뿐 아니라 감정도 활용해야 한다. 감정도 하나님이 주신 것이다. 감정이 때로는 의지를 움직인다. 바울은 설교의 과정과 결과가 수사를 활용한 자신의 능력에 근거한 것이 아니라 믿음을 불러일으키는 성령의 능력에 근거하고 있다고 확신하였다.

바울은 항상 십자가에 못 박힌 그리스도를 모든 사람 앞에 불변의 주제, 무궁무진한 주제로 분명하게 제시했다(고전 2:2). 바울은 십자가의 메시지를 인상적으로 만든다든지 강압적으로 만든다든지 거절할 수 없도록 만들어서 믿음을 불러일으키겠다는 재주를 부리지 않았다. 바울은 청중이 십자가의 복음을 믿도록 하는 일은 성령의 몫으로 알았다. 능력 있는 설교는 성령께서 말씀의 주인공인 그리스도를 청중에게 전할 때, 청중을 무시해서도 안 된다. 그러나 설교의 원천이 청중에게 있는 것이 아니라 하나님의 말씀으로 시작된다는 사실을 꼭 기억해야 한다. 왜냐하면 청중의 반응에 초점을 맞춘 새설교학의 설교는 청중 반응과 감동을 일으켰지만, 복음의 내용이 부재하는 설교로 전락하는 우를 범할 수 있기 때문이다. 복음 자체인 '그리스도'는 처음부터 끝까지 견지해야 할 중요한 복음의 내용이다.

설교자여, 청중을 그리스도의 완성 속으로 휩쓸어 넣으라. 청중을 향한 최고의 배려는 오직 그리스도다. 설교자는 청중의 삶이 아닌 그리스도의 사역에 집중해야 한다. 청중 지향적 설교에서 그리스도 중심적 전달로 바꿔야 한다. 설교자의 사명은 청중에게 '어떻게 살 것인가' 라는 무거운 숙제를 남기는 것이 아니라 그리스도가 '어떻게 다 이루셨는가' 라는 영광스러운 소식을 들려주는 데 있다.

강해 설교에 혁신이 있는가?

해돈 로빈슨은 "강해설교는 어떤 본문의 문맥에 맞는 역사적, 문법적, 문학적 연구를 통하여 얻어지고 전달되는 성경적 개념을 전달하는 것이다. 성령은 그것을 먼저 설교자의 인격과 경험에 적용하고, 다음에 그를 통하여 그의 청중에게 적용하신다"라고 말했다.

강해설교는 '성경에 관한' 설교가 아니고 '성경'을 설교하는 것이다. 또한 성경에서 시작하여 성경으로 끝맺으며 성경을 그 전체의 내용으로 삼는 성경 중심의 설교다. 강해설교의 목적은 선택된 성경 본문을 밝게 설명해 주는 것이며 그 의미를 오늘날의 청중에게 잘 전달해 주는 것이다. 우리는 '복음'을 설교해야지 '복음에 관하여' 설교해서는 안 된다. 로이드 존스는 "복음을 학문적으로 분석하여 제시하는 것이 아니라 복음 그 자체가 우리를 통해 직접적으로 청중들에게 표현되고 전달되어야 한다"라고 하였다.

첫째, 중심 사상 발견은 문맥 안에서의 본문을 오랫동안 묵상한 후 본문의 해석과 그에 따른 연구, 해석 과정을 통하여 본문의 중심 사상(중심 주제, 명제, 중심 진술)을 추출하는 일이다.

둘째, 참된 성경적 설교는 본문의 메시지는 물론 본문의 의도에도 신실하기를 원한다. 이 성경 구절이 무엇을 (말할 뿐만 아니라) 행하려고 하는가? 라는 질문에 귀를 기울여야 한다.

강해설교의 강점은 '본문 내용을 그대로 전달' 하려는 것에 있다. 그러나 약점 역시 지적되어 왔다. 전통적인 강해설교는 성경 본문을 최우선으로 강조한 나머지 청중이 살아가는 시대와의 연관성을 소홀히 하는 경향이 있다. 또한 성경 본문의 메시지 전달 형식을 소홀히 하는 경향이 있으며 적용이 부자연스럽거나 약하게 나타나는 약점을 보인다고 평가되었다.

장르가 살아있는 설교인가?

장르는 본문의 대지를 전달하기 위해 사용된 문학 형식이다. 하나님은 많은 문학 장르를 사용해 성경을 구성하셨다. 성경의 모든 문학 장르가 지닌 메시지는 성경에 나타나 있는 특정한 사건들의 실재성에 의존한다. 그러기에 성경에서 가장 큰 장르가 히브리 성경의 역사서, 복음서, 사도행전, 예언서, 시편, 서신서 등 '역사 이야기' 라는 사실은 우연이 아니다. 구약의 이스라엘과 신약의 기독교 신앙은 고상한 사상이나 이념에 토대를 두고 있는 것이 아니라 인간 역사에서 활동하신 하나님의 사역에 토대를 두고 있다.

장르는 문학 작품을 전체적으로 분류하기 위한 범주이다. 반면 형식은 자료 중에 비교적 작은 각각의 단위들을 분석하기 위한 범주이다. 즉, 장르는 장르를 구성하는 서로 다른 형태의 수많은 개개의 단위들을 묶어서 취급하는 집합의 범주이다. 따라서 성경의 문학 형태를 구성하는 주요한 문학 형태인 '장르' 와 좀 더 작은 문학 형태인 '형식' 의 특징을 분명히 구분할 필요가 있다.

주목해야 할 점은 율법, 비유, 기적 등과 같은 '형식'은 성경 '장르'의 부분이라는 사실이다. 이 형식들이 생생하게 이해될 수 있는 것은 그것이 속한 성경 장르의 맥락 안에서만 가능하다. 하나님께서는 다양한 장르를 통해 다양한 방법으로 말씀하셨는데 모든 본문을 천편일률적으로 접근해서 설교한다는 것은 본문을 해석하고 설교를 작성하는 과정에서 장르의 기본적인 특징을 전혀 반영하지 않은 반증이다. 그래서 설교가 지루해지고 청중의 마음을 움직이지 못하고 소통하지 못하는 원인이 되기도 한다. 그러므로 다양한 장르와 내용으로 구성된 성경을 장르별로 설교하는 것은 본문을 살리고 설교를 역동성 있게 만들 수 있다. 말씀 자체의 내용뿐 아니라 말씀이 전해지는 여러 가지 장르를 인식하고 그것을 적절히 활용할 때 설교가 다양해지고 새로움을 유지할 수 있다. 설교의 다양성은 장르의 전달 형식 외에 수사학과 커뮤니케이션 이론을 통해서도 가능하다. 여기서 주목할 것은 '설교를 다양하게 하라'는 것이 아니라 설교의 주인공인 '그리스도를 다양하게 설교하라'는 것이다.

본문이 이끄는 역동성이 있는가?

본문이 이끄는 설교는 본문의 내용과 구조, 역동성을 다시 표현하는 설교이다. 권호 교수는 전통적 강해설교의 약점인 청중과의 연관성, 전달 형식의 소홀, 약한 적용을 진단하고 이를 보완한 설교를 본문이 이끄는 설교로 소개했다. 본문이 이끄는 설교는 전통적인 강해설교의 철학을 확고히 하면서 설교의 내용, 형식, 적용을 성경 본문 자체에서 도출하는 메시지 전달방식을 취한다. 설교의 형식과 적용 또한 성경 본문에 의해 결정되어야 한다는 것을 강조한다는 점에서 기존 강해 설교와 다른 점을 보인다.

권호는 본문이 이끄는 설교의 세 요소로 본문(의미), 연관성(소통), 적용(변화)을 제시했다. 다시 말해 설교는 반드시 본문의 의미에서 시작해 연관을 통해 의미의 소통이 이루어지게 하고 적용을 통해 구체적인 삶의 변화를 일으키는 단계에까지 나아가야 한다고 주장했다.

필자는 다음과 같이 강조하고 싶다. '그리스도 복음'을 설교하지 않은 채 본문을 설교하거나 본문을 설교하지 않은 채 '그리스도'를 설교하는 것을 주의해야 한다고 말이다.

새설교학 특징을 어느 정도 반영할 것인가?

가다머는 본문의 의미는 저자의 의도에 의해 고정된 것이 아니라 항상 본문과 독자의 상호작용을 통해서 드러난다고 보았다. 이런 관점에서 가다머는 '지평의 융합'을 제안했다. 즉 본문의 지평과 독자의 지평이 녹아서 하나가 되어야 해석이 된다는 것이다. 이것은 본문의 지평이 독자의 지평을 변화시킨다는 의미로 융합을 말한 것이 아니다. 오히려 독자의 지평이 본문의 지평을 변화시킨다는 면에서 본문의 지평과 독자의 지평의 융합을 말한 것이다. 가다머에 의하면 독자의 전제가 본문의 의미를 결정할 수 있다는 것이다.

이와 같이 가다머가 독자의 전제를 강조했다면 새설교학도 청중의 전제를 인정하고 정당화한다. 새설교학이 가다머의 해석학적 노선과 맥을 같이하는 것이다. 이런 영향이 성경 해석에도 나타났다. 프랭크 케모드(Frank Kemode)는 구약을 해석할 때 새해석학의 영향을 받아 이렇게 말했다. "수 세기에 걸쳐 산출되어 고급 종교와 문화의 토대를 형성한 문헌이 있다. 그런 모든 문헌은 이제 후대 해석자들의 선이해에 맞을 때만 가치가 있다." 케모드는 '해석자의 선이해'가 모든 문헌의 가치를 결정한다고 주장한 것이다. 이러한 이해는 새설교학이 말하는 청중의 반응과 일맥상통하는 것이다.

새설교학은 청중이 설교의 의미를 나름대로 결정할 수 있다고 본다. 해석학 면에서 새설교학은 이렇게 새해석학과 흐름을 같이 하고 있다. 새설교학은 본문의 의미를 저자의 의도에서 찾는 해석 원리를 거부한다. 새설교학은 전달될 진리보다 청중의 반응을 강조한다. 그래서 설교자가 이야기하면 후현대주의 시대의 청중이 이야기를 통해서 설교자와 자신을 연결하기가 쉽다.

새설교학이 '무엇은 무엇이다' 라는 명제적 진리를 약화한 면도 있지만, 복음은 하나님이 구원자 예수 그리스도 안에서 자신을 제시하신 명제적 진리에 정초하고 있다. 상대성을 제아무리 강조하는 후현대주의 시대라 할지라도 설교자는 복음의 명제적 절대 진리를 전해야 한다.

새설교학자들은 "청중에 초점을 맞추되 체험에 초점을 맞춰야 한다"라고 말한다. 새설교학은 체험을 강조하되 스스로 체험할 것을 강조한다. 그래서 알아서 결론을 내리게 한다. 새설교학은 '어떻게 전달할 것인지'를 장르에 초점을 맞춘다. 성경이 다양한 장르를 사용했는데 왜 우리는 다양한 장르를 사용하지 않느냐고 말한다. 이런 면에서 새설교학의 도전은 대단하다.

설교는 쉽고 재미있어야 하며 실제적이어야 한다. 포스트모던 시대에서는 재미있어야 들린다. 재미가 죄는 아니다. 우리 또한 이 점을 활용할 수 있다. 더불어 실제로 그 말씀이 나와 무슨 상관이 있는지를 밝혀야 한다.

설교에도 유형과 장르가 있다. 장르를 살리는 설교를 하려는 것은 옳은 도전이다. 특히 성경은 여러 장르가 있기 때문에 유진 로우리(Eugene Lowry)는 이것이야말로 '설교의 혁명'이라고 말했다.

전통적인 연역법적 설교의 특징은 3개의 대지를 아교로 붙여 놓은 것과 같다. 그래서 새설교학자들은 전통적인 설교는 연결이나 흐름이 약하거나 없다고 주장한다. 전통적인 설교의 약점에 대한 이러한 지적은 유념해 둘 필요가 있다.

크래독(Fred Craddock)은 설교에서 연결과 흐름을 주장하며 성육신이 귀납법적이라고 말한다. 이렇게 말하려면 플롯을 잘 짜야만 한다. 유진 로우리는 사람을 움직일 수 있는 5단계 방법을 다음과 같이 표현했다. "아이쿠"("큰일 났네." 뜻하지 않게 일이 터지는 경우) → "어허"("일이 점점 꼬이네." 안타깝고 애타게 만드는 것) → "아하"("실마리가 풀리네." 해결의 단서) → "와"("드디어 해결됐네." 복음) → "야"(기대). '갈등'과 '혼란', '급반전', '해소', '복음'은 어디에 위치해도 된다고 하였다.

깨달음과 함께 동반되는 것이 즐거움이다. 이야기 설교에서 '톤'(어조, 논조, 말투) 또한 중요하다. 어조에 따라 그 내용이 달라지기 때문이다. 말하는 사람의 태도가 어조다. 따라서 설교자의 어조는 매우 중요하다.

데이비드 버트릭도 새설교학자로서 설교에서 중요한 것은 '흐름'이라고 말한다. 잘리지 않고 쭉 흘러가는 움직임(Move)을 강조하며 설교가 흘러가게 만들어야 한다고 말했다. 전환을 통해서 끊어지게 하지 않고 자연스럽게 흘러가게 만드는 것이 중요하다는 것이다.

하이데거의 노선에 서 있는 가다머(Hans-Georg Gadamer)는 "편견에 대한 편견을 거절해야 한다"고 말했다. 전제는 잘못되었다는 전제를 없애야 한다고 말한다. 이해라는 것은 어차피 편견(전제)을 포함할 수밖에 없기 때문에 각자의 편견을 가지고 글을 보는 것에 대한 정당성을 주장했다. 성경과 해석자 사이의 연결은 '융합'으로, 가다머는 지평의 융합이라고 설명하였다. 이처럼 새해석학이 새설교학에 연결되어 나타난다. 또한 새해석학은 후현대주의(포스트모던)와 맞물려 있다. 새해석학은 후현대주의에서 왔으며 후현대주의 시대에서 새설교학이 등장한다.

필자는 이런 편견(전제)을 십자가로 못 박고 재해석하는 '그리스도 완성 해석'을 통하여 해석하는 그리스도 완성 설교를 피력해 왔다. 십자가는 이러한 주체성을 가진 모든 개념을 부수고 진정한 하나님의 뜻을 우리에게 알려주신다. 그래서 설교 내용과 설교 방식, 설교 전달, 설교 적용 모두 십자가에 못 박혀 나오는 것이어야 한다. 그러므로 십자가에 달리신 그리스도를 전할 때 모든 것이 십자가를 통해서 이루어져야 한다.

설교학자가 말하는 새설교학의 장점은 첫째, 우리의 변화에 도전했다는 것이다. 지금은 High-Touch 목회가 필요하며 청중의 감동을 중요하게 여긴다. 따라서 사람을 움직이는 방법을 익혀야 한다. 찬양 역시 중요하다. 진심으로 애정 어린 접촉을 만들기 위해 다양한 방법을 연구해야 한다. 하나님은 다양한 방법으로 사람을 움직이셨지만, 우리에게는 너무 많은 제한이 있다. 하나님께서 사람을 움직이기 위해 사용하신 것 중에는 감정의 접촉도 있다.

후현대주의와 신학을 접목한 레오나르드 스위트(Leonard Sweet)는 '설교자는 이야기를 통해서 사람을 치료하는 의사' 라는 말을 했다. 또한 문화가 교회를 비신화화(demythologizing)하도록 만드는 대신 교회가 문화의 지배적인 신화들을 비신화화해야 한다고 주장했다. 세상이 교회를 신화로 보고 세상 문화의 시각으로 재해석하게 내버려둬서는 안 된다. 오히려 교회가 세상 문화를 지배하는 신화들을 분석해서 그 신화들을 성경적으로 해석하고 대처해야 한다고 하였다.

새설교학의 단점에는 다음과 같은 것이 있다. 첫째, 후현대주의 사람들의 약점을 간과했다. 분명한 진리를 모르는 사람들에게 설교를 듣고 알아서 결론을 내리라는 말은 큰 오류다. 둘째, 설교의 목표를 제대로 파악하지 못하고 설교의 기교에 집중했다. 셋째, 설화체 설교를 주된 방식으로 제시하였다. 성경에는 다양한 많은 방식과 장르가 있다는 것을 무시한 결과 청중 전체를 하나로 묶어줄 수 있는 신학적 구심점이 부재하다고 볼 수 있다.

명령어가 아닌
감탄사로서의 복음적 적용

하나님 말씀은 하나님의 뜻과 의도에 의한 바른 적용을 하여야 한다. 즉 본문의 가르침과 일치하고 본문에서 자연스럽게 연결되는 적용이다. 바른 적용과 관련하여 설교자가 기억할 것은 왜곡된 적용은 이단의 특징이라는 것이다.

성도의 삶을 실제로 변화시키고 하나님이 기뻐하시는 '바른 적용'으로 나아가기 위해 설교자가 반드시 가슴에 새겨야 할 세 가지 이정표를 제시하면 다음과 같다. 바른 적용의 출발점은 설교자의 상상력이 아니라 '성실한 본문 주해'에 있다. 성경의 청중과 오늘날의 청중 사이에는 수천 년의 세월과 문화, 지리적 격차가 존재한다. 이를 무시하고 문자적으로만 적용하려 든다면 큰 오류에 빠지게 된다. 설교자는 그 시대의 상황에서 하나님이 의도하신 영원한 원리가 무엇인지 먼저 발견해야 한다.

설교의 적용이 자칫 '치는 설교'로 변질되는 순간, 강단은 성령의 도구가 아닌 설교자의 감정 배설구가 된다. 특정 개인이나 공동체의 잘못을 지적하고 싶은 유혹이 들 때, 설교자는 그 생각을 즉시 제거해야 한다. 복음의 자리는 누군가를 저격하여 상처 주는 곳이 아니라 성도들이 직면한 보편적인 고통과 상황에서 구체적인 소망의 길을 제시하는 곳이기 때문이다.

특정한 대상이 머릿속에 떠오른다면, 그것은 적용을 정교하게 다듬으라는 신호가 아니라 그 사사로운 감정을 십자가 앞에 못 박으라는 경고로 받아들여야 한다. 바른 적용은 개인을 심판하는 칼이 아니라 공동체 전체의 길을 비추는 따뜻한 등불이어야 한다.

그리고 가장 본질적인 원칙은 모든 적용이 '복음적'이어야 한다는 사실이다. 성경의 말씀들은 각각 독립된 도덕적 파편이 아니다. 모든 말씀은 예수 그리스도라는 거대한 주제를 중심으로 유기적인 통일성을 이루고 있다. 따라서 설교의 핵심 메시지는 물론, 구체적이고 실제적인 삶의 지침조차 복음의 관점에서 제시되어야 한다.

복음적 적용이란 단순히 "그리스도처럼 사십시오"라는 구호가 아니다. 우리의 비참한 현실(FCF)을 그리스도의 십자가와 연결하고, 우리 힘으로는 불가능한 그 순종이 그리스도의 은혜 안에서 어떻게 가능한지를 보여주는 것이다. "우리는 할 수 없으나 주께서 행하셨고, 그분을 믿음으로 우리도 그 길을 걷기 시작한다"는 복음의 역동성이 적용의 핵심이 되어야 한다.

설교가 그리스도의 복음에 가 있을 때, 성도는 율법적 강요에 의한 억지 변화가 아닌 하나님의 은혜에 반응하는 근본적인 존재의 변화를 경험하게 될 것이다.

설교 적용의 의미는 무엇인가?

설교의 적용은 한마디로 '무엇을 할 것인가' 가 아닌 '누구 안에 있는가' 이다. 설교에서 '적용' 은 흔히 "복음을 들었으니 이렇게 사십시오"라는 명령으로 귀결되곤 한다. 여기서 설교자는 고민에 빠진다. 그리스도의 은혜(구속사적 진리)만 전할 것인가, 아니면 구체적인 삶의 행동 지침(모범)을 줄 것인가? 이 균형을 잡지 못하면 설교는 자칫 율법주의나 방임주의로 흐르기 쉽다.

설교의 패턴은 명확하다. 하나님은 먼저 복을 주신 후 계명을 주셨고(창세기), 구원하신 후 십계명을 주셨다(출애굽기). 즉, 계명은 은혜와 분리된 별도의 숙제가 아니다. 계명의 목적은 인간이 그것을 지켜낼 수 있음을 증명하는 데 있지 않다. 오히려 우리가 얼마나 무능력한 존재인지를 깨닫고, 나를 대신해 그 계명을 완성하신 그리스도의 은혜에 더욱 매달리게 하는 데 있다. 계명은 은혜의 가치를 선명하게 드러내는 복음으로 받아들이면 '감탄사' 와 같다.

적용하기 위하여 설교의 목적이 '변화' 에 있다는 의미를 자칫 '청중을 그리스도의 형상으로 변화시키는 것' 으로만 정의할 때 주의가 필요하다. 자칫 십자가를 도구 삼아 '미완성인 나' 를 '완전한 나' 로 가공하려는 '성화주의' 에 빠질 수 있기 때문이다. 믿음으로 사는 것은 자기의 불가능성을 전제로 하는 것이지만 본받고 닮는 것은 자기의 가능성을 전제로 하는 것이다. 성화는 예수 그리스도의 구속에 감사하고 십자가를 자랑하지만, 성화주의는 바리새인처럼 말씀을 지킨 자기를 자랑한다. 그러므로 말씀대로 산 것으로 자기 영광을 취하는 성화주의자는 불의한 자다.

단지 예수님을 닮아가자고 말하는 것은 19세기 자유주의자들이 예수님을 윤리적 모범을 보인 선생이나 위인으로 만드는 것과 같다. 그래서 '작은 예수가 되자'라고 적용하는 우를 범하고 만다. 우리는 스스로 작은 예수가 되거나 그리스도를 닮아가는 주체가 아니다. 성도는 '하나님의 형상'이신 예수 그리스도를 세상에 보여주기 위해 '그리스도 안(in Christ)'으로 뽑혀 들어온 증인일 뿐이다. 설교는 내가 얼마나 변했는지를 자랑하게 하는 것이 아니라 내 안에 계신 그리스도의 완성을 자랑하게 해야 한다.

팀 켈러는 설교의 끝을 '이렇게 살라'는 명령으로 맺지 말라고 조언한다. 대신 "우리는 살 능력이 없으나 주님이 다 이루셨으니 그 분을 믿음으로 살자"고 선포해야 한다고 말한다. 이는 적용이 없는 것이 아니라 '적용에 대한 정의'가 다른 것이라고 하였다.

리 아이언즈나 그레이다누스 같은 학자들은 별도의 도덕적, 윤리적 적용 단계를 두지 않는다. 복음이 제대로 선포되면 성령께서 청중의 마음속에서 스스로 적용을 일으키신다고 믿기 때문이다. 설교자가 억지로 삶의 지침을 덧붙이지 않아도 성령에 의해 십자가 사건을 경험하는 것 자체가 이미 가장 강력한 삶의 적용이 된다.

모든 설교에는 적용이 있지만, 그 주체가 누구냐가 중요하다. 그리스도 중심 설교에서는 '그리스도 자체가 곧 적용'이다. 성도는 자신의 완벽한 윤리적 삶을 증명하기 위해 부르심 받은 자가 아니다.

오히려 '죄인 중의 괴수'인 나를 살리신 그리스도의 십자가 공로를 높이기 위해 부르심 받았다.

참된 적용은 "그리스도인답게 행동하라"는 압박이 아니라 "그리스도 안에 있는 우리의 실체를 확인하라"는 복음적 선언이다. 우리가 말씀대로 살 수 없는 존재임을 깨달을 때마다 역설적으로 십자가의 복음은 우리 삶에서 가장 풍성한 열매를 맺게 될 것이다.

율법적 적용인가, 복음적 적용인가?

많은 설교자가 복음을 전한 뒤, 청중의 반응을 끌어내려고 별도의 '적용'을 덧붙여야 한다는 압박을 느낀다. 그러나 인간의 설득력으로 청중을 변화시키겠다는 생각은 지극히 인본주의적인 발상일 수 있다. 복음의 진정한 적용은 설교자의 혀가 아니라 '성령의 역사'에 달려 있기 때문이다.

이에 대해 찰스 스펄전은 학생들에게 "여러분은 무덤에 회칠하러 간 것이 아니라 그것을 열러 간 것"이라고 일갈했다. 바리새인들은 말씀을 접할 때마다 자신의 겉모습을 아름답게 꾸미는 데 집중했다. 오늘날의 설교도 마찬가지다. 성령을 의지하여 인간의 실체를 십자가에 못 박는 대신, 말씀으로 '더 나은 나'를 가꾸라고 가르친다면 그것은 도리어 독이 되는 '자기 의'를 쌓는 일이다. 곧 성령으로 시작했다가 육체로 마치는 꼴이다.

적용의 핵심은 본문이 '율법으로 작동하는지 복음으로 작동하는지'를 분별하는 데 있다. 율법적 적용은 결코 사람의 마음을 근본적으로 변화시키거나 거룩함을 향한 갈망을 만들어내지 못한다. 오직 예수 그리스도의 복음만이 영혼을 변화시키는 능력이 있다. 그러므로 설교자는 청중의 선한 행실을 만들어내는 윤리 교사(새 관점 학파의 주장)가 아니라 오직 그리스도의 완성을 외치는 '증언자'가 되어야 한다.

예수님은 십자가에서 "다 이루었다"고 선언하셨다. 이 완성된 복음을 전하면서 다시금 '적용'이라는 이름으로 성도들에게 무거운 행위의 짐을 지우는 설교자는 여전히 구약의 문턱을 넘지 못한 자이다.

혹자는 설교에서 적용을 말해주지 않으면, '성도들의 막 살게 내버려두어야 하는가?' 라고 우려하면서 '성도답게 사는 법, 칭찬받고 사는 법, 성숙한 성도의 삶' 이라는 법을 또다시 만들어내 적용하는 경우를 본다. 이는 성령으로 시작한 복음이 다시 육체로 마치는 것이 되어버리는 것임을 알아야 한다. 그렇게 되면 은혜가 행위 종교로 변해버리는 것이다. 따라서 적용은 더욱 은혜를 강화하는 것이어야 한다.

설교자의 유일한 역할은 그리스도께서 홀로 이루신 그 언약의 공로를 선포하는 것이다. 그리스도의 완성을 선포할 때, 비로소 청중의 미완성된 죄악이 드러나고 성령을 통한 참된 용서와 은혜가 임하게 된다.

그리스도인의 삶이란 복음과 분리된 별도의 도덕적 영역이 아니다. 그리스도의 십자가가 어떻게 나의 삶을 덮었는지, 그분이 어떻게 모든 것을 성취하셨는지를 증언하는 과정 자체가 곧 성도의 삶이다. 설교자가 그리스도의 십자가를 보여주기 전까지 성경의 명제들은 추

상적인 정보에 불과하다. 그러나 십자가를 통해 선포되는 진리는 청
중의 마음을 사로잡아 그리스도와 연합하게 한다. 성도는 스스로 완
벽함을 증명하기 위해서가 아니라 그리스도의 완전하신 십자가를 자
랑하기 위해 부르심을 받았다는 것을 잊지 말아야 한다.

묵상에서 선포까지
살아있는 원고를 만드는 실제적 지침

1. 그리스도 완성 설교 작성을 위한 3단계 프로세스

▶ **1단계 : 본문 개요 작성(Textual Outline)**

– 본문의 역사적 정황과 인간의 한계 상황을 노출하라

○ 본문 선택 및 묵상

– 단일 문단 선정 : 생생한 주제 포함한 한 문단 본문을 정한다.

– 문맥적 읽기 : 반복 묵상을 통해 본문의 흐름을 파악하고 청중에게 던질 첫 질문을 기록한다.

– 구조 파악 : 줄거리, 장면, 문학적 구조를 분석하고 주요 문단 제목과 관련 구절을 정리한다.

○ 역사적 · 신학적 해석

– 역사적 정황 : 장르, 역사적 배경, 그리고 하나님 중심적 신학
해석을 병행한다.

– 중심 메시지 도출 : 저자가 원 청중에게 전하고자 했던 핵심 메
시지를 짧은 문장(주어+술어)으로 요약한다.

– 문제의 발견(FCF) : 저자가 본문을 통해 다루려 했던 인간의
근본적 문제와 한계 상황이 무엇인지 구체적으로 적는다.

▶ 2단계 : 진리 개요 작성(Dogmatic Outline)

– 그리스도 중심 해석을 넘어 그리스도 완성 해석으로 나아가라

○ 그리스도 중심적 해석(Christ-Centered)

– 정경 및 구속사 문맥 : 창조에서 새 창조에 이르는 구속사적 맥
락 안에서 본문을 이해한다.

– 그리스도를 향하는 길 : 점진적 구속사, 약속과 성취, 모형론,
유비, 대조 등을 통해 본문에서 그리스도를 찾아낸다.

○ 그리스도 완성적 해석(Christ-Finished) - 핵심

– 십자가 렌즈 : 그리스도 중심 해석을 십자가 성취의 관점에서
재해석한다. 신약의 빛으로 구약을 다시 읽으며 어떻게 이루
어졌는지 확인한다.

– 성취의 선포 : 청중에게 말씀대로 살라(미완성)고 요구하는 대
신, 말씀이 성취된 대로 믿고 살라(완성)고 선포한다.

– 역설의 교차점 : 인간의 한계(오호라!)와 무한한 은혜가 만나는
  십자가의 의미를 밝힌다. 이미 온 우주에 충만한 그리스도의
  완성 안으로 청중을 초대한다.

▶ 3단계 : 설교 개요 작성(Homiletical Outline)

– 십자가 복음의 실제를 청중의 삶에 현재화하라

○ 개요의 통합

– 앞서 작성한 본문 주해 요약과 완성된 그리스도 해석을 한자리
  에 모은다.
– '그리스도를 나타내라' (중심)를 넘어, '그리스도가 나타났다'
  (완성)는 확신으로 개요를 구성한다.

○ 연관성(적용)의 극대화

– 십자가로 연결 : 본문의 시대와 현대를 십자가(언약 완성)로 연
  합하는, 어느 시대나 동일한 인간의 한계를 구원하시는 복음
  을 적시한다.
– 증인의 삶 : 청중이 날마다 십자가를 경험하고 증언하는 자가
  되도록 돕는다.

○ 설교문 작성 및 전달

– 구조와 방법 : 본문의 장르적 특성을 반영하되, 그리스도가 이
  끄시는 역동적인 전개 방식을 선택한다.

– 서론과 결론 : 서론에서 문제(한계)를 제시하며 본론으로 체크
  인하고, 결론에서는 설교의 목적을 분명히 하며 청중의 마음
  에 복음의 골을 넣는다.
– 생생한 구어체 : 짧은 문장, 능동태, 현재 시제, 이미지와 예화
  를 사용하여 소리 내어 읽으며 작성한다.
– 제목 선정 : 제목만 기억해도 복음의 완성이 적용되도록 매력
  적이고 선포적인 제목을 정한다.

본문 개요는 죄의 깊이를 보여주고, 진리 개요는 은혜의 높이를
증명하며, 설교 개요는 그 완성된 사랑 속으로 청중을 밀어 넣는 과
정이다. 설교자의 원고에는 인간의 결단보다 그리스도의 완결이 더
크게 기록되어야 한다.

2. 그리스도 완성 설교 작성의 단계별 핵심

▶ 1단계 : **본문 개요(Textual Outline)**
"인간의 무능과 죄의 실체를 폭로하라"

– 분석 : 본문의 문맥, 구조, 역사적·신학적 배경 파악
– 발견 : 저자가 원 청중에게 전한 목적과 다루고자 하는 인간의
  한계 상황(FCF) 노출
– 질문 : "이 본문에서 인간의 공로는 왜 부정되어야 하는가?"

▶ 2단계 : **진리 개요(Dogmatic Outline)**
"미완성된 교훈을 넘어 십자가의 완성을 선포하라"

구분	그리스도 중심 해석 (기존)	그리스도 완성 해석 (혁신)
관점	구속사 문맥에서 그리스도를 찾음	십자가 성취의 빛으로 이미 이룸
해석 렌즈	모형론, 유비, 점진적 구속사	십자가라는 단 하나의 마스터키
핵심 메시지	"말씀대로 살라"(미완성/숙제)	"말씀이 이루어진 대로 믿고 살라"(성취/선물)
목적	그리스도를 본받는 삶 촉구	완성된 은혜 안에 있음을 선포

▶ 3단계 : **설교 개요(Homiletical Outline)**
"그리스도의 승리를 청중의 사건으로 현재화하라"

- 서론 : 인간의 한계와 실존적 문제를 제시하며 복음의 필요성으로 체크인
- 본론 : 그리스도가 중보자이자 언약 완성자임을 적시하며 십자가로 현대를 연결
- 결론 : 청중의 행위를 부추기는 율법적 명령이 아닌, 다 이루신 거룩한 은혜의 격랑 속으로 청중을 복음적으로 밀어 넣기
- 전달 : 생생한 구어체, 현재 시제, 복음의 감격이 담긴 감탄사의 회복

3. 그리스도 완성 설교 작성 실전 예시

▶ 1단계 : 본문 개요(Textual Outline)
"죄와 한계의 노출"

- 본문 : 아브라함의 이삭 번제(창 22:1-14).

구 분	주요 내용 및 적용
본문 선택	창세기 22:1-14 (언약의 자손을 바쳐야 하는 절박한 한 문단)
구조 파악	시험의 시작(1-2) → 아브라함의 순종(3-10) → 여호와 이레의 준비(11-14)
역사적 정황	언약의 유일한 통로인 이삭을 죽여야 하는, 인간의 상식과 신앙이 충돌하는 극한의 상황
중심 메시지	하나님은 언약을 위해 아브라함에게 가장 소중한 것을 요구하시며 그의 경외함을 시험하신다.
한계 발견(FCF)	인간은 자신의 소중한 것을 포기함으로 하나님을 만족시킬 수 있는가? 아브라함의 순종조차 하나님의 예비하심(수양) 없이는 죽음으로 끝날 뿐이다.

▶ 2단계 : 진리 개요(Dogmatic Outline)
"십자가의 피를 통한 완성"

- 쟁점 : 아브라함의 순종을 본받을 것인가,
    하나님의 준비를 찬양할 것인가?

○ 그리스도 중심 해석(중심)

– 이삭은 장차 오실 그리스도의 모형이다. 죽음에서 살아난 이삭
처럼, 예수님은 인류의 죄를 위해 죽으시고 부활하실 분이다
(아브라함의 순종에 방점).

○ 그리스도 완성 해석(완성)

– 십자가 렌즈 : 하나님은 아브라함에게 아들을 아끼지 말라고
하셨지만, 정작 자기 아들을 아끼지 않고 내어주신 분은 하나
님 자신이다.
– 성취의 선포 : 아브라함은 칼을 들었으나 하나님이 멈추셨다.
그러나 십자가에서 하나님은 자기 아들을 향한 칼을 멈추지
않으셨다. "다 이루었다"는 선언은 우리가 바쳐야 할 모든 '이
삭'을 주님이 대신 바치셨음을 의미한다.

○ 결론

– 청중은 아브라함처럼 순종하려고 애쓰는 자가 아니라 나를 위
해 아들을 잡으신 하나님의 '완성된 사랑' 안에 이미 들어와
있는 자들임을 믿도록 초청하라.

▶ 3단계 : 설교 개요(Homiletical Outline)
"은혜의 잔치로의 초대"

• 설교 제목 : 당신의 칼을 거두라, 하나님이 아들을 잡으셨다

○ 서론(문제 제기)

– 우리는 늘 하나님께 무언가를 바쳐서 그분의 사랑을 확인받으려 한다. 내 소중한 '이삭'을 바치지 못해 자책하는 우리에게 이 본문은 무거운 숙제로 다가 온다.

○ 본론(복음 선포)

– 본문의 진실 : 이 산은 훗날 예루살렘 성전이 세워질 모리아 산이다.

– 완성된 사건 : 아브라함은 이삭을 대신할 숫양을 보았지만, 우리는 우리를 대신해 피 흘리신 '하나님의 어린양'을 본다.

– 연관성 : 오늘 우리가 겪는 결핍과 한계는 우리가 무언가를 덜 바쳐서 생기는 문제가 아니다. 그리스도가 다 이루셨음을 믿지 못하기 때문에 생기는 불안이다.

○ 결론(목적 제시)

– 설교의 목적은 아브라함처럼 살라고 독려하는 것이 아니다. 아브라함조차 하나님의 예비하심(여호와 이레) 없이는 살 수 없었음을 깨닫고, 이미 완성된 십자가 공로를 찬양하며 삶의 자리로 돌아가게 하는 것이다.

4. 설교 준비를 위한 점검 리스트

설교 원고를 마무리하기 전 거장들이 강조한 핵심을 점검해보라.

[   ] [그리스도 중심] 본문이 인간의 도덕적 교훈에 머물지 않고
예수 그리스도의 은혜로 연결되었는가(채플, 루터)?

[   ] [그리스도 완성] 본문이 십자가에서 '다 이루었다'고 하신 그
리스도께서 행하신 일들이 인간의 실존 앞에 어떻게 나타났
는가? (팀 켈러)

[   ] [빅 아이디어] 설교 전체를 관통하는 단 하나의 명확한 중심
사상이 살아 있는가(로빈슨)?

[   ] [이중 경청] 성경 본문의 원뜻과 현대 청중의 삶의 맥락이 균
형 있게 담겼는가(스토트)?

[   ] [명료성] 시장터의 사람들(혹은 초신자)이 들어도 이해할 수
있는 쉬운 언어인가(스펄전)?

[   ] [경험의 여정] 청중이 단순히 듣는 것을 넘어 진리를 발견하는
과정에 참여하고 있는가(크래독, 로우리)?

[   ] [우상 분석] 청중이 하나님 대신 의지하는 마음속 깊은 우상을
날카롭게 지적했는가(켈러, 크리소스톰)?

[   ] [성령 의존] 수사학적 준비를 넘어, 성령의 임재와 도우심을
간절히 구했는가(로이드 존스, 에드워즈)?

5. 설교자의 최종 자가 점검

설교 원고 작성을 마친 후, 아래 질문에 '예' 라고 답할 수 있어야
한다.

[   ] 본문이 말하는 인간의 절망적 한계 상황이 충분히 드러났는
　　　가?

[   ] 이 본문의 요구를 그리스도께서 십자가에서 어떻게 '홀로'
　　　성취하셨는지 밝혔는가?

[   ] 청중에게 '해야 할 일' 보다 주님이 '이미 하신 일' 을 더 크게
　　　선포했는가?

[   ] 설교의 결론이 인간의 결단이 아닌, 하나님을 향한 "아!" 하
　　　는 감탄으로 끝났는가?

설교자의 진정한 사명은

인간의 역사를 미화하는 것이 아니라

그 역사를 끝내고 그리스도 복음의 시작을

선포하는 것이다. 설교는 청중이 붙들고

있는 낡은 역사의식을

십자가로 가져가 못 박도록 돕는 작업이다.

곧 내가 나의 법을 그들의 속에 두며 그들의 마음에 기록하여
나는 그들의 하나님이 되고 그들은 내 백성이 될 것이라. 렘 31:33.

05

탁월한 설교 한 편이
세상을 바꾼다

[설교 현장]

설교의 황금 지점은 십자가의 삼중 연합이다. 설교는 본문과 그리스도, 청중이 따로 노는 시간이 아니다. 이 세 원이 '십자가'라는 중심점에서 완벽하게 포개질 때, 비로소 그리스도 완성 설교가 시작된다.

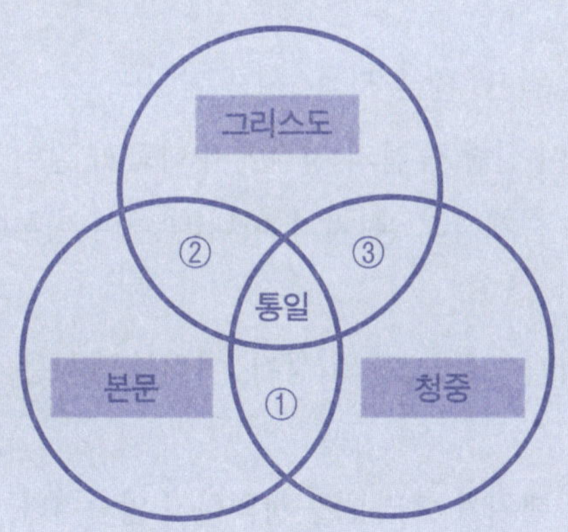

1. 복음의 삼중 중첩 구조 (The Triple Overlap)

○ [공감] 본문과 청중의 중첩(Identification)

본문 속 인물의 절망과 한계가 오늘 나의 모습임을 발견하는 단계다.

질문 : "본문의 탄식이 어떻게 오늘 우리의 탄식이 되는가?"

○ [성취] 본문과 그리스도의 중첩(Satisfaction)

본문의 요구와 한계를 그리스도께서 십자가에서 홀로 해결하신 단계다.

질문 : "이 본문의 결핍을 그리스도가 어떻게 다 채우셨는가?"

○ [연합] 그리스도와 청중의 중첩(Union)

그리스도의 완성이 곧 청중의 승리가 되는 연합의 단계다.

질문 : "그리스도의 성취가 어떻게 지금 나의 현실이 되는가?"

* 설교자를 위한 '황금 지점' 선포 가이드

설교자는 이 삼중 중첩의 지점에서 다음과 같이 선포해야 한다.

"여러분은 숙제하러 온 자가 아니라 이미 이루어진 잔치에 초대받은 자입니다."

"본문의 약속, 그리스도의 성취, 여러분의 삶은 이제 십자가 안에서 하나입니다."

"여러분의 행위가 여러분을 정의하지 않습니다. 오직 그리스도의 완성이 여러분의 정체성입니다."

2. 삼중 연합을 활용한 설교 대지 구성법

○ 제1대지 : [본문과 청중의 한계]

본문과 청중의 상황을 중첩해 우리 스스로는 이 문제를 결코 해결할 수 없음을 폭로한다("오호라, 나는 곤고한 사람이로다!").

○ 제2대지 : [본문과 그리스도의 완성]

십자가라는 렌즈를 통해 본문의 요구가 그리스도 안에서 어떻게 완결되었는지 선언한다("다 이루었도다!").

○ 제3대지 : [그리스도와 청중의 연합]

완성된 영역 안에 들어온 청중의 새로운 신분을 확인시키고, 그 은혜에 압도되어 세상을 향해 그리스도를 증언하게 한다("우리는 그리스도의 증인이라!").

"시작도 과정도 마감도 그리스도 완성의 세계다"(롬 11:36).

Chapter 1. 구약 설교 설계 〈샘플〉

- 제목 : 무너진 성벽 너머, 우리를 대신해 우시는 성벽 되신 분
- 본문 : 느헤미야 1장 1~11절

1. 도입

: 당신의 마음을 무너뜨린 '수산 궁'은 어디입니까?

  (크래독 스타일)

우리는 인생의 견고한 수산 궁에 머물길 원합니다. 안전하고 평안하며 아무 문제 없는 상태 말이죠. 느헤미야도 그랬습니다. 그는 페르시아 왕의 술 관원으로 세상 부러운 것 없는 위치에 있었습니다. 그런데 어느 날 예루살렘의 소식이 들려옵니다. 성벽은 허물어지고 성문은 불탔다는 소식입니다. 여러분, 여기서 우리는 멈춰 서게 됩니다. 내 삶은 평안한데 저 멀리 무너진 곳의 아픔이 왜 나의 눈물이 되어야 할까요?

2. 타락 구성 요소(FCF)

: 우리는 왜 예루살렘을 잊고 사는가? (브라이언 채플 스타일)

오늘 우리의 문제는 무너진 예루살렘이 아니라 '무너진 줄도 모르는 우리 마음'입니다. 우리는 내 삶의 담장만 높이면 안전할 줄 압니다. 이웃의 고통, 공동체의 아픔, 하나님 나라의 훼파됨에는 무감각한 채 내 안위라는 우상(바알)을 섬기느라 여념이 없습니다. 이것이 오늘 우리 안에 흐르는 본질적인 이기심입니다.

3. 복음적 반전

: 대신 울고 대신 서시는 분 (팀 켈러 스타일)

느헤미야는 그 소식을 듣고 주저앉아 수일 동안 슬퍼하며 금식합니다. 그는 죄를 짓지 않았지만, "나와 내 아버지의 집이 범죄하였나이다"라며 공동체의 죄를 자신의 죄로 짊어집니다.

여기서 우리는 느헤미야보다 더 위대한 한 분을 봅니다. 하늘 영광의 궁전(수산 궁)을 버리고, 죄로 인해 완전히 무너진 인류의 성벽(예루살렘)을 위해 이 땅에 오신 예수 그리스도입니다. 느헤미야는 성벽을 재건하러 갔지만, 예수님은 친히 자기 몸의 허물어짐으로(십자가) 우리와 하나님 사이의 막힌 담을 허무셨습니다. 그분이 우리를 대신해 울고 우리를 대신해 징벌받으심으로 우리의 깨진 인생 성벽이 다시 세워진 것입니다.

4. 복음적 적용

: 의무가 아닌 사랑의 재건 (존 스토트 스타일)

그러므로 성도 여러분, 이제 "교회를 위해 봉사하십시오, 성벽을 세웁시다"라고 외치는 율법적 명령에 머물지 마십시오. 대신, 우리를 위해 자기 생명을 무너뜨려 우리의 영원한 성벽이 되어주신 그리스도의 사랑을 보십시오. 그 사랑에 압도된 사람은 느헤미야처럼 묻게 됩니다. "주님, 저를 위해 무너지신 당신을 위해, 제가 재건해야 할 예루살렘은 어디입니까?"

오늘 여러분의 헌신은 무거운 짐이 아니라 나를 살리신 그 은혜에 대한 '거룩한 반응'이자 '잔치'가 될 것입니다.

Chapter 2. 구약 설교 실제편

[구약의 그리스도]

복음의 프리즘으로 본 구약 설교 예는 다음과 같다.

- 유진 로우리의 설교 유형
- 마틴 로이드 존스의 설교 유형
- 찰스 스펄전의 설교 유형
- 브라이언 채플의 설교 유형
- 팀 켈러의 설교 유형
- 프레드 크래독의 설교 유형
- 팀 켈러의 설교 유형
- 조나단 에드워즈의 설교 유형
- 존 스토트의 설교 유형

● 제목 : 망가진 인생의 퍼즐을 맞추는 하나님의 손
        - "악이 선으로 변했어요"
● 본문 : 창세기 50장 15~21절

1단계 : 평형 상태의 교란

(Oops! - 장례식이 끝나자 찾아온 뜻밖의 공포)

여러분, 오늘 이야기는 아주 거창한 장례식장에서 시작됩니다. 이스라엘의 거장, 야곱이 세상을 떠났습니다. 애굽(이집트) 땅이 들썩일 정도로 화려한 국장이 치러졌죠. 무려 70일 동안 온 나라가 슬퍼하며 곡했고, 전차와 기병대가 호위하는 어마어마한 행렬이 가나안 땅까지 이어졌습니다. 겉으로 보기엔 참 완벽하고 은혜로운 마무리 같았습니다. "아, 한 시대가 참 아름답게 저무는구나" 싶었죠.

그런데 말입니다. 그 화려한 먼지구름이 가라앉고 형제들이 집으로 돌아온 그 순간, 진짜 이야기가 시작됩니다. 갑자기 집안 공기가 차갑게 식어버립니다. 아버지가 계실 때는 보이지 않던 '시커먼 불안'이 형들의 마음을 집어삼킨 겁니다. 형들은 서로 속삭입니다.

"야, 이제 큰일 났다. 우리를 지켜주던 백(아버지)이 사라졌어. 요셉 저놈이 이제 와서 옛날 일을 복수하면 우린 다 끝장이야!"

여러분, 이 장면이 좀 이상하지 않나요? 요셉은 이미 17년 전부터 형들을 먹여 살렸고 모든 것을 용서했다고 말했습니다. 그런데 아버지가 죽자마자 형들은 다시 '죄인' 모드로 돌아가 버립니다. 그들은 요셉의 '용서'를 믿은 게 아니라 아버지 야곱이라는 '방패'를 믿고 있었던 겁니다.

2단계 : 문제의 분석
(Ugh… - 왜 우리는 용서받고도 벌벌 떨까요?)

형들은 급해졌습니다. 그래서 요셉에게 사람을 보내 거짓말을 꾸며냅니다. "동생, 아버지가 돌아가시기 전에 유언을 남기셨어. 우리 허물과 죄를 꼭 용서해 주라고 말이야. 그러니까 제발 우리 좀 살려 줘." 급기야 요셉 앞에 뙤약볕 아래 넙죽 엎드려 울먹입니다. "우리는 당신의 노예입니다!"

자, 여기서 우리는 멈춰 서서 질문해야 합니다. "형들은 왜 17년이 지나도록 요셉의 진심을 몰랐을까요?" 사실 이건 형들만의 문제가 아닙니다. 바로 우리 자신의 모습이죠. 여러분, 우리도 주님이 십자가에서 다 용서하셨다는 걸 압니다. 그런데 삶에 작은 흉년이 들거나 예기치 못한 사고가 터지면 금세 무슨 생각을 합니까? "아, 내가 옛날에 그 잘못을 해서 하나님이 벌주시나 보다." "내가 기도를 덜 해서 이런 일이 생기나?"

우리는 하나님의 '은혜'를 믿는다고 하지만, 실제로는 내가 쌓은

'정성'이나 '백'을 믿고 싶어 합니다. 내 손에 쥔 안심번호가 사라지는 순간, 우리는 용서받지 못한 죄인의 얼굴로 다시 돌아가 버립니다. 요셉의 형들처럼 말입니다. "아버지가 없으니까 이제 난 죽었구나!" 하는 그 비참한 불신앙 말입니다.

3단계 : 반전의 실마리
(Aha! - 요셉의 눈물 속에 담긴 신의 한 수)

형들의 비굴한 사과를 들은 요셉의 반응은 뜻밖이었습니다. 화를 낸 게 아니라 '울었습니다'. 요셉은 왜 울 수밖에 없었을까요? 형들이 얄미워서요? 아니요. 형들이 하나님의 '큰 그림'을 전혀 보지 못하고 여전히 '인간의 보복' 수준에서 벌벌 떨고 있는 그 영적 무지가 너무 가슴 아파서 운 겁니다.

요셉은 입을 열어 인생의 대역전 시나리오를 읽어줍니다. "두려워하지 마소서. 내가 하나님을 대신하리이까?" 요셉은 지금 엄청난 말을 하고 있습니다. "형님들, 내가 형님들을 용서하고 안 하고의 문제가 아니에요. 이 판은 내가 짜는 게 아니라 하나님이 짜고 계신 판이란 말입니다!"

요셉은 자기가 노예로 팔리고 감옥에서 썩고 억울하게 누명 쓴 그 지긋지긋한 22년의 세월을 다시 해석합니다. "형님들은 나를 죽이려고 했죠? 맞아요. 그건 악한 일이었어요. 하지만 하나님은 그 악한 재료를 뺏어다가 '생명을 구원하는 선한 재료'로 싹 바꿔버리셨습니다!" 요셉은 형들의 배신마저도 하나님의 구원 작전의 일부였다는 것을 깨달았던 겁니다. 형들은 요셉을 구덩이에 던졌지만, 하나님은 그 구덩이를 이집트로 가는 고속도로로 만드셨습니다!

4단계 : 복음의 경험
(Whee! - 악을 선으로 바꾸시는 십자가의 역설)

이게 바로 오늘 설교의 제목, "악이 선으로 변했어요"의 진짜 의미입니다. 여러분, 복음이 뭡니까? 인류 역사상 가장 끔찍한 '악'이 무엇인지 아십니까? 그건 바로 아무 죄 없는 하나님의 아들을 십자가에 못 박아 죽인 사건입니다. 인간들은 예수를 죽이려고 온갖 더러운 짓을 다 했습니다. 가룟 유다의 배신, 빌라도의 비겁함, 종교 지도자들의 시기심… 이건 완전한 '악'의 승리처럼 보였습니다.

그런데 하나님은 어떻게 하셨나요? 그 추악한 '십자가의 악'을 가져다가 인류를 구원하는 '최고의 선'으로 뒤집어버리셨습니다! 죽임당한 분이 자신을 죽인 원수들을 위해 "아버지, 저들을 용서해 주십시오"라고 기도하며 그들을 살려냅니다. 요셉이 형들에게 "내가 당신들과 당신들의 자녀를 기르겠습니다"라고 약속할 때, 우리는 거기서 우리를 먹이고 입히시는 예수 그리스도의 얼굴을 봅니다.

악이 선으로 변하는 건 우리가 착해서가 아닙니다. 하나님이 너무나 고집스럽게 우리를 사랑하셔서, 우리가 저지른 사고마저도 구원의 도구로 재활용하시기 때문입니다.

5단계 : 새로운 평형
(Yeah! - 이제 안심하고 사십시오)

이제 결론입니다. 형들은 요셉의 안색을 살피며 벌벌 떨었지만,

요셉은 간곡한 말로 그들을 위로합니다. "형님들, 이제 제발 좀 안심하세요. 형님들이 잘해서가 아니라 하나님이 하신 일이니까요."

여러분의 인생을 한번 돌아보십시오. 누군가 당신을 해치려고 합니까? 억울해서 잠이 안 옵니까? 인생의 퍼즐 조각이 너무 망가져서 도저히 그림이 안 나올 것 같습니까? 걱정 마십시오. 하나님은 여전히 편집실에 앉아 계십니다. 당신이 겪은 그 쓰디쓴 눈물과 배신과 아픔이라는 필름을 가져다가 가장 찬란한 영광의 명장면으로 편집하고 계십니다.

"나를 이리로 보낸 이는 당신들이 아니요 하나님이시라!" 이 고백이 오늘 여러분의 고백이 되길 바랍니다. 내 실수가 하나님의 계획보다 크지 않습니다. 사람의 악함이 하나님의 선하심을 이길 수 없습니다. 그러니 이제 요셉의 형들처럼 떨지 마십시오. 과거의 죄에 묶여 있지 마십시오. 악을 선으로 바꾸시는 그 전능하신 하나님만 믿고, 오늘 하루도 담대하고 행복하게 살아가시는 여러분 되시기를 주님의 이름으로 축원합니다.

● 제목 : 죽음도 넘어가는 표적
   : 인간의 의를 깨뜨리는 그리스도의 피
● 본문 : 출애굽기 12장 21~28절

1. 당신의 구원은 '장소' 의 문제인가, '진노' 의 문제인가?

여러분, 오늘날 기독교가 왜 이렇게 힘을 잃었는지 아십니까? 복음을 너무 천박하게 이해하기 때문입니다. 사람들은 구원을 그저 '지금보다 조금 더 나은 삶' 으로의 이동 정도로 생각합니다. 애굽에서 가나안으로 가는 것, 즉 지긋지긋한 고생에서 해방되어 안락한 삶을 누리는 것이 구원이라고 믿습니다.

하지만 로마서가 말하고 출애굽기가 증언하는 구원의 실체는 전혀 다릅니다. 구원은 장소의 이동이 아니라 '하나님의 공포스러운 진노로부터의 탈출' 입니다. 거룩하신 하나님께서 죄에 대해 쏟으시는 그 정당한 심판으로부터 건져내어지는 것만이 유일한 구원입니다. 오늘 본문의 배경인 유월절 밤을 보십시오. 그 밤의 핵심은 '누가 탈출하느냐' 가 아니라 '누가 살아남느냐' 였습니다. 하나님의 심판이라는 거대한 파도가 온 세상을 덮칠 때, 그 파도를 막아설 유일한 방책이 무엇인지를 성경은 묻고 있는 것입니다.

2. 인간의 조건을 파쇄하는 하나님의 주권적 언약

많은 사람이 본문을 읽으며 "이스라엘이 하나님께 순종해서 구원받았다"고 결론 내립니다. 이것은 복음을 완전히 뒤집는 인본주의적 발상입니다. 이스라엘이 구원받은 근거는 그들의 순종에 있지 않습니다. 그 근거는 이스라엘이라는 민족이 생기기도 전, 창세 전 삼위 하나님 사이에 맺어진 '구속의 협약'에 있습니다.

아브라함에게 나타나셔서 "네 자손이 객이 되었다가 사대 만에 돌아오리라" 말씀하신 창세기 15장의 약속을 보십시오. 아브라함이 무엇을 했습니까? 그는 깊은 잠에 빠져 있었습니다. 하나님 홀로 타오르는 횃불로 지나가시며 일방적으로 맺으신 언약입니다.

여러분, 이것이 복음의 위대함입니다. 구원은 여러분의 결단이나 조건에 달려 있지 않습니다. 하나님이 시작하셨고 하나님이 주권적으로 이끌어가십니다. 이스라엘이 애굽에서 나온 것은 그들이 자격이 있어서가 아니라 하나님이 당신의 이름을 위해 그들을 '내 소유'라고 찍으셨기 때문입니다. 구원은 인간의 손에서 시작되지 않습니다. 오직 하늘의 보좌에서 시작됩니다.

3. 피의 표적 : 도덕적 차별을 거부하는 대속의 원리

이제 가장 중요한 대목에 주목하십시오. 심판의 천사가 애굽을 지나갈 때, 이스라엘 사람들의 집이라고 해서 그냥 지나갔습니까?

아닙니다. 이스라엘 집에도 심판의 천사는 당도했습니다. 하나님의 공의는 이스라엘 사람이라고 해서 죄를 눈감아주지 않으십니다. 애 굽인이나 히브리인이나 하나님 앞에서는 똑같이 죽어 마땅한 죄인입 니다.

그런데 왜 이스라엘의 장자들은 살았습니까? 그들이 도덕적으로 깨끗했습니까? 그들이 애굽인보다 인격이 훌륭했습니까? 아닙니다. 오직 그 집 문설주에 '어린 양의 피'가 발라져 있었기 때문입니다(이 것이 복음의 핵심입니다).

심판의 천사는 집 안에서 떨고 있는 사람의 성품을 보지 않았습 니다. 그가 얼마나 율법을 잘 지켰는지, 얼마나 착하게 살았는지에 관심이 없었습니다. 오직 '피'라는 표적만을 보았습니다. 피가 발라 져 있다는 것은 "이 집의 장자 대신 이미 어린 양이 죽임을 당했다" 는 증거입니다. 이미 심판이 집행된 곳에는 다시 심판이 임할 수 없 습니다. 이것이 바로 '대속'입니다.

여러분, 여러분의 선행과 노력은 하나님의 진노 앞에서 아무런 방패가 되지 못합니다. 오직 그리스도의 피만이 하나님의 공의를 만 족시킬 수 있습니다. 하나님은 여러분을 보실 때 여러분의 과거를 보 지 않으시고 여러분 위에 덮인 '그리스도의 보혈'만을 보십니다.

4. 십자가, 유월절의 실체가 완성된 자리

우리는 이 유월절 사건을 통해 1,500년 뒤 골고다 언덕에서 일어 날 일을 미리 봅니다. 구약의 유월절은 그림자이고 예수님은 그 실체입니다. 유월절 양은 흠이 없어야 했습니다. 죄 있는 인간은 다른 인간을 위해 죽을 수 없습니다. 오직 죄 없으신 신인(God-Man) 예수 그리스도만이 우리를 대신할 유일한 제물이 되십니다. 유월절 양이 잡히던 그 정확한 시간에 주님은 십자가에 달리셨습니다. 이것은 우연이 아니라 하나님의 철저한 통제 아래 진행된 구속사입니다.

주님이 십자가에서 보내신 6시간은 창조의 6일을 회복하는 시간입니다. 타락으로 망가진 온 우주의 역사를 십자가라는 단 한 번의 사건으로 요약하여 종결지으신 것입니다.

예수께서 "다 이루었다"고 말씀하셨을 때, 유월절의 피는 더 이상 반복할 필요가 없는 단번의 영원한 제사가 되었습니다. 이제 누구든지 그 피의 공로 아래 들어오는 자는 사망에서 생명으로 옮겨집니다. 이것은 가능성이 아니라 이미 성취된 사실입니다.

5. 무엇을 자랑하고 무엇을 증거하겠습니까?

사랑하는 성도 여러분, 유월절 이후 이스라엘은 더 이상 아브라함의 후손으로 불리지 않고 '여호와께 거룩히 구별된 자' 로 불립니다. 그들은 이제 자기 생명이 자기 것이 아님을 압니다. 어린 양의 핏값으로 산 목숨이기 때문입니다.

성도의 삶은 여기에서 시작됩니다. "나는 내 피로 사는 것이 아니라 주님의 피로 산다"는 고백입니다. 그래서 성도는 자기 의를 자랑할 수 없습니다. 자기의 경건을 뽐낼 수도 없습니다. 성도의 입에서 나오는 유일한 자랑은 '죽음도 넘어가는 저 보배로운 피' 여야 합니다.

여러분이 세상에서 고난을 당하고 때로는 자기 연약함 때문에 좌절할 때가 있을 것입니다. 그때 여러분의 행실을 보지 마십시오. 여러분의 감정을 신뢰하지 마십시오. 오직 여러분의 영혼에 발라진 그리스도의 피를 바라보십시오. 하나님은 그 피를 보시고 "너는 내 아들이다. 너는 의롭다" 선언하십니다.

교회는 이 피를 기념하는 곳입니다. 우리가 성찬을 나누고 말씀을 듣는 모든 행위는, 십자가의 그 피가 오늘 나의 모든 저주를 끊어냈음을 확증하는 시간입니다. 이 피의 능력을 믿으십시오. 이 피의 표적을 가슴에 새기십시오. 그리고 이 세상을 향해, 오직 그리스도의 피만이 유일한 살길임을 당당히 선포하는 주권적 구원의 증인들이 되시기를 주님의 이름으로 축복합니다. 아멘.

● 제목 : 지옥의 독이빨에 물린 자여, 그 장대를 쳐다보라!
● 본문 : 민수기 21장 4~9절

1. 당신의 '상식' 이라는 가련한 우상

여러분, 오늘 이 아침 저는 여러분의 '자존심' 과 '상식' 이라는 가면을 사정없이 벗겨내려 합니다. 우리는 누구나 자기만의 견고한 성을 쌓고 삽니다. "인생은 이래야 해", "하나님은 이래야 해"라는 나름의 합리적인 기준 말입니다. 하지만 여러분, 기억하십시오. 그 잘난 상식이 여러분을 구원했습니까? 아니면 여러분을 더 깊은 절망의 늪으로 밀어 넣었습니까?

옛날 사람들은 거대한 쇳덩어리 비행기가 수백 명을 태우고 구름 위를 날아오를 때, 그것을 '미친 짓' 이라고 불렀습니다. 왜일까요? 자기들의 좁은 머릿속에는 '무거운 것은 떨어진다' 는 법칙밖에 없었기 때문입니다. 오늘날 여러분도 똑같습니다. "어떻게 믿음 하나로 구원받아? 내가 뭘 좀 해야지! 내가 성격도 좀 고치고 헌금도 좀 하고 착하게 살아야 하나님이 예뻐하시지!"

이것이 바로 타락한 인간의 본성, 즉 '자기 의' 라는 독입니다. 여러분의 본성은 살기 위해 발버둥 치지만, 성경은 청천벽력 같은 소리를 던집니다. "너 자신을 위해 살고자 하는 자는 죽을 것이요, 나를 위해 죽는 자는 살리라!" 이 역설이 이해되지 않는다면, 여러분은 아직 십자가가 무엇인지 단 한 번도 맛보지 못한 것입니다.

2. 광야의 불평 : "왜 우리를 여기서 죽게 합니까?"

이스라엘 백성들을 보십시오. 그들은 얼마 전까지만 해도 홍해의 기적을 보며 노래하던 자들이었습니다. 하지만 길 좀 험해지고 메뉴판에 만날 '만나' 밖에 없으니까 금세 안색이 변합니다. "어찌하여 우리를 이 광야에서 죽게 하는가! 이 하찮은 음식이 지긋지긋하다!" 여러분, 여기서 '하찮은 음식' 이 무엇인지 아십니까? 하늘에서 내려온 생명의 떡입니다! 그런데 자기 입맛에 안 맞는다고 하나님이 주신 은혜를 발로 차버립니다. 이것이 오늘날 현대인의 모습 아닙니까? "하나님, 왜 내 인생은 남들처럼 화려하지 않죠? 왜 내 길은 이렇게 꼬여만 가죠? 나를 사랑하신다더니 고작 이게 다입니까?"

하나님이 왜 그들을 이 험한 길로 인도하셨을까요? 그분은 여러분을 괴롭히는 취미를 가진 분이 아닙니다. 하나님은 지금 여러분 속에 숨겨진 '죄의 고름' 을 짜내고 계신 겁니다. 여러분이 잘나갈 때는 거룩한 척할 수 있습니다. 하지만 인생이 꼬이고 자존심이 바닥을 치고 남들보다 뒤처질 때 비로소 당신의 진짜 바닥, 말하자면 하나님 없이도 살 수 있다고 믿었던 그 교만이 드러나는 법입니다. 하나님은 여러분을 죽이려는 것이 아니라 가짜 인생을 죽이고 진짜 생명을 주시려고 광야로 부르신 것입니다!

3. 불뱀의 습격과 '가짜 회개'의 비극

드디어 하나님의 인내가 끝자락에 닿았습니다. 진영 곳곳에서 붉은 반점이 박힌 불뱀이 튀어나옵니다. 사람들의 비명이 광야를 뒤덮습니다. 발목이 물리고 온몸이 불에 타는 듯한 통증 속에 사람들이 쓰러집니다. 그제야 그들은 모세에게 달려와 빕니다. "우리가 죄를 지었습니다! 제발 이 뱀들 좀 치워주세요!"

보십시오. 이것이 소위 말하는 '현대인의 회개'입니다. 그들은 죄가 무서운 게 아닙니다. 뱀에게 물려 '아픈 것'이 싫을 뿐입니다. "하나님, 이 병만 낫게 해주세요. 이 부도 위기만 넘기게 해주세요. 그러면 잘 믿을게요!" 여러분, 속지 마십시오. 이것은 회개가 아니라 비겁한 도망입니다.

진정한 회개는 "뱀을 치워달라"고 떼쓰는 것이 아닙니다. 오히려 "하나님, 제가 뱀에게 물려 죽어도 싼 죄인임을 이제야 알았습니다"라고 고백하며 자신의 무력함을 인정하는 것입니다. 아직도 뱀을 쫓아버릴 궁리만 하고 계십니까? 그렇다면 당신은 아직 살 소망이 없습니다.

4. 오직 바라보라, 그러면 살리라!

하나님의 해결책은 우리의 상식을 비웃습니다. 하나님은 뱀을 없애지 않으셨습니다. 대신 모세에게 "놋으로 뱀을 만들어 장대 높이 매달아라. 그것을 보는 자마다 살리라” 명령하셨습니다.

상상해 보십시오. 독이 온몸에 퍼져 눈앞이 흐릿해진 사람이 “장대를 보세요!”라는 말을 들었을 때 뭐라고 했겠습니까? “미쳤어? 지금 독이 퍼졌는데 구리 조각을 보라고? 약을 가져와! 의사를 불러!”라고 분노했을 것입니다. 그것이 바로 지옥으로 달려가는 사람들의 ‘합리적인’ 논리입니다.

하지만 성경은 선언합니다.

“놋뱀을 쳐다본즉 모두 살더라!”(민 21:9).

능력이 바라보는 사람의 정성에 있었습니까? 아니면 그가 얼마나 간절히 기도했느냐에 있었습니까? 아닙니다! 능력은 오직 장대에 달린 그 ‘약속의 대상’ 에 있었습니다!

이 놋뱀이 누구입니까? 요한복음 3장은 명확히 말합니다. “모세가 광야에서 뱀을 든 것같이 인자도 들려야 하리니!” 바로 예수 그리스도입니다! 여러분이 죄의 독이빨에 물려 영혼이 썩어가고 있습니까? 당신의 도덕심으로, 수련으로, 고행으로 해독하려 하지 마십시오. 당신의 종교적 열심으로 상처를 싸매지 마십시오. 오직 십자가에 높이 들리신 그리스도를 바라보십시오!

5. 결단 : 쳐다보는 것은 결코 ‘행위’ 가 아닙니다.

마지막으로 묻습니다. 여러분 중에 “바라보는 게 너무 어렵다”라고 말하는 분이 계십니까? 아닙니다. 바라보는 것은 세상에서 가장 쉬운 일입니다. 그것은 내 힘을 완전히 빼는 것입니다.

여러분이 “내가 열심히 쳐다봤더니 살았다”라고 말한다면 그것은 또 다른 교만입니다. 성령께서 여러분의 고개를 억지로 돌려 십자가를 보게 하실 때, 비로소 살길이 열리는 것입니다. "쳐다본즉 살더라!" 이 짧은 문장 안에 영생의 신비가 들어 있습니다.

자신이 살아있다고 믿는 자는 절대 장대를 보지 않습니다. 오직 "나는 이미 죽은 목숨이다. 주님의 은혜가 아니면 나는 오늘 지옥의 불길 속에 떨어질 시체다"라고 절규하는 자만이 그분을 봅니다.

사랑하는 성도 여러분, 더 이상 여러분의 상처를 만지작거리지 마십시오. 여러분의 실패를 묵상하지 마십시오. 자기 연민에 빠지지 마십시오. 고개를 들어 장대 위의 그리스도를 보십시오! 그분을 본 자마다 독은 사라지고, 새 생명이 혈관을 타고 흐르게 될 것입니다. 지금 보십시오! 당장 보십시오! 쳐다본즉 살 것입니다!

● 제목 : 내 실패보다 더 질긴 하나님의 약속
● 본문 : 사무엘하 7장 13~17절

1. 거울 앞의 우리, 괜찮으신가요? (FCF)

여러분, 오늘 아침에 거울을 보며 어떤 생각을 하셨나요? 옷매무새를 가다듬고 밝은 미소를 지어 보였겠지만, 우리 속마음까지 다 보여주는 거울이 있다면 어떨까요? 사실 우리 중 누구도 자기 마음 중심에 대해 "나는 정말 깨끗하고 자신 있다"라고 말할 수 있는 사람은 없습니다. 인간은 태어나면서부터 뼛속 깊이 자기중심적이고 부패한 본성을 가지고 있기 때문이죠.

그런데 성경은 우리에게 아주 당혹스러운 사실을 알려줍니다. 하나님은 우리의 화려한 겉모습이나 선한 행동이 아니라 바로 그 '속 중심'을 보신다는 겁니다. 이 말은 우리에게 큰 공포입니다. 중심을 낱낱이 살피시는 하나님 앞에 서면 우리 중 누구도 "나는 죄 없습니다"라고 고개를 들 수 없기 때문입니다. 우리는 모두 사울처럼 하나님의 은총을 빼앗기고 버림받아 마땅한 영적 파산자들입니다. 이것이 오늘 우리가 마주한 피할 수 없는 현실입니다.

2. 다윗에게 주신 이상한 약속

그런데 오늘 본문 13절과 16절을 보면, 이 절망적인 상황 속에 아주 이상한 말씀이 반복됩니다. "영원히 견고케 하리라." 하나님이 다윗에게 약속하시기를 그가 세울 나라와 그 가문을 영원히 흔들리지 않게 하시겠다는 겁니다.

여러분, 이 '영원히'라는 단어가 얼마나 진중한 말인지 아십니까? 이건 중간에 어떤 사고가 터져도, 어떤 실수가 있어도 결코 멈추지 않겠다는 하나님의 고집입니다. 그런데 여기서 우리는 의문이 생깁니다. "아니, 다윗의 자손이 다 신앙생활을 잘하면 모를까, 만약 그들이 하나님을 배신하고 엉망으로 살면 어떻게 됩니까? 그래도 영원히 견고해야 합니까? 그게 정의로운 건가요?"

3. 사울과 다윗 사이의 기묘한 차별

하나님은 우리의 이런 질문을 미리 아신 듯 14절과 15절에서 답을 주십니다. "그가 만일 죄를 범하면 내가 사람 막대기와 인생 채찍으로 때리기는 하겠다. 하지만! 사울에게서 은총을 빼앗았던 것처럼 그에게서는 결코 빼앗지 않겠다."

잠깐만요, 여기서 우리는 좀 억울해집니다. 사울이 죄를 지어서 왕위에서 쫓겨나고 버림받았다면 다윗의 자손도 죄를 지으면 똑같이 버림받는 게 공평하지 않습니까? 하나님은 편애하시는 분인가요? 다윗이 사울보다 본질적으로 더 나은 사람이었나요? 결코 아닙니다. 우리는 다윗이 충직한 신하 우리아를 죽이고 그의 아내를 빼앗았던 그 추악한 범죄를 잘 압니다. 중심을 보시는 하나님 앞에서 다윗이나 사울이나 사실 도긴개긴입니다. 똑같이 죽어 마땅한 죄인입니다. 그런데 왜 한 명은 버리시고 한 명은 "절대 안 버린다"라고 하시는 걸까요?

4. 내 실력이 아니라 하나님의 기획입니다.

여러분, 이 차별의 근거는 다윗이 착해서가 아닙니다. 그것은 전적으로 '하나님의 약속' 때문입니다. 만약 하나님이 우리가 죄지을 때마다 은총을 거두어가신다면 이 지구상에 살아남을 인간이 단 한 명이라도 있을까요? 아마 인류 역사는 창세기 3장에서 이미 끝났을 겁니다.

하나님이 다윗의 나라를 영원히 견고하게 하시겠다는 건, 다윗이라는 한 개인을 예뻐해서가 아닙니다. 다윗의 혈통을 통해 이 땅에 오실 진짜 왕, 예수 그리스도의 나라를 세우시겠다는 하나님의 원대한 계획 때문입니다. 하나님은 지금 자기 이름을 걸고 이 구원 프로젝트를 완성해 가시는 중입니다. 인간의 실패가 하나님의 계획을 무너뜨리지 못하게 하시려고 아예 일방적으로 "나는 안 뺏는다!"라고 선포하신 겁니다. 그러므로 다윗이 버림받지 않은 건 다윗의 실력이 아니라 그를 붙들고 계신 하나님의 신실함 때문입니다.

5. 아버지만이 때릴 수 있는 '사랑의 매'

그렇다고 해서 하나님이 "죄지어도 괜찮아, 다 봐줄게"라고 하시는 건 아닙니다. 14절을 다시 보세요. "사람 막대기와 인생 채찍으로 징계하리라." 하나님은 아픈 매를 드십니다. 그런데 이 매는 형사가 범죄자에게 내리는 형벌이 아니라 아버지가 자식에게 드는 사랑의 매입니다.

히브리서 기자는 말합니다. "징계가 없으면 사생자요 참 아들이 아니다." 여러분, 삶에 고난이 있고 하나님의 징계가 느껴지십니까? 그건 여러분이 버림받았다는 신호가 아니라 여러분이 하나님의 진짜 자녀라는 가장 강력한 증거입니다. 사생아라면 아버지가 간섭하지 않습니다. 하지만 내 자식이기 때문에, 그 죄 속에 망가지도록 내버려 둘 수 없어서 때려서라도 돌이키시는 겁니다. 은총은 빼앗지 않되 아들답게 고쳐 가시겠다는 그 열심이 바로 징계입니다. 징계는 우리를 견고하게 만드시는 하나님의 아픈 은혜입니다.

6. 그리스도, 우리의 '인생 채찍'을 대신 맞으신 분

이제 우리는 가장 중요한 질문을 던져야 합니다. "어떻게 공의로 우신 하나님이 죄인인 우리를 벌하지 않고 끝까지 아들 삼아 주실 수 있는가?" 그 답은 다윗의 자손으로 오신 예수 그리스도께 있습니다.

본문이 말하는 '인생 채찍'을 누가 진짜로 맞으셨습니까? 죄는 다윗이 지었고 우리가 지었는데, 그 살벌한 채찍질은 예수님이 골고다에서 온몸으로 다 받아내셨습니다. 예수님이 하나님께 "나의 하나님, 어찌하여 나를 버리셨나이까"라고 외치며 버림받으셨기 때문에 이제 우리는 어떤 상황에서도 "내가 너를 결코 버리지 않겠다"라는

약속을 받게 된 것입니다. 예수님이 사울처럼 버림당하셨기에 우리
는 다윗처럼 영원한 견고함을 얻었습니다.

7. 은혜로 시작했으면 은혜로 마치십시오.

사랑하는 성도 여러분, 오늘 여러분의 구원은 여러분의 어제 실
적에 달려 있지 않습니다. 여러분이 얼마나 대단한 신앙생활을 하느
냐가 아니라 여러분을 붙들고 계신 하나님의 손이 얼마나 힘이 세냐
에 달려 있습니다.

"내가 이만큼 봉사했으니 하나님이 나를 안 버리시겠지?" 아닙니
다. 그건 성령으로 시작해서 육체로 마치는 겁니다. 우리가 해야 할
일은 그저 감사하는 것뿐입니다. "주님, 사울처럼 버림받아 마땅한
저를, 예수님 때문에 끝까지 아들로 대우해 주시니 감사합니다." 이
고백이 우리를 진짜 그리스도인답게 만듭니다.

삶이 고달프고 피곤할 때, 혹은 스스로가 너무 한심해서 구원이
흔들릴 때, 오늘 이 약속을 기억하십시오. 하나님의 인자하심과 성실
하심은 여러분의 실패보다 훨씬 더 큽니다. 그분은 한 번 뱉은 말을
결코 주워 담지 않으십니다. 세상을 다 잃어도 여러분을 향한 하나님
의 은총은 폐하여지지 않습니다. 이 무너지지 않는 나라의 약속을 믿
고, 오늘도 당당하게 은혜의 보좌 앞으로 나아가는 여러분 되시기를
주님의 이름으로 축복합니다. 아멘.

● 제목 : 갈멜산의 선택
  - 나를 위한 신인가, 하나님을 위한 나인가?
● 본문 : 열왕기상 18장 30~40절

1. 시대의 정신 : 바알이라는 이름의 '현대성'

우리는 열왕기상 18장을 읽으며 엘리야가 고대의 원시적인 우상 숭배자들과 싸우고 있다고 생각하기 쉽습니다. 하지만 아합왕이 선택한 '바알'을 현대적으로 번역해 보십시오. 바알은 농경의 신이며 비를 주관하여 풍요를 가져다주는 신입니다. 오늘날로 치면 첨단 기술, 경제적 지표, 자본의 힘, 그리고 끊임없는 성장을 약속하는 시스템입니다.

아합은 단순히 종교를 바꾼 것이 아닙니다. 그는 '더 행복하고 안전한 삶'을 위해 하나님보다 더 효율적으로 보이는 신을 택했습니다. 그는 여리고를 재건하며 하나님의 경고(수 6:26)를 비웃었습니다. 이것은 "과거의 종교적 금기보다 현재의 경제적 이익이 더 중요하다"는 지극히 현대적인 실용주의 태도입니다.

오늘날 우리도 질문해야 합니다. 당신의 '바알'은 무엇입니까? 당신은 하나님을 사랑합니까, 아니면 하나님이 주시는 '번영'을 사랑합니까? 만약 후자라면, 당신은 하나님을 믿는 것이 아니라 하나님을 '바알화' 하여 이용하려 하는 것입니다.

2. 머뭇거림의 심리학 : 기능적 우상 숭배

엘리야는 갈멜산에 모인 백성들에게 묻습니다. "너희가 어느 때까지 둘 사이에서 머뭇머뭇하려느냐?" 여기서 '머뭇거린다'는 말은 단순히 결정을 못 내리는 상태가 아닙니다. 그것은 '양다리를 걸친 보험' 같은 신앙입니다.

우리는 여호와를 예배하면서도 실제적인 삶의 안전은 통장 잔고나 사회적 성공(바알)에서 찾습니다. 하나님은 내 영혼을 구원해 주시는 분이지만, 내 삶을 풍요롭게 하는 것은 세상의 방식이라고 믿는 '이원론'에 빠져 있습니다. 이것이 바로 '기능적 우상 숭배' 입니다. 주일에는 기독교인이지만, 월요일부터 토요일까지는 바알의 원리(탐욕과 경쟁)로 살아가는 상태, 이것이 오늘날 우리 시대의 가장 큰 위기입니다.

3. 두 제단 : 종교적 행위인가, 하나님의 은혜인가?

갈멜산에는 두 제단이 있습니다. 바알의 선지자들은 응답을 얻기 위해 몸에 상처를 내고 소리를 지르며 '자신의 열심'을 증명하려 합니다. 이것이 모든 세상 종교와 도덕주의의 본질입니다. "내가 이만큼 희생하고 고통을 감수했으니, 신은 마땅히 내게 보상해야 한다"

는 거래의 논리입니다.

반면 엘리야의 제단을 보십시오. 그는 무너진 여호와의 제단을 수축합니다. 그리고 도랑을 파고 물을 붓습니다. 이것은 인간의 기여 가능성을 완전히 차단하는 행위입니다. 엘리야의 기도는 짧고 명확합니다. "여호와여, 당신이 하나님이신 것과 당신이 그들의 마음을 돌이키시는 분임을 알게 하소서."

이 전쟁은 엘리야의 열심이 승리한 것이 아니라 하나님의 언약적 신실하심이 승리한 것입니다. 불이 내려온 것은 엘리야가 훌륭해서가 아니라 하나님께서 자기 이름을 위해 그분의 살아계심을 나타내셨기 때문입니다.

4. 복음의 역설 : 죽어야 할 자와 대신 죽은 자

갈멜산의 끝은 비극적입니다. 엘리야는 바알 선지자들을 기손 시냇가로 데려가 진멸합니다. "거짓 신을 죽이라"는 명령은 잔인해 보일 수 있습니다. 그러나 이것은 영적인 원리입니다. 우리를 속이고 가짜 행복을 약속하는 우상을 죽이지 않으면, 그 우상이 결국 우리를 죽이기 때문입니다.

그런데 여기서 복음의 놀라운 반전이 일어납니다. 우리는 우리 안의 바알을 죽여야 하지만, 우리 스스로는 그 탐욕과 정욕을 이길 힘이 없습니다. 갈멜산의 불은 제물을 태웠지만, 진짜 심판의 불은 훗날 또 다른 산, 골고다 언덕에서 내려왔습니다.

진짜 엘리야보다 더 큰 분이신 예수 그리스도께서 십자가에 달리셨을 때 하늘은 침묵했고 불은 제물 되신 주님께 쏟아졌습니다. 우리가 우상 숭배의 죄로 죽어 마땅함에도 불구하고 하나님께서는 당신의 아들을 제물로 삼으셔서 우리를 대신해 심판의 불을 받게 하셨습니다.

5. 적용 : 당신의 제단에 물을 부으십시오

이제 여러분께 묻습니다. 여러분을 배부르게 해주겠다고, 행복하게 해주겠다고 속이는 당신 안의 거짓 신은 무엇입니까? 돈입니까? 그것은 당신이 가난해질 때 당신을 버릴 것입니다. 평판입니까? 그것은 당신이 실수할 때 당신을 저주할 것입니다.

오직 십자가의 예수님만이 당신이 실패했을 때도 당신을 버리지 않는 유일한 분이십니다. 갈라디아서 5장 24절의 말씀처럼 그리스도 예수의 사람들은 그 정욕과 탐심을 십자가에 못 박은 자들입니다.

여러분의 제단에 물을 부으십시오. 당신의 모든 노력과 공로를 내려놓고 오직 하나님의 긍휼만을 구하십시오. 그때 하늘에서 내리는 불, 즉 성령의 역사가 여러분의 마음을 바알의 통치에서 하나님의 통치로 돌이키게 할 것입니다. 가짜 신을 죽이고, 당신을 위해 대신 죽으신 참된 하나님, 예수 그리스도께로 돌아오십시오. 아멘.

● 제목 : 화려한 갑옷 아래 숨겨진 그 남자의 눈물
● 본문 : 열왕기하 5장 1~14절

1. 겉모습이 전부는 아닙니다.

여러분, 살면서 가끔 그런 분들을 뵙지 않습니까? 겉보기엔 정말 모든 걸 다 가진 것 같은 분들 말입니다. 오늘 본문에는 당대 최고의 '성공한 남자'가 한 명 등장합니다. 이름은 나아만입니다. 그는 아람이라는 강대국의 군대장관이었고 왕의 신임이 두터워 그야말로 무소불위의 권력을 휘둘렀던 영웅입니다.

그가 말을 타고 거리를 지나가면 모든 사람이 고개를 숙여 경의를 표했습니다. 번쩍이는 갑옷과 화려한 훈장들… 세상의 기준에서 보면 그는 행복의 정점에 서 있는 사람처럼 보였을 겁니다. 그런데 성경은 그의 그 화려한 명성을 나열하다가 문장 끝에 아주 작고 서늘한 단어 하나를 툭 던져 놓습니다.

"그러나…"

"그러나 그는 나병 환자였더라."

여러분이 나아만이라면 어떠셨겠습니까? 사람들은 그의 계급장에는 머리를 숙였지만, 정작 그의 몸에는 손끝 하나 대려 하지 않았을 겁니다. 집으로 돌아와 무거운 갑옷을 하나씩 벗어 던질 때마다 그 갑옷 안쪽에 숨겨진 문드러진 피부를 보며 그는 어떤 생각을 했을까요? 십 리 밖에서도 위엄이 넘치던 영웅이, 정작 자기 몸 하나 어쩌지 못해 거울 앞에서 홀로 울고 있는 모습… 성공했지만 행복하지 않은 사람, 권력은 가졌지만 사람의 온기는 그리운 사람. 어쩌면 그게 나아만의 진짜 모습이었는지도 모르겠습니다.

2. 아주 작은 목소리에서 시작된 여행

그런데 말입니다. 그 절망적인 저주가 흐르는 나아만의 집안에, 아주 작고 가냘픈 목소리 하나가 울려 퍼집니다. 전쟁 중에 이스라엘에서 잡혀 온 어린 계집종 하나가 여주인에게 조심스럽게 말을 건넵니다. "우리 주인이 사마리아에 있는 선지자를 만나보시면 좋겠어요. 그분이라면 저 병을 고치실 텐데요"라고요.

참 묘하지 않습니까? 한 나라의 운명을 쥐락펴락하던 장군이, 이름도 없는 어린 포로 소녀의 말 한마디에 자기 목숨을 걸기로 합니다. 지푸라기라도 잡고 싶은 심정이었겠지요. 나아만은 아람 왕에게 달려갔고, 왕은 기꺼이 친서를 써주며 엄청난 예물을 챙겨줍니다. 은 열 달란트, 금 육천 개, 의복 열 벌….

나아만은 생각했을 겁니다.

"내 병은 아주 중한 병이니, 아주 거창하고 비싼 대가를 치러야

고칠 수 있겠지. 이 정도 보물을 싸 들고 가면 이스라엘 왕도 버선발로 뛰어나와 나를 극진히 대접할 거야.”

그는 여전히 '군대장관'의 방식으로 문제를 해결하려고 길을 나선 겁니다.

3. 왕의 공포와 우리의 착각

나아만 일행이 이스라엘 왕궁에 도착했습니다. 아람 왕의 편지를 읽은 이스라엘 왕의 반응이 어떠했을까요?

“오, 하나님이 일하실 기회군요!”라고 했을까요? 아닙니다. 그는 자기 옷을 찢으며 소리를 질렀습니다. “내가 사람을 죽이고 살리는 하나님이냐? 이건 분명히 트집을 잡아서 전쟁을 걸려는 수작이다!”

여러분, 이스라엘 왕이 왜 이렇게 두려움에 떨었을까요? 그는 지금 자기 곁에 계신 '하나님'을 잊어버린 겁니다. 그는 아람의 군사력이 무서웠고 자기 손으로 해결할 수 없는 병 고침의 요구가 공포였던 거죠. 그는 '내가 할 수 없는 일'에만 몰두하느라 '하나님이 하실 일'을 전혀 보지 못했습니다.

선지자가 사마리아에 있다는 사실조차 잊고 있었던 왕의 모습… 어쩌면 오늘 우리도 그렇지 않습니까? 문제가 터지면 하나님께 달려가는 게 아니라 해결하지 못하는 자신의 무능함에 발목이 잡혀 “이제 난 망했다”며 옷을 찢고 있지는 않나요? 왕의 절망은 사실 신앙의 위기였습니다.

4. "내 생각에는…"이라는 거대한 벽

결국 우여곡절 끝에 나아만은 엘리사의 집 문 앞에 섭니다. 화려한 전차와 기병대를 거느린 채 말이죠. 그런데 이번엔 엘리사가 문제입니다. 한 나라의 장군이 문 앞까지 왔는데 얼굴도 비치지 않습니다. 그저 사환 한 명을 내보내 툭 내뱉습니다. "요단강에 가서 몸을 일곱 번 씻으시오. 그러면 나을 거요."

나아만은 폭발했습니다.

"뭐라고? 내가 누군지 알고! 내 생각에는 그가 직접 걸어 나와서 여호와의 이름을 부르고 내 환부 위에 손을 흔들며 대단한 안수 기도를 해줄 줄 알았는데! 요단강? 흙탕물 같은 그 강보다 우리 고향 다메섹의 강들이 훨씬 더 깨끗하겠다!"

여러분, 나아만이 왜 이렇게 화가 났을까요? 그는 지금 병 고침을 받으러 온 게 아니라 '대접'을 받으러 온 겁니다. "내가 장관인데, 장관다운 처방을 내려달라"는 거죠. 나아만의 마음속에는 '내 생각'이라는 아주 높고 견고한 성벽이 있었습니다. 그는 자기가 상상한 시나리오대로 하나님이 움직여주길 바랐던 겁니다. 십자가 앞에 오면서도 여전히 세상의 명함과 직함을 손에 꽉 쥐고 있는 우리네 모습과 참 많이 닮아 있지 않습니까?

5. 요단강에서 벗어 던진 갑옷

다행히 나아만 주변에는 좋은 종들이 있었습니다. 그들이 장군을 설득합니다.

"장군님, 만약 선지자가 더 힘들고 어려운 일을 시켰다면 안 하셨겠습니까? 그저 씻으라는 것뿐인데 속는 셈 치고 한번 해보시지요.”

마침내 나아만은 자존심을 꺾습니다. 그는 요단강가에서 번쩍이는 갑옷을 하나씩 벗기 시작합니다. 훈장이 달린 군복도 내려놓습니다. 그리고 마침내 아무것도 가리지 않은 채, 자신의 흉측한 환부를 온 세상에 드러냅니다. 장군으로서의 위엄을 다 벗어 던지고 ‘그저 나병 환자’가 되어 물속으로 들어간 겁니다.

한 번, 두 번… 다섯 번, 여섯 번… 여러분, 물에 들어갔다 나올 때마다 나아만이 어떤 표정을 지었을지 상상이 가십니까? 아마 처음 몇 번은 의심 가득한 눈초리로 피부를 살폈을 겁니다.

“이게 정말 효과가 있는 거야?”

하지만 아무 일도 일어나지 않았습니다. 일곱 번 씻으라는 것은 인간의 노력이 끝나는 지점까지 가보라는 뜻입니다. 하나님이 천지를 창조하시고 안식하신 그 ‘7’의 시간, 즉 인간의 힘이 0이 되고 하나님의 은혜가 100이 되는 지점 말입니다.

마침내 일곱 번째 물에서 올라왔을 때, 기적이 일어났습니다. 그의 살이 어린아이 피부처럼 깨끗해진 겁니다. 요단강은 그의 병만 씻어낸 게 아니라 그의 교만과 ‘내 생각’이라는 무거운 갑옷까지 통째로 씻어내 버린 겁니다.

6. 우리는 어디서 깨끗해집니까?

여러분, 요단강은 이스라엘 백성이 약속의 땅으로 들어갈 때 건넜던 강입니다. 그 강을 어떻게 건넜습니까? 자기 힘으로 헤엄쳐 건넜나요? 아닙니다. 하나님의 약속이 담긴 법궤, 그리고 그 위에 뿌려진 제물의 피를 앞세웠을 때 강물이 갈라졌습니다. 약속의 땅은 '자격 있는 자'가 들어가는 곳이 아니라 '은혜를 입은 자'가 들어가는 곳입니다.

오늘 우리도 마찬가지입니다. 우리는 모두 나아만 같은 존재들입니다. 겉으로는 멀쩡한 척, 거룩한 척 옷을 입고 앉아 있지만, 사실 우리 속은 온갖 탐심과 미움, 시기라는 나병으로 문드러져 있지 않습니까? 자기 힘으로는 도저히 씻을 수 없는 죄의 악취가 우리에게서 납니다.

우리를 치료하는 곳은 우리가 쌓아 올린 업적이나 높은 지위가 아닙니다. 교회에 와서조차 "나는 목사다. 장로다. 세상에서 이런 사람이다"라고 명함을 내밀고 있다면 우리는 아직 갑옷을 벗지 못한 나아만과 같습니다. 하나님은 우리를 '장관'으로 대우하지 않으십니다. 하나님은 우리를 '치료가 필요한 환자'로 대우하십니다. 그리고 그것이야말로 우리가 살 수 있는 유일한 길입니다.

7. 십자가의 은혜라는 강물로

사랑하는 성도 여러분, 이제 우리도 나아만처럼 그 화려한 갑옷을 좀 벗었으면 좋겠습니다. 남들에게 보이고 싶지 않아 꽁꽁 싸매고 있던 그 죄의 환부를 정직하게 하나님 앞에 내놓읍시다. "주님, 저도 나병 환자입니다. 십자가의 보혈이 아니면 저는 도저히 깨끗해질 수 없는 죄인입니다"라고 고백하며 은혜의 강물 속으로 풍덩 뛰어듭시다.

하나님은 우리의 지위를 보지 않으시고 우리의 실상을 보십니다.

그리고 그 실상을 깨닫고 나아오는 자들에게, 당신의 아들을 죽여 흘리신 그 보혈의 강물로 우리를 씻어 주십니다. 나아만이 일곱 번 씻어 어린아이같이 된 것처럼 십자가 앞에 엎드리는 자마다 새로운 피조물로 다시 태어나게 하십니다.

몸을 깨끗하게 치료하시는 곳, 우리를 진짜 살게 하는 곳은 오직 십자가뿐입니다. 오늘 그 은혜의 강가에서 우리의 모든 무거운 갑옷을 벗어 던지고 어린아이 같은 순수한 기쁨으로 다시 태어나는 저와 여러분이 되시기를 주님의 이름으로 간절히 부탁드립니다. 아멘.

● 제목 : 무너진 관계의 회복
  - 율법의 끝에서 만난 새 언약
● 본문 : 예레미야 31장 31~34절

1. 서론 : 왜 우리는 항상 '조건' 에 매여 살까요?

우리가 사는 현대 사회는 철저하게 '성과와 조건' 의 원리로 돌아갑니다. 직장에서는 연봉 협상을 위해 성과를 증명해야 하고, 관계에서는 상대의 기대치를 충족시켜야 사랑받습니다. 이러한 사회적 배경은 우리의 영성에도 깊은 그림자를 드리웁니다. 우리는 무의식중에 "내가 이만큼 노력했으니, 하나님도 나를 이만큼 대우하셔야 한다"는 이른바 '옛 언약적 사고' 에 갇혀 있습니다.

오늘 본문에서 예레미야는 충격적인 선포를 합니다. 하나님께서 '새 언약' 을 맺으시겠다는 것입니다. 이 말은 곧, 이전에 하나님과 우리 사이에 맺었던 방식으로는 더 이상 희망이 없다는 선언입니다.

2. 옛 언약의 실패 : 왜 율법은 우리를 구원하지 못했는가?

32절을 보면, 하나님은 이스라엘 조상들의 손을 잡고 이집트에서 인도해 내시던 날에 맺은 언약(시내산 언약)을 언급하십니다. 하나님은 그들의 '남편'이 되어주셨지만 그들은 언약을 깨뜨렸습니다.

여기서 질문이 생깁니다. 하나님은 왜 지키지도 못할 율법(옛 언약)을 먼저 주셨을까요? 처음부터 자비로 구원하시면 안 되었을까요? 팀 켈러 목사님은 이렇게 답할 것입니다. "율법은 우리를 구원하기 위해 주신 것이 아니라 우리가 얼마나 구원이 필요한 존재인지를 깨닫게 하려고 주신 것입니다."라고 말입니다.

옛 언약의 원칙은 "행하라, 그러면 살리라"입니다. 하지만 이스라엘의 역사는 "행하지 못했고, 그래서 죽게 되었다"는 실패의 기록입니다. 29절과 30절에서 사람들이 "조상들이 신 포도를 먹어서 내 이가 시다"라고 핑계 대는 것을 보십시오. 그들은 자기 잘못을 인정하기보다 환경과 조상을 탓합니다. 하지만 하나님은 단호하게 말씀하십니다. "아니다. 네가 먹은 포도 때문에 네 이가 신 것이다." 율법은 우리가 누구의 핑계도 댈 수 없는 죄인이라는 실상을 거울처럼 비춰줍니다.

3. 새 언약의 혁명 : '밖'에서 '안'으로의 이동

옛 언약은 돌판에 기록되었습니다. 우리 '밖'에 있었죠. 그래서 우리는 그 법을 의식하며 억지로 지키려 하거나 지키는 척하며 위선을 떨었습니다. 하지만 새 언약은 다릅니다. 33절을 보십시오.

"내가 나의 법을 그들의 속에 두며 그들의 마음에 기록하여."

이것은 혁명적인 변화입니다. 이제 순종은 외부의 압박에 의한 '의무'가 아니라 변화된 마음에서 흘러나오는 응답의 '표현'이 됩니다. 예전에는 "벌받을까 봐 지켰다면", 이제는 "하나님이 너무 좋아서 지키게 되는 것"입니다.

새 언약은 인간의 실천을 요구하지 않습니다. 대신 하나님의 실천을 선포합니다. 우리가 하나님의 법을 지키는 데 실패했기 때문에 하나님께서 친히 우리 마음에 그 법을 새기시고 "나는 그들의 하나님이 되고 그들은 내 백성이 될 것"이라고 일방적으로 선포하신 것입니다.

4. 왜 '옛 언약'이 먼저 있어야만 했는가?

여기서 우리는 하나님의 지혜를 발견합니다. 옛 언약의 처절한 실패를 경험하지 않은 채 받는 자비는 우리를 '감사하는 백성'으로 만들지 못합니다. 율법 앞에서 자신의 무능함을 뼈저리게 느껴본 사람만이, "내가 한 것이 아무것도 없는데 하나님이 나를 받아주셨다"는 사실에 감격합니다. 옛 언약은 우리를 절망으로 밀어 넣지만, 그 절망의 끝에서 우리는 비로소 '은혜'라는 단어를 제대로 배우게 됩니다. 새 언약은 단순히 구원의 수단이 아닙니다. 하나님의 자비와 긍휼을 마음에 담아 그분을 마음껏 찬송하는 '진짜 백성'을 만들기 위한 하나님의 설계입니다.

5. 그리스도 안에서 성취된 새 언약

그렇다면 이 새 언약은 어떻게 우리 마음에 기록될까요? 예레미야가 바라본 이 환상은 예수 그리스도에게서 완성되었습니다. 예수님은 최후의 만찬에서 잔을 드시며 말씀하셨습니다. "이 잔은 내 피로 세우는 새 언약이니….”

예수님은 옛 언약의 요구(율법의 완성과 죄의 형벌)를 십자가에서 다 짊어지셨습니다. 그분은 가장 완벽한 '남편'으로서, 언약을 어긴 신부인 우리를 위해 대신 죽으셨습니다. 이제 성령이 오셔서 우리 마음에 새기시는 법은 바로 '예수 그리스도의 사랑'입니다.

이제 우리는 '여호와를 알라'고 이웃에게 강요할 필요가 없습니다(34절). 가장 작은 자부터 큰 자까지 예수 그리스도의 십자가를 통해 하나님이 얼마나 우리를 사랑하시는지, 그분의 긍휼이 얼마나 깊은지를 직관적으로 알게 되었기 때문입니다.

6. 결론 : 성과급 인생에서 은혜의 인생으로

여러분, 아직도 “내가 이만큼 하면 하나님이 복 주시겠지”라는 옛 언약 방식에 매여 계십니까? 그것은 하나님을 아는 것이 아니라 하나님을 거래 대상으로 보는 것입니다. 새 언약은 우리에게 말합니다. “너의 행함이 아니라 하나님의 자비가 너를 복된 자리에 있게 했다.” 이 사실이 믿어질 때, 우리는 비로소 성과 중심의 피곤한 삶에서 벗어나 기쁨의 순종으로 나아갈 수 있습니다.

우리 마음에 기록된 하나님의 법, 즉 예수 그리스도를 바라보십시오. 그분 안에서 여러분은 이미 하나님의 완벽한 백성으로 인정받았습니다. 이 놀라운 새 언약의 은혜를 찬송하며, 조건 없는 사랑에 반응하는 자유로운 삶을 사시기를 축복합니다.

- 제목 : 진노의 폭풍 속에서 발견한 영광의 피난처
- 본문 : 하박국 3장 16~19절

1. 우리의 안일함을 깨부수는 하나님의 진노

사랑하는 여러분, 오늘 우리는 하박국 선지자의 비명 섞인 기도를 대면하고 있습니다. 여러분은 하나님을 어떤 분으로 생각하십니까? 그저 우리가 원할 때 위로를 주고 죄를 지어도 허허 웃으며 대충 넘어가 주시는 인자한 할아버지 같은 분으로 생각하십니까? 만약 그렇다면 여러분은 성경이 말하는 진짜 하나님을 아직 만나지 못한 것입니다.

하박국은 보았습니다. 하나님의 공의가 이 땅의 악을 그냥 지나치지 않으신다는 사실을 말입니다. 하박국 1장에서 그는 절규합니다. "하나님, 세상이 이 지경인데 왜 가만히 계십니까?" 그때 하나님의 대답은 충격적이었습니다. "내가 저 잔인한 바벨론 군대를 들어 이 땅을 피로 씻어내겠다."

여러분, 이 말씀을 현대의 우리에게 대입해 보십시오. 여러분이 쌓아 올린 커리어, 통장의 잔고, 안락한 아파트, 자녀의 성공… 하나님께서 이것들을 한순간에 흩으실 수 있다는 경고입니다. 조나단 에드워즈는 말했습니다. "하나님의 진노는 당장이라도 여러분을 집어삼킬 듯이 팽팽하게 당겨진 활시위와 같다." 여러분이 지금 숨을 쉬고 있는 것은 여러분이 잘나서가 아니라 오직 하나님의 자비가 그 활시위를 잠시 붙들고 계시기 때문입니다. 이 엄중한 사실 앞에 우리는 먼저 떨어야 합니다.

2. 창자가 흔들리는 공포, 그 정직한 직면

본문 16절을 보십시오. 하박국은 심판의 소식을 듣고 "창자가 흔들리고 입술이 떨렸다"고 했습니다. 뼈가 썩는 것 같다고 했습니다. 이것이 하나님 앞에 선 인간의 정직한 상태입니다.

오늘날 현대인들은 이 '거룩한 두려움'을 잃어버렸습니다. 우리는 지옥이라는 단어를 세련되지 못한 것으로 취급하고 심판을 구석기 시대의 유물처럼 여깁니다. 하지만 여러분, 진짜 복음은 진노의 깊이를 아는 사람에게만 보석처럼 빛나는 법입니다.

생각해 보십시오. 바벨론의 말발굽 소리가 들려오고 여러분의 모든 소유가 불타버릴 상황에서 여러분은 무엇을 붙드시겠습니까? 하박국은 깨달았습니다. 인간이 의지하던 모든 환경과 조건이 사실은 얼마나 모래성 같은 것인지를 말입니다. 하나님은 때로 우리를 가장 밑바닥까지 떨어뜨리십니다. 왜일까요? 그 밑바닥에 가서야 비로소 변하지 않는 반석이신 하나님을 발견하기 때문입니다.

3. 복음의 본질 : 심판은 구원의 '관문' 입니다

자, 이제 반전이 일어납니다. 하박국은 왜 떨면서도 동시에 노래할 수 있었을까요? 여기서 하나님의 심판은 단순히 파괴하기 위함이 아니라 '진짜' 를 구별해 내기 위한 거룩한 세탁입니다.

하나님은 말씀하셨습니다. "오직 의인은 그의 믿음으로 말미암아 살리라." 이 말씀은 "심판의 불길이 치솟을 때, 오직 나의 약속을 붙든 자만이 그 불길을 통과하여 정금같이 나오리라"는 뜻입니다.

사랑하는 성도 여러분, 복음은 우리가 심판을 피하게 해주는 부적이 아닙니다. 복음은 '심판을 뚫고 지나가게 하는 능력' 입니다. 하나님은 소돔을 멸하실 때 롯을 끄집어내셨고, 홍수로 세상을 덮으실 때 노아를 방주에 태우셨습니다. 심판은 악인에게는 멸망의 낭떠러지이지만 믿는 자에게는 하나님의 품으로 들어가는 '관문' 이 됩니다.

그 절정을 어디에서 찾을 수 있습니까? 바로 십자가입니다. 인류 역사상 가장 무서운 하나님의 진노가 쏟아진 곳이 어디입니까? 바벨론의 침공입니까? 아닙니다. 바로 독생자 예수 그리스도가 매달린 골고다 언덕입니다. 하나님은 우리에게 쏟으셔야 할 그 모든 분노와 저주를 당신의 아들에게 다 쏟아부으셨습니다. 그래서 이제 그리스도 안에 있는 자들에게는 심판이 더 이상 형벌이 아니라 영광으로 가는 통로가 된 것입니다.

4. 무화과나무가 없을지라도 : 기쁨의 근원을 바꾸십시오.

드디어 하박국은 그 유명한 고백을 터뜨립니다. "비록 무화과나

무가 무성하지 못하며… 외양간에 소가 없을지라도 나는 여호와로 말미암아 즐거워하리로다!"(합 3:17-18).

조나단 에드워즈는 성도의 기쁨은 '신적인 빛'에서 온다고 했습니다. 세상 사람들이 주식 차트를 보고 웃고 울 때, 성도는 자기 영혼을 구원하신 하나님의 아름다움을 보고 웃습니다.

여러분에게 묻겠습니다. 만약 오늘 여러분의 사업이 망하고 건강을 잃고 주변 사람이 다 떠나도 "나는 하나님 한 분만으로 충분히 행복합니다"라고 말할 수 있습니까? 이것이 진짜 믿음의 수준입니다. 하박국은 이제 소유물이 아니라 '하나님 자신'을 소유하게 되었습니다.

바벨론이 쳐들어와 모든 것을 뺏어가도 그들은 하박국의 하나님은 뺏어갈 수 없었습니다. 여러분이 겪는 고난, 경제적 위기, 질병… 이것들은 여러분의 겉치레를 다 벗겨낼 것입니다. 하지만 걱정하지 마십시오. 하나님은 여러분의 불필요한 껍데기를 태우시고 그 안에 결코 타지 않는 그리스도의 생명을 남기길 원하십니다.

5. 사슴의 발로 높은 곳을 달리는 삶

마지막 19절을 보십시오. "주 여호와는 나의 힘이시라. 나의 발을 사슴과 같게 하사 나를 나의 높은 곳으로 다니게 하시리로다."

사슴은 평지를 달리는 동물이 아닙니다. 가파른 절벽과 험한 바위산을 탑니다. 우리 인생도 마찬가지입니다. 하나님은 우리를 고난 없는 꽃길로 인도하시겠다고 약속하지 않으셨습니다. 대신, 어떤 험한 심판의 골짜기라도 사슴처럼 가볍게 뛰어넘을 수 있는 '하늘의 능력'을 주겠다고 하십니다.

성도 여러분, 부흥을 꿈꾸십니까? 부흥은 교회가 커지는 것이 아닙니다. 부흥은 우리 영혼이 하나님의 거룩한 임재 앞에 압도되어, 세상의 환난 따위는 발아래로 내려다보며 사슴처럼 뛰어노는 상태가 되는 것입니다.

예수 그리스도께서 이미 심판을 이기셨습니다. 그분이 이미 사망의 권세를 깨뜨리셨습니다. 그러니 더 이상 세상의 파도 소리에 겁먹지 마십시오. 여러분의 발을 사슴과 같게 하시는 그분을 의지하십시오. "진노 중에라도 긍휼을 잊지 않으시는" 그 하나님이 지금 여러분의 손을 붙들고 계십니다.

그리스도 대속의 은혜 안에서 심판을 넘어 영광의 높은 곳으로 나아가는 여러분이 되시기를 주님의 이름으로 축복합니다. 아멘.

● 제목 ; 심판의 불길 속에서 부르는 승리의 이름
● 본문 : 요엘 2장 18~32절

1. 우리가 부르는 '하나님'은 진짜 하나님입니까?

여러분, 오늘 우리 마음속 깊은 곳을 한번 정직하게 들여다봅시다. 우리는 오늘 이 자리에 '하나님'의 이름을 부르러 왔습니다. 그런데 말입니다. 우리가 부르는 그 하나님은 과연 누구입니까? 사실 많은 분이 부르는 하나님은 성경의 하나님이라기보다 '내가 만들어 낸 하나님'인 경우가 참 많습니다.

내가 원할 때 복을 주시고 내 기분 맞춰주시고 모든 종교가 다 같이 허허허 웃으며 대화할 수 있는 그런 막연한 신성(神性) 말입니다. 하지만 여러분, 성경을 보십시오. 성경 속 진짜 하나님, 즉 '주(Lord) 여호와'의 이름은 결코 그렇게 두루뭉술하게 나타나지 않습니다. 하나님의 이름이 등장하는 곳엔 언제나 '대적'이 있고 그 대적을 무너뜨리는 '전쟁'이 있습니다.

왜일까요? 하나님의 이름은 그분의 원수가 발각되는 그 순간, 그 원수의 손아귀에 갇혀 있는 자기 백성을 탈탈 털어서 건져내시는 '구원의 작전명'이기 때문입니다. 그러니 하나님의 이름을 부른다는 건, 자기가 지금 어떤 무서운 세력에 갇혀 있었는지를 처절하게 깨닫는 것에서부터 시작해야 합니다.

2. 성령, 승리의 전리품을 들고 오시는 분

여기서 우리는 아주 중요한 질문을 마주합니다.

"나는 어떻게 예수를 믿게 되었는가?"

여러분, 구원은 내가 결단해서 얻는 게 아닙니다. 우리가 사탄의 집 안에 갇힌 세간살이였다고 생각해 보십시오. 강도(사탄)가 꽉 움켜쥐고 있는데, 물건이 제 발로 걸어 나올 수 있습니까?

불가능합니다!

그래서 예수님이 말씀하셨습니다. "먼저 강한 자를 결박해야 그 집을 털 수 있다"고요. 예수님은 십자가에서 그 강한 자, 사탄의 머리를 박살 내셨습니다. 그리고 그 승리의 소식을 우리 가슴 속에 실제 사건으로 배달해 주시는 분이 바로 성령님이십니다.

성령이 찾아오지 않으셨는데 내가 예수님을 믿는다? 그건 내 의지가 만든 가짜 믿음일 확률이 높습니다. 성령님은 십자가라는 거대한 승리 사건을 들고 우리 인생에 개입하십니다. 우리를 꽉 쥐고 있던 원수를 결박하고 우리를 그 지옥의 집에서 끄집어내시는 겁니다. 그래서 성령 세례를 받은 사람의 입에선 이런 고백이 나올 수밖에 없습니다.

"아! 내 능력으로는 도저히 믿을 수 없었는데, 하나님이 나를 강제로 이끌어 내셨구나!"

3. 피와 불, 그리고 십자가의 어둠

요엘 선지자는 성령이 부어지기 전에 무서운 이적이 일어날 것이라고 예언합니다. 피와 불과 연기 기둥, 그리고 해가 어두워지는 사건 말입니다. 여러분, 해가 어두워졌던 날을 기억하십니까? 바로 우리 주님이 십자가에서 못 박혀 돌아가시던 그 오후입니다. 온 우주가 숨을 죽이고 창조주의 죽음을 애도하며 어둠에 잠겼습니다.

세상은 그날 끝난 것이나 다름없었습니다. 하지만 여러분, 놀라지 마십시오. 세상이 피바다가 되고 불바다가 된다고 할지라도 성령의 인치심을 받은 자들은 그 심판의 한복판에서 노래합니다. 왜냐고요? 노아의 방주를 생각해 보세요. 홍수 심판이 터졌을 때 물이 깊어질수록 방주는 더 높이 떠올랐습니다. 물이 없으면 방주는 그냥 나무 상자에 불과합니다.

구원이란 바로 그런 겁니다. 심판이라는 배경이 있어야 구원이 구원답게 빛나는 법입니다. 세상이 멸망해 갈 때, 우리가 붙잡고 있는 방주가 무엇인지 비로소 드러나는 것입니다. 성령을 받은 사람은 세상의 종말을 보며 벌벌 떠는 사람이 아니라 그 너머에 있는 새 하늘과 새 땅을 보며 주의 이름을 부르는 사람입니다.

4. 주의 이름을 부르는 자는 누구인가?

그렇다면 32절에 나오는 "누구든지 여호와의 이름을 부르는 자는 구원을 얻으리라"는 말씀의 진짜 의미가 뭘까요? 이건 그냥 입술로 "주여, 주여" 하는 게 아닙니다. 이 '부름'은 하나님의 일방적인 스케줄에 내가 완전히 항복하고 합류되는 사건입니다.

출애굽 할 때 이스라엘 백성들을 보세요. 그들이 "제발 우리 좀 구원해주세요"라고 데모해서 나왔습니까? 아닙니다. 그들은 애굽의 부추와 마늘을 더 좋아했습니다. 그런데 하나님이 일방적으로, 강제로 그들을 끌어내셨습니다. 애굽과 찰떡처럼 붙어있던 그들을 떼어낼 때, 그 사이를 흐른 것이 바로 '어린양의 피'였습니다.

구원은 내 인생 잘 풀리라고 주시는 보너스가 아닙니다. 구원은 주님이 하시는 거대한 일에 나를 끼워 넣어주시는 영광스러운 초대입니다. "나는 아무것도 아닙니다. 오직 주의 피만이 나를 살립니다!" 이 고백이 터져 나오는 것, 그것이 바로 주의 이름을 부르는 것입니다.

5. 성령 세례가 주는 가장 큰 기쁨

마지막으로, 성령님이 우리에게 오셔서 하시는 가장 핵심적인 일을 말씀드리겠습니다. 그것은 바로 우리를 원수에게서 떼어내어 '하나님의 소유'로 확정 짓는 것입니다. 원수가 우리를 붙들고 있던 손아귀를 하나님이 정복하셨다는 증거로 우리에게 '성령'이라는 도장을 꽝 찍어주시는 겁니다.

그때부터 우리는 천국 시민으로 신분이 바뀝니다. 전에는 내 이름, 내 자존심, 내 성공을 위해 살았지만, 이제는 '주의 이름'을 부르며 그분의 영광을 위해 삽니다. 성령이 아니하고는 절대로 예수를

"주"라고 부를 수 없습니다.

　사랑하는 성도 여러분, 오늘 이 지성적이고도 뜨거운 복음의 초청 앞에 서십시오. 내 힘으로 믿으려 애쓰지 말고 내 영혼에 성령의 비를 내려달라고 간구하십시오. 심판의 불길이 치솟는 세상 속에서도 어린양의 피를 의지해 주의 이름을 부르는 자들에게는 시온산의 피난처가 준비되어 있습니다. 그 놀라운 구원의 합창에 참여하는 여러분이 되시기를 주님의 이름으로 간절히 축복합니다! 아멘.

Chapter 3. 신약 설교 설계 〈샘플〉

- 제목 : 지각에 뛰어난 하나님의 평강
- 본문 : 빌립보서 4장 4~7절

서론 : 마음이 찢겨 있는 우리에게

(로이드 존스, 영적 상태에 대한 정교한 진단)

사랑하는 성도 여러분, 오늘날 우리는 1세기 감옥에 갇혔던 바울보다 더 심각한 마음의 분열을 경험하며 살아가고 있습니다. 본문에서 말하는 '염려'의 헬라어 원어적 의미는 '마음이 산산조각 난 상태'를 뜻합니다. 우리가 이토록 불안한 이유는 단지 환경이 나빠서가 아니라 하나님께 고정되어야 할 우리 마음이 세상 걱정으로 인해 여러 갈래로 찢겨 있기 때문입니다.

본론 : 염려를 평강으로 바꾸는 신앙의 원리

(해돈 로빈슨, 하나의 주제를 향한 논리적 빌드업)

1. 기쁨은 감정이 아니라 주 안에서 내리는 의지의 선택입니다.

바울은 감옥이라는 최악의 결핍 속에서도 "기뻐하라"고 단호하게 명령합니다. 기쁨은 상황에 따라 휘둘리는 가변적인 감정이 아니기 때문입니다. 참된 기쁨은 '주 안에서' 내리는 결단이자 신앙적 태도입니다. 우리가 어떤 형편에서든 주님 안에 거하기로 선택할 때, 환경을 초월하는 하늘의 기쁨이 시작됩니다.

2. 기도는 염려라는 재료를 감사라는 그릇에 담아 하나님께 넘기는 과정입니다.

염려를 해결하는 유일한 길은 기도를 통해 그 무게 중심을 옮기는 것입니다. 기도는 단순히 요구 사항을 나열하는 행위가 아닙니다. 내게 닥친 '염려'라는 재료를 '감사'라는 그릇에 담아 하나님께 통째로 맡겨 드리는 거룩한 작업입니다. 우리가 감사함으로 아뢸 때, 비로소 내 안의 무거운 짐이 하나님께로 이동하게 됩니다.

3. 응답의 본질은 상황의 변화보다 마음의 통치권이 이동하는 데 있습니다.

우리는 보통 상황이 바뀌기를 기도하지만, 하나님의 첫 번째 응답은 대개 '평강'으로 찾아옵니다. 우리의 지각을 뛰어넘는 하나님의 평강이 우리 마음에 찾아와 '파수꾼'이 되어 주십니다. 문제는 그대로일지라도 그 문제를 바라보는 내 마음의 중심을 하나님이 장악하시는 것, 이것이 바로 가장 강력한 기도의 응답입니다.

결론 : 우리 마음의 파수꾼을 교체하십시오

(팀 켈러, 내면의 우상을 깨뜨리는 복음적 결단).

우리가 여전히 불안 속에 머무는 이유는 돈이나 성공, 혹은 사람의 평판을 내 마음의 파수꾼으로 세워두었기 때문입니다. 그러나 그런 것들은 결코 우리 영혼을 지켜주지 못합니다. 이제 이 헛된 우상을 내려놓고 그리스도의 평강을 우리 마음의 진정한 문지기로 모셔야 합니다. 기도를 통해 내면의 통치권을 하나님께 온전히 이양하십시오. 그때 비로소 세상이 줄 수 없는 초월적인 안식이 여러분의 삶을 덮게 될 것입니다.

이 설교는 결국 성도들에게 "기도하십시오"라는 구호만 외치는 것이 아니라 왜 기도가 실제적인 힘을 발휘하는지 논리적이고 영적으로 설득한다. 기도는 우리가 통제할 수 없는 미래를 통제 가능한 하나님께 맡기는 거룩한 통치권의 이양이다. 이때 비로소 세상이 줄 수 없는 평강이 성도의 마음과 생각을 지키게 된다.

Chapter 4. 신약 설교 실제편

[신약의 그리스도]

십자가의 완성으로 본 신약 설교 예는 다음과 같다.

- 해돈 로빈슨의 설교 유형
- 브라이언 채플의 설교 유형
- 찰스 스펄전의 설교 유형
- 조나단 에드워즈의 설교 유형
- 유진 로우리의 설교 유형
- 조나단 에드워즈의 설교 유형
- 존 스토트의 설교 유형

● 제목 : 인생의 번지수를 잘못 찾은 우리에게 던지는 주님의 질문
● 본문 : 마태복음 9장 1~13절

1. 우리가 기대하는 예수, 주님이 오신 진짜 이유

여러분, 우리는 누군가를 만날 때 각자 나름의 '기대치'를 가지고 만납니다. 특히 그분이 대단한 능력을 갖춘 분이라면 더욱 그렇죠. 오늘 본문에서 예수님은 당신의 '본 동네' 가버나움으로 돌아오셨습니다. 소문은 이미 파다했습니다. "그분이 오셨다! 나병도 고치고 귀신도 쫓아냈던 그분이 우리 동네에 왔다!"

사람들은 침상에 실려 온 중풍 병자를 보며 숨을 죽였습니다. 그들의 머릿속엔 오직 한 가지 생각뿐이었습니다. "자, 이제 기적이 일어날 차례야. 저 굳어버린 다리가 펴지고 근육이 살아나는 쇼를 구경해보자!" 사람들은 예수님을 '최고의 명의'나 '문제 해결사'로 기대하며 몰려들었습니다. 우리 역시 마찬가지 아닙니까? 우리는 예수님이 내 비즈니스를 성공시키고 내 몸의 질병을 고쳐주고 내 자녀의 앞

길을 열어줄 '방문객'이 되길 바라지 않습니까? 우리가 바라는 예수는 언제나 '땅의 유익'을 주는 분입니다.

2. 주님의 충격 요법 : "안심하라, 네 죄 사함을 받았느니라."

그런데 여기서 예수님이 사람들의 기대를 완전히 무너뜨리십니다. 침상에 누운 환자를 향해 주님이 던지신 첫마디는 "일어나 걸어라"가 아니었습니다. "작은 자야 안심하라, 네 죄 사함을 받았느니라"(2절)였습니다.

이 말은 현장에 있던 모든 사람에게 찬물을 끼얹는 돌발 선언이었습니다. 종교 지도자들은 속으로 비웃으며 분노했습니다. "지금 신성모독을 하는구나! 죄는 하나님만 용서하시는 건데, 이 젊은 청년이 자기가 뭐라고 죄를 용서한다고 하나?" 사람들은 황당했을 겁니다. "지금 다리가 마비된 사람한테 죄 용서가 무슨 소용이야? 배고픈 사람한테 도덕책 읽어주는 것과 뭐가 달라?"

예수님은 그들의 불쾌한 침묵을 꿰뚫어 보시고 질문하십니다. "네 죄 사함을 받았느니라 하는 말과 일어나 걸어가라 하는 말 중 어느 것이 쉽겠느냐?"(5절) 여러분, 어느 쪽입니까? 둘 다 인간에게는 불가능합니다. 그러나 주님은 이 질문을 통해 병 고침과 죄 사함이 사실은 한 뿌리에서 나온 것임을 보여주십니다. 주님이 병을 고치신 진짜 목적은, 그분이 이 세상에서 '죄를 사하는 절대적 권세'를 가진 하나님 나라의 주인임을 입증하기 위한 '시청각 자료'였던 것입니다.

3. 기적은 '목적지'가 아니라 '화살표'입니다

본문이 말하는 ‘기적’ 자체에 머물지 말고 그 기적이 ‘무엇을 가리키는가’를 봐야 합니다. 예수님이 행하신 이적은 그분에게 죄를 사하는 권능이 있음을 알게 하려는 ‘하늘의 전단지’입니다(6절). (로빈슨의 설교핵심)

우리는 중풍 병자가 고침받은 것에 환호하지만, 냉정하게 생각해 보십시오. 그 중풍 병자는 그날 고침을 받았어도 결국 다시 늙고 병들어 무덤으로 갔을 것입니다. 육신의 치유는 죽음을 잠시 유예할 뿐입니다. 하지만 ‘죄 용서’는 다릅니다. 그것은 영원한 형벌인 지옥에서 우리를 건져내는 본질적인 구원입니다.

주님이 병을 고치시는 행위는 이 세상이 죄로 인해 얼마나 처참하게 망가졌는지를 고발하는 것입니다. “원래 인간은 이런 모습이 아니었는데, 죄 때문에 이렇게 폐허가 되었구나!” 주님은 망가진 창조 세계를 다시 고치러 오셨습니다. 병 고침은 새 시대가 왔다는 징조이며, 참된 표적인 ‘십자가’를 향해 가는 과정일 뿐입니다. 그러므로 기적에 감탄하지 말고 기적의 주인이신 ‘예수’께 관심을 두십시오. 당신의 고통스러운 현실보다 더 시급한 것은 당신의 영혼이 용서받았느냐는 문제입니다.

4. 부르심의 파격 : 세관에 앉은 마태를 지목하시다

이어지는 9절에서 주님은 또 다른 충격적인 일을 하십니다. 길을 가시다 세관에 앉아 있는 ‘마태’를 보시고 “나를 따르라”고 하십니다. 당시 세리는 로마의 앞잡이로 불리던, 유대 사회에서 가장 멸시받는 죄인의 대명사였습니다. 그런데 주님은 그를 제자로 부르십니다.

이 장면에서 주목할 것은 마태의 반응입니다. 그는 어떤 질문도 하지 않고 즉시 일어나 주님을 따릅니다. 이것이 어떻게 가능할까요? 마태가 착해서입니까? 아닙니다. 이것은 '말씀의 창조적 능력'입니다. 허물과 죄로, 영적으로 죽어 있던 인간은 스스로 생명의 빛을 선택할 능력이 없습니다. "너희가 나를 택한 것이 아니요 내가 너희를 택하여 세웠다"(요 15:16)는 말씀처럼 주님이 먼저 찾아오셔서 마태의 죽은 영혼을 흔드셨기에 그가 일어난 것입니다. 오늘 우리가 이 자리에 있는 것도 우리가 똑똑해서가 아니라 주님이 우리를 지목하여 부르셨기 때문입니다.

5. 의인들의 트집과 의사 되신 주님의 선언

마지막으로 식탁의 풍경을 보십시오. 마태의 집에서 예수님이 세리와 죄인들과 함께 식사하십니다. 자칭 의인이라는 바리새인들이 이 장면을 놓칠 리 없습니다. "어찌하여 너희 선생은 이런 쓰레기 같은 인간들과 어울리느냐?" 그들은 거룩함을 '분리' 라고 생각했습니다.

하지만 주님은 거룩함을 '치유' 라고 정의하십니다. "건강한 자에게는 의사가 쓸데없고 병든 자에게라야 쓸데 있느니라. …나는 의인을 부르러 온 것이 아니요, 죄인을 부르러 왔노라"(12-13절).

여기에 복음의 가장 큰 위로와 도전이 있습니다. 예수님은 스스로 '도덕적으로 완벽하다' 고 착각하는 사람을 위해서는 하실 일이 없습니다. 병원에는 환자임을 인정하는 사람만 오듯이, 하나님 나라에는 자기가 얼마나 소망 없는 죄인인지를 깨달은 사람만 들어옵니다. 주님은 지금 당신에게 "내가 긍휼을 원하고 제사를 원하지 않는다고 하신 뜻을 배우라"고 하십니다. 껍데기뿐인 종교적 행위가 아니라 당신의 무능함을 인정하고 주님의 긍휼을 구하는 그 상한 심령을 원하신다는 뜻입니다.

6. 결론: 당신의 식탁에는 누가 앉아 있습니까?

오늘 설교의 중심 내용(빅 아이디어)을 다시 정리해 봅시다. 예수님은 당신의 육신을 잠시 고치러 오신 '서비스 제공자'가 아닙니다. 그분은 당신의 죄라는 근본적인 마비를 해결하러 오신 '영혼의 집도의'이십니다.

자신이 죄인임을 모르는 바리새인에게 예수님은 불쾌한 존재일 뿐이지만, 자신이 죄인임을 아는 마태에게 예수님은 유일한 생명입니다. 여러분은 오늘 어떤 모습으로 주님 앞에 서 있습니까? 의인이라는 가면을 쓰고 주님을 평가하고 계십니까, 아니면 "주님, 저는 제 죄를 스스로 해결할 수 없는 중풍 병자입니다"라고 엎드려 있습니까?

용서받은 죄인이 주님과 함께 식사하는 곳, 그 은혜의 잔치가 바로 천국입니다. 오늘 이 시간, 기적이 아닌 표적이신 예수 그리스도를 만나십시오. 그리하여 죄 용서의 기쁨으로 주님과 함께 영원한 식탁에 앉는 여러분이 되시기를 주님의 이름으로 간절히 축원합니다.

- 제목 : 성과급 인생인가, 은혜의 기쁨인가?
- 본문 : 마태복음 20장 1~16절

1. 출근하는 아침, 우리를 지배하는 '성과주의' 의 공포

여러분, 아침 출근 알람 소리에 눈을 뜰 때 어떤 생각이 드십니까? "오늘도 가서 내 몫을 해내야 한다", "남들에게 뒤처지면 안 된다"는 압박감이 영혼을 짓누르지 않습니까? 현대 직장인에게 세상은 거대한 인력시장입니다. 스펙이 좋아야 선택받고 성과를 내야 생존하며 고과를 잘 받아야 연봉이 오릅니다. 철저하게 'Input' (노력)에 따른 'Output' (보상)이 지배하는 세상입니다.

오늘 본문에 나오는 포도원 주인도 새벽 6시에 인력시장에 나갑니다. 거기엔 '에이스' 들이 줄 서 있습니다. 젊고 건강하고 기술 좋은 일꾼들입니다. 주인은 그들과 '하루 1데나리온' 이라는 명확한 일당 계약서를 쓰고 포도원이라는 사무실로 들여보냅니다. 아침 일찍 선택받았다는 자부심, 나는 이만한 대접을 받을 자격이 있다는 확신으로 가득 차서 능력의 삽질을 시작합니다. 이들에게 인생은 '노동'이고 결과는 당연한 '보상'입니다.

2. "Who am I?" : 오후 5시, 버려진 자들의 퇴근길

그런데 이 주인은 좀 이상한 'CEO'입니다. 오전 9시, 12시, 오후 3시에도 계속 채용 공고를 냅니다. 그때 온 그들도 고용하여 들여보냈습니다. 실력의 차이는 여기서 발생합니다. 오후 5시, 퇴근하기 딱 한 시간 전입니다. 이때까지 인력시장에 남아있는 사람들은 누구일까요? 경력 기술서에 쓸 말이 없는 사람, 세상의 기준으로는 '자격 미달'인 낙오자들입니다.

주인이 묻습니다. "당신들, 왜 여기서 하루 종일 놀고 있어?" 그들이 대답합니다. "우리를 채용해 주는 회사가 한 군데도 없습니다."

여러분, 이 질문은 오늘날 구조조정의 공포 앞에 떨거나, 번아웃이 와서 "내 가치가 이것뿐인가?"라고 자책하는 우리 직장인들에게 던지는 질문입니다. 세상은 "성과 없으면 나가라"고 말하지만, 이 주인은 "자격 없어도 들어와라" 말합니다(이것은 비즈니스가 아니라 '자비'입니다).

3. 임금 지불 테이블에서 터진 갑질 논란

드디어 대망의 정산 시간, 'Pay Day'가 왔습니다. 주인은 특이하게도 가장 나중에 온 5시 퇴근 직전의 '일꾼'부터 돈을 줍니다. 한 시간 남짓 일했으니 커피값이나 주겠지 싶었는데, 웬걸요? 봉투를 열어보니 하루치 일당 1데나리온이 들어 있는 겁니다. 아침 일찍 6시에 온 품꾼들도 똑같은 1데나리온씩 지급합니다.

이 광경을 지켜보던 아침 6시 출근자들이 난리가 났습니다. "아니, 사장님! 이건 협약 위반 아닙니까? 우리는 조찬 회의부터 시작해서 늦게까지 쉬지 못하고 뙤약볕에서 등 가죽 벗겨지게 고생했는데, 저 막판에 들어와서 허접한 일 하나 한 사람하고 일당이 같다니요! 이건 공정하지 않습니다!"

여러분, 이 분노가 낯설지 않죠? 동료가 나보다 일을 덜 하는 것 같은데 일당이 높을 때, 내가 들인 노력에 비해 보상이 적다고 느낄 때 우리가 느끼는 그 '박탈감' 입니다. 아침 6시 팀은 지금 하나님 나라를 '시장 경제 체제' 로 보고 있습니다. "내가 이만큼 기여했으니, 나는 특별 대우를 받아야 한다"는 공로주의적 사고가 그들을 지배하고 있는 것입니다.

4. 사장님의 반격 : "내 선함이 왜 당신에겐 악함이 되는가?"

사장의 대답은 서늘하면서도 명확합니다. "친구여, 내가 당신과 계약한 금액을 안 줬나? 당신 몫이나 챙겨서 퇴근하게. 저 5시에 온 사람도 우리 직원이야. 그에게도 먹여 살릴 가족이 있어. 내 돈 가지고 내가 임금을 주겠다는데, 당신이 왜 고과 산정 방식을 따지고 드나? 내가 착한 게 당신 눈에는 공정하지 않아 보이나?"

여기서 우리는 생각할 문제가 있습니다. 아침 6시 팀의 치명적인 실수는 무엇입니까? 그들도 처음엔 '선택받은 은혜' 로 시작했다는 사실을 잊은 것입니다. 그들도 주인이 새벽에 불러주지 않았다면 그날 하루 공치고 굶어야 했던 '대기자' 들이었습니다. 그런데 시간이 지나자, 그 '은혜'를 자기 실력으로 얻은 '권리'라고 착각하기 시작한 겁니다. 신앙생활이 고달픈 이유는 바로 이것입니다. 은혜로 시작했다가 자꾸 '내 업적'을 계산하기 시작할 때, 감사는 사라지고 비교와 원망의 지옥이 시작됩니다.

5. 그리스도 중심의 복음 : 우리를 위한 '영원한 혜택'

사랑하는 직장인 여러분, 우리는 모두 '오후 5시의 인생들'입니다. 하나님이라는 대기업의 거룩한 기준에 합격할 만한 스펙을 가진 사람은 아무도 없습니다. 우리는 죄라는 치명적인 결함 때문에 영원히 '불합격' 통보를 받아야 마땅한 자들이었습니다.

그런데 우리 주 예수 그리스도께서 이 땅에 '완벽한 커리어'를 가지고 오셨습니다. 그분은 하나님의 모든 율법을 완벽하게 수행하신 '최고의 실적자'이셨습니다. 그런데 그분이 십자가에서 어떤 일을 하셨습니까? 자기가 평생 쌓아온 그 어마어마한 '의로움의 성과급'을 우리 통장에 꽂아주셨습니다. 그리고 우리가 저지른 모든 '업무 과실'과 '죄의 빚'을 당신의 계좌로 가져가셨습니다.

이것이 바로 복음의 '거룩한 교환'입니다. 우리는 1시간도 제대로 일하지 않은 부실한 일꾼인데 예수님이 온종일 땀 흘려 번 '천국 시민권'이라는 연봉을 똑같이 받게 된 것입니다.

6. 적용 : 이제 '노동'이 아닌 '축제'로 출근하십시오.

여러분의 신앙생활이 혹시 '연봉 협상' 같지는 않습니까? "하나님, 제가 이번 달에 이만큼 봉사했는데 왜 제 삶의 고과는 이 모양입니까?"라고 따지고 계십니까? 그건 당신이 지금 은혜의 영역에서 벗어나 세상의 '성과급 체제'로 돌아갔다는 신호입니다.

복음은 우리에게 말합니다. "이미 다 받았다. 예수님이 다 벌어놓으셨다." 이 사실을 믿는 사람은 더 이상 옆 사람의 봉투를 훔쳐보며 질투하지 않습니다. 오히려 나 같은 낙오자를 불러주신 사장님의 선하심에 감격하며 즐겁게 감사의 삽질을 합니다. 이때 노동은 '생존을 위한 고역'이 아니라 '사랑에 대한 응답'이 됩니다.

내일 아침, 다시 지옥철에 몸을 실을 때 기억하십시오. 당신은 성과로 증명해야 하는 존재가 아니라 이미 그리스도의 공로로 '최고 고과'를 확정받은 하나님의 자녀입니다. 세상이 당신의 가치를 연봉으로 매길 때, "나에겐 주님이 주신 영원한 연봉이 있다"고 선포하십시오.

내 공로를 자랑하는 '피곤한 정규직'이 아니라 주님의 선하심에 춤추는 '행복한 은혜의 수혜자'로 살아가시기를 주님의 이름으로 축원합니다.

● 제목 : 하늘의 사냥개
  - 잃어버린 영혼을 추적하는 사랑의 추격자
● 본문 : 누가복음 15장 1~10절

1. 죄인을 환대하시는 영광스러운 주님

사랑하는 형제자매 여러분, 오늘 이 자리에 모인 여러분은 무엇을 보러 오셨습니까? 지식의 화려한 잔치입니까, 아니면 영혼을 살리는 생명의 떡입니까? 보십시오! 본문 1절에 놀라운 장면이 펼쳐집니다. "모든 세리와 죄인들이 말씀을 들으러 가까이 나아오니." 오, 이 얼마나 아름다운 광경입니까! 사회의 쓰레기라 불리던 자들, 도덕의 파산자들이 거룩하신 하나님의 아들 곁으로 몰려들고 있습니다.

그런데 저기 구석에서 입술을 삐죽거리며 수군거리는 자들이 보입니다. 바리새인과 서기관들입니다. 그들은 말합니다. "이 사람이 죄인을 영접하고 음식을 같이 먹는다!" 여러분, 이 비난은 사실 우리 주님께 드리는 가장 위대한 찬사입니다! 그렇습니다. 우리 주님은 죄인의 친구이십니다! 만약 그분이 의인만을 찾으셨다면 저와 여러분에게 무슨 소망이 있겠습니까? 뚫린 귀는 있으나 마음이 닫힌 바리새인이 되지 마십시오. 오늘 성령께서 여러분의 영적 귀를 여시어, 죄인을 부르시는 그 감미로운 음성을 듣게 하시길 간절히 축복합니다.

2. 포기를 모르는 하늘의 추적자

주님은 세 가지 비유로 하나님의 심장을 꺼내 보여주십니다. 잃어버린 양, 잃어버린 드라크마, 그리고 잃어버린 아들입니다. 여러분, 이 비유들의 공통점이 무엇인지 아십니까? 그것은 '찾아낼 때까지 찾는 끈질김' 입니다.

목자를 보십시오. 아흔아홉 마리가 안전하게 우리에 있다고 해서 "한 마리쯤이야"하고 포기합니까? 아닙니다! 가시덩굴을 헤치고 낭떠러지를 기어올라 기어이 그 길 잃은 양의 울음소리를 찾아내고야 마십니다. 여인을 보십시오. 등불을 켜고 집안을 샅샅이 뒤지며 먼지를 텁니다. 언제까지입니까? '찾아내기까지' 입니다.

이것이 바로 여러분을 향한 하나님의 열심입니다. 하나님은 부지런히 찾으시고 열심히 찾으시고 찾을 때까지 기다리십니다. 여러분이 하나님을 피해 도망갔을 때도, 죄의 구렁텅이에서 허우적거릴 때도, 하늘의 사냥개라 불리는 그분의 사랑은 한 번도 여러분을 놓친 적이 없습니다. 여러분이 주님을 찾은 것이 아니라 주님이 여러분을 사냥하듯 추격해 오신 것입니다!

3. 하늘의 기이한 계산법

또한 세상의 계산기를 두드려 보십시오. 99가 1보다 큽니다. 9가

1보다 귀합니다. 그러나 하늘의 수학은 다릅니다! 주님은 말씀하십니다. "회개할 것 없는 의인 아흔아홉보다 회개하는 죄인 한 사람을 더 기뻐하노라!"

이 얼마나 기이하고도 영광스러운 계산법입니까? 온 하늘의 천사들이 금 거문고를 멈추고 숨을 죽이며 지켜보는 순간이 언제인지 아십니까? 위대한 왕의 즉위식입니까? 아닙니다. 비천한 죄인 한 사람이 눈물을 흘리며 주님께 돌아오는 바로 그 순간입니다! 한 영혼이 돌아올 때 낙원의 광장에는 잔치가 벌어집니다. 하나님은 그토록 당신 한 사람을 귀하게 여기십니다.

4. 아담아, 네가 어디 있느냐?

본래 우리는 하나님과 사랑의 동산에서 거닐던 존재였습니다. 부족함이 없었습니다. 그러나 저 간교한 사탄의 유혹에 빠져 선악과를 삼킨 순간, 우리는 하나님과의 관계가 단절된 '미아'가 되었습니다. 죄지은 아담이 가장 먼저 한 일이 무엇입니까? 나무 뒤로 숨는 것이었습니다.

오늘 여러분은 어디에 숨어 계십니까? 돈이라는 나무 뒤에 숨으셨습니까? 쾌락이라는 덤불 속에 숨으셨습니까? 종교라는 잎사귀로 여러분의 수치를 가리고 계십니까? 기억하십시오. 숨는다고 해결되지 않습니다. 하나님의 레이더망은 당신의 심장 깊은 곳까지 꿰뚫어 보십니다. "아담아, 네가 어디 있느냐?" 이 질문은 정죄의 외침이 아니라 잃어버린 자식을 찾는 아버지의 피 끓는 절규입니다!

5. 돼지우리에서 십자가로

주님을 떠난 인간의 현실은 참혹합니다. "내 마음대로 살아보겠다"며 집을 나간 탕자를 보십시오. 모든 것을 탕진하고 돼지우리에서 쥐엄열매를 먹으며 고독과 외로움에 몸서리칩니다. 집 떠나면 개고생이라는 말이 있지요? 영혼의 집을 떠난 자는 온 우주를 가져도 고독합니다.

그러나 여러분, 그때가 바로 기회입니다. 자아가 완전히 깨어지고, "나는 아무것도 아닙니다"라고 고백하는 그 돼지우리 현장에서 주님은 당신을 만나주십니다. 세상은 당신이 병들면 버립니다. 가난해지면 외면합니다. 하지만 우리 주님은 헐벗고 병들고 기진맥진한 자를 찾아오십니다. 그분이 지금 어디 계십니까? 바로 저 갈보리 십자가에 계십니다! 양손과 발에 대못이 박힌 채, 피 흘리는 가슴을 열고 여러분을 향해 외치십니다. "다 이루었다! 이제 내게로 오라!"

6. 결론 : 문밖에 서서 두드리는 사랑

사랑하는 성도들이여, 이스라엘이 선택받은 이유는 그들이 잘나서가 아니라 오히려 그들이 가장 수효가 적고 연약했기 때문입니다(신 7:7). 하나님 나라는 "나는 의롭다" 하는 자들로 채워지지 않습니다. "나는 죄인이로소이다. 나를 불쌍히 여겨주소서"라고 고백하는 회개한 죄인들로 가득 차는 곳입니다.

나를 찾아주신 그 사랑이 얼마나 큽니까! 나 같은 벌레만도 못한 존재를 찾기 위해 창조주가 피조물의 몸으로 오셨습니다. 그리고 지금도 성령을 통해 여러분의 마음 문을 두드리고 계십니다. "볼지어다 내가 문밖에 서서 두드리노니!"

이 초청을 거절하시겠습니까? 다시 저 차가운 죄의 광야로 나가시겠습니까? 아닙니다. 오늘 주님의 품으로 안기십시오. 잃어버린 자를 찾은 주님의 그 '감당할 수 없는 기쁨'의 잔치에 주인공으로 참여하십시오! 주님은 오늘 당신을 찾으셨고 이제 영원히 놓지 않으실 것입니다. 아멘!

● 제목 : 썩을 양식에 눈먼 자들이여, 하늘의 살아있는 떡을 보라
● 본문 : 요한복음 6장 41~63절

1. 영적 기근에 처한 비참한 죄인의 실상

사랑하는 여러분, 오늘 저는 여러분의 영혼 앞에 한 가지 엄중한 질문을 던지고자 합니다. 여러분은 지금 무엇으로 배를 채우고 계십니까?

이스라엘 백성은 광야에서 만나를 먹었습니다. 그것은 하나님의 손에서 나온 신비한 음식이었으나 그 영광스러운 식탁을 대했던 자들의 마음은 어떠했습니까? 그들은 불과 한 달 보름 만에 하나님을 대적하며 원망의 독을 쏟아냈습니다.

"우리가 애굽의 고기 가마 곁에서 배불리 먹던 때가 좋았도다!"

오, 이 얼마나 가증한 배은망덕입니까!

이것이 바로 타락한 인간의 본성입니다. 인간은 영원한 생명보다 썩어질 고기 가마를 더 그리워합니다. 하나님은 만나를 통해 "사람

이 떡으로만 사는 것이 아니요 여호와의 입에서 나오는 말씀으로 산다"는 거룩한 진리를 가르치려 하셨으나, 그들은 그 신령한 음식을 먹으면서도 여전히 썩어질 육신의 정욕만을 채우려 했습니다. 오늘 여러분의 영혼은 어떻습니까? 하늘의 영광보다 당장 입에 달콤한 세상의 떡을 구걸하고 있지는 않습니까?

2. 눈멀고 귀먹은 자들의 수군거림

예수님께서 "내가 하늘에서 내려온 떡이라" 선포하셨을 때, 유대인들의 반응을 보십시오. 그들은 수군거렸습니다.

"이는 요셉의 아들 예수가 아니냐? 그 부모를 우리가 아는데 어찌 하늘에서 왔다 하느냐?"

그들은 육신의 눈으로 창조주를 측량하려 했습니다. 지옥의 낭떠러지 끝에 매달려 있으면서도 그들은 자신을 구원하러 오신 생명의 주님을 비천한 목수의 아들로 폄하했습니다. 이것이 허물과 죄로 죽은 자들의 가련한 지성입니다. 영적으로 죽은 자는 영광의 빛이 비쳐도 그것을 어둠이라 부릅니다. 여러분이 지금 예수 그리스도를 하늘에서 내려온 유일한 구원자로 보지 못한다면, 여러분은 여전히 사탄의 안개 속에 갇혀 멸망의 길을 걷고 있는 것입니다.

3. 하나님의 주권적 인치심과 불가항력적 은혜

주님은 그들의 수군거림을 향해 단호하게 말씀하십니다.

"나를 보내신 아버지께서 이끌지 아니하시면 아무도 내게 올 수 없느니라"(44절).

죄인은 스스로 주님께 올 수 있는 선한 의지나 능력이 눈곱만큼도 없습니다. 여러분이 자기 지혜로 그리스도를 믿을 수 있다고 생각한다면 그것은 교만의 극치입니다. 하나님의 강권적인 이끄심, 즉 성령의 강력한 조명이 없이는 어느 누구도 생명의 떡을 먹을 수 없습니다.

여러분이 지금 그리스도를 간절히 원하고 계십니까? 그렇다면 그것은 당신의 공로가 아니라 하나님께서 당신의 죽은 영혼을 흔들어 깨우고 계신다는 증거입니다. 반대로, 이 말씀을 듣고도 여전히 마음이 완고하다면, 여러분은 하나님의 무서운 유기(遺棄) 아래 있을지도 모른다는 사실에 전율해야 합니다.

4. 거룩한 식탁 : 인자의 살과 피

예수님은 더욱 충격적인 말씀을 선포하십니다.

"내 살을 먹고 내 피를 마시지 아니하면 너희 속에 생명이 없느니라"(53절).

유대인들은 이 말씀을 육적으로 듣고 다투었습니다.

"어떻게 자기 살을 주어 먹게 하겠느냐?"

그러나 주님이 말씀하시는 '먹음'은 믿음으로 그리스도와 연합하는 신령한 연합을 의미합니다. 만나를 먹었던 조상들은 다 죽었습니다. 그 음식은 육신을 잠시 연명시켰으나 영혼을 지옥의 불길에서 건져내지 못했습니다.

그러나 그리스도의 살은 참된 양식이요, 그분의 피는 참된 음료입니다. 십자가에서 찢기신 그 살과 흘리신 그 피를 영혼의 입으로 받아들이는 자는 하나님의 생명에 참여하게 됩니다. 그리스도께서 아버지로 말미암아 사시는 것같이, 그리스도를 먹는 자는 그리스도로 말미암아 영원히 살게 될 것입니다. 이 거룩한 식탁에 참여하지 않는 자는 그가 누구든, 얼마나 도덕적이든 관계없이 영원한 굶주림과 갈증의 형벌을 면치 못할 것입니다.

5. 살리는 것은 영이니 육은 무익하니라

제자들조차 "이 말씀은 어렵도다"라며 뒤로 물러섰습니다. 그때 주님은 결정적인 열쇠를 주십니다.

"살리는 것은 영이니 육은 무익하니라. 내가 너희에게 이른 말은 영이요 생명이라"(63절).

여러분의 이성, 경험, 육신의 감각은 진리를 깨닫는 데 아무런 도움을 주지 못합니다. 오직 성령께서 임하셔야만 비로소 '생명의 떡'이 무엇인지, 왜 우리가 예수의 피를 마셔야만 사는지 깨닫게 됩니다. 십자가의 도는 멸망하는 자들에게는 미련한 것이나 구원을 받는 우리에게는 하나님의 능력입니다.

6. 결론 : 생명의 떡을 취할 것인가, 진노의 잔을 마실 것인가?

사랑하는 영혼들이여, 보십시오. 지금 생명의 떡이 여러분 앞에 놓여 있습니다. 이 떡은 먹고 죽지 아니하게 하는 하늘의 음식입니다.

만약 여러분이 오늘 이 말씀을 듣고도 여전히 세상의 썩을 양식만을 탐하며 그리스도를 거절한다면, 여러분 앞에는 생명의 떡 대신 하나님의 불붙는 진노의 잔이 기다리고 있을 것입니다. 여러분의 육신은 조만간 흙으로 돌아갈 것이며 그때 당신이 먹었던 세상의 떡은 당신을 구원하지 못할 것입니다.

오직 성령의 도우심을 구하십시오. "주여, 내 눈을 열어 생명의 떡을 보게 하소서. 내 영혼이 주를 먹고 살게 하소서!"라고 부르짖으십시오. 살리는 영이신 성령께서 여러분의 마음을 이끄실 때 비로소 여러분은 영원한 생명의 잔치에 참여하게 될 것입니다. 썩을 양식을 위해 인생을 낭비하지 말고 영생하도록 있는 양식인 예수 그리스도를 취하십시오. 아멘.

● 제목 : 골든타임을 놓치신 하나님? 아니, 부활은 '지금' 입니다
● 본문 : 요한복음 11장 1~57절

1단계 : 평형의 깨뜨림

(Oops! ; 인생의 계획이 꼬이다)

여러분, 우리 인생 참 계획대로 안 풀리죠? 여기 베다니에 사는 세 남매도 그랬습니다. 나사로, 마르다, 마리아. 예수님이 '내 단골 집' 이라고 부를 정도로 아끼던 집안입니다. 그런데 이 아끼던 믿음의 가정에 비상사태가 터졌습니다. 가장인 나사로가 병들어 쓰러진 겁니다.

자매는 당장 예수님께 메시지를 보냅니다.

"주님, 큰일 났어요! 주님이 그렇게 아끼시던 나사로가 죽어갑니다. 빨리 좀 와주세요!"

아마 그들은 당연히 예수님이 모든 일을 제쳐두고 달려오실 줄 알았을 겁니다. 우리도 그렇지 않습니까? "하나님, 제가 십일조도 하

고 봉사도 하는데, 어떻게 우리 집에 이런 병을 주십니까? 지금 당장 해결해 주셔야 합니다!"라고 매달립니다. 그런데 이상하죠. 인생의 위기 앞에서 우리가 믿었던 '당연한 공식'이 깨지기 시작합니다.

2단계 : 불협화음의 고조
(Ugh! ; 냄새나는 절망, 골든타임을 놓치다)
여기서 기가 막힌 상황이 벌어집니다. 예수님의 반응이 너무 냉혹합니다.

"아, 그 병? 죽을병 아니야. 걱정마."

그러더니 이틀이나 더 뭉개고 계십니다. '골든타임'이라는 게 있잖아요? 1분 1초가 급한데 예수님은 여유를 부리십니다. 결국 어떻게 됐을까요? 나사로는 숨이 넘어갔고 결국 장례까지 치렀습니다.

예수님이 도착했을 땐 이미 상황 종료입니다. 나사로는 무덤에 들어간 지 나흘이나 됐습니다. 중동 날씨에 나흘이면 시신이 부패해서 냄새가 진동할 때입니다. 마르다가 달려 나와 쏘아붙입니다.

"주님, 이제 오시면 어떡합니까? 여기 계셨더라면 우리 오빠 안 죽었잖아요!"

이 말은 고백이 아니라 원망입니다. 마치 "하나님, 제가 그렇게 기도할 땐 어디 계셨나요? 이제 다 끝났는데, 사업 부도나고 몸 다 망가졌는데 이제 와서 뭘 어쩌시겠다는 겁니까?"라고 하듯이 말입니다.

주변 사람들도 수군거립니다.

"남의 집 눈먼 사람은 잘도 고쳐주더니 정작 자기 친한 친구는 죽게 내버려두네? 사랑한다는 거 다 쇼 아니었어?"

세상 사람의 비아냥과 마르다의 절망 섞인 원망이 무덤 앞을 가득 채웁니다.

3단계 : 반전의 실마리
(Aha! ; "부활은 미래 예약권이 아니다")
주저앉아 우는 마르다에게 예수님이 뜬금없는 말씀을 하십니다.
"네 오빠 다시 살 거야."
마르다가 대답하죠.
"아유, 알죠. 나중에 세상 끝날 때 부활하겠죠. 저도 주일학교 때 배워서 교리는 다 알아요."
그때 예수님이 마르다의 멱살을 잡듯(영적으로) 강력하게 선포하십니다.
"마르다야, 나는 부활 '할' 존재가 아니라 부활 그 자체다! 나를 믿는 사람은 죽어도 살고, 지금 믿는 사람은 영원히 안 죽어. 이걸 네가 진짜 믿니?"
마르다는 부활을 '죽고 나서 받는 보험금' 정도로 생각했던 것 같아요.
"나중에 죽으면 천국 가겠지"라는 예약권 말이죠. 하지만 예수님은 말씀하십니다. "부활은 나중 일이 아니라 지금 내 앞에 있는 '나'와 연결되는 거야!"
그런데 나사로가 왜 죽었을까요? 재수가 없어서요? 아닙니다. 예수님은 나사로 안에 있는 '죽음의 유전자'를 완전히 도려내려고 기다리신 겁니다. 그냥 병만 고쳐주면 나중에 또 병들고 또 죽겠죠. 하지만 예수님은 죽음이라는 근본적인 문제를 십자가로 끌고 가려 하십니다. 땅의 목숨이 끊어지는 절망의 순간이, 사실은 영원한 생명이 시작되는 '진짜 골든타임'이었던 겁니다!

4단계 : 복음의 절정
(Whee! ; "나사로야, 나와라!" 생명의 호령)
주님이 무덤 앞으로 가셔서 명령하십니다.
"돌을 치워라!"
마르다가 또 가로막습니다.
"주님, 오버하지 마세요. 벌써 썩어서 냄새나요. 헛수고하지 마시죠." 우리도 매일 그럽니다. "하나님, 제 성격은 안 변해요. 우리 집 문제는 답이 없어요. 그냥 내버려 두세요."
예수님이 소리치십니다. "내가 믿으면 영광 본다고 안 했느냐!"
돌이 굴러가고 시커먼 어둠 속을 향해 주님이 사자처럼 포효하십니다. "나사로야, 나와라!"
순간, 무덤 안에서 '스슥' 소리가 들립니다. 온몸에 붕대를 감은 나사로가 좀비처럼(?) 걸어 나옵니다! 아니, 좀비가 아니라 생명의 에너지가 가득 찬 모습으로 말이죠. 사망이라는 암 덩어리가 예수의 음성 한마디에 소멸해 버린 겁니다.
주님은 우리를 단순히 '안 죽게' 하시는 분이 아니라 '죽음을 뚫고 지나가게' 하시는 분입니다. 여러분의 인생에 썩은 냄새가 납니까? 다 끝난 것 같습니까? 부활이신 주님이 그 무덤 앞에 서 계시면, 그곳은 장례식장이 아니라 축제 현장이 됩니다.

5단계 : 새로운 평형

(Yeah! ; 시장판에서 천국을 사는 법)

이제 나사로는 자유인이 되었습니다. 여러분, 부활은 먼 나라 이야기가 아닙니다. 오늘 여러분이 발 딛고 서 있는 그 시장 바닥, 그 사무실, 그 거실이 바로 부활의 현장입니다.

대한민국 땅 한복판에 미국 대사관이 있듯이 우리는 이 험한 세상 속에 살지만 '예수 대사관' 직원들입니다. 우리 통치권자는 하늘에 있습니다. 그러니 세상이 좀 힘들게 한다고 사업이 좀 휘청거린다고 죽는소리하지 마십시오. 우리는 이미 예수 안에서 '죽음'이라는 최종 보스를 클리어한 사람들입니다.

"나중에 죽어서 천국 가야지"라는 앵무새 같은 소리는 이제 그만합시다. 지금 당장 내 옆에 계신 예수님을 누리십시오. 그분이 계시면 고난 중에도 웃을 수 있고 실패 중에도 다시 일어날 수 있습니다. 썩은 냄새 나는 내 인생의 무덤 문을 열고 "나사로야 나오라" 하시는 주님의 손을 잡으십시오.

지금 마르다처럼 "왜 이제 오셨냐"고 원망하는 내 마음의 리스트를 적어보고 그 자리에 "나는 부활이다" 하시는 주님을 초대해 보세요.

"이건 절대 안 돼"라고 포기하고 닫아버린 내 마음의 '돌'은 무엇인가요? 오늘 그 돌을 기도로 굴려봅시다. 오늘 이 시간 내 이름을 넣어 외쳐보세요. "(이름)야, 무덤에서 나와라! 주님이 부르신다!" 우리는 오늘을 사는 부활의 주인공들입니다. 아멘.

● 제목 : 이 찬란하고도 무서운 사랑을 당신은 정말로 아는가?
● 본문 : 요한일서 4장 15~21절

1. 당신의 고백은 '지식'의 산물입니까, '영혼'의 감각입니까?

여러분, 오늘날 교회 안에는 '지옥에 가고 있는 확신주의자'가 너무나 많습니다. 요한일서 4장 15절은 "누구든지 예수를 하나님의 아들이라 시인하면 하나님이 그의 안에 거하신다"라고 말합니다. 여러분은 이 말씀을 어떻게 이해하십니까? 단순히 교리 문답에 "예"라고 답하고, 사도신경을 매주 외우면 하나님이 내 안에 계신 것입니까?

에드워즈는 말했습니다. "꿀이 달다는 것을 머리로 아는 것과 실제로 그 맛을 혀로 느끼는 것은 완전히 다른 차원이다"라고 말입니다. 여러분, 성령이 임하여 하나님의 사랑을 '알고 믿게 된다'는 것은(16절) 여러분 영혼에 새로운 감각이 생겨나는 사건입니다. 내 상상이 만들어낸 '착한 하나님'을 믿는 것은 우상 숭배와 같습니다. 사도들이 증언한 그 복음, 즉 죄인을 향한 불붙는 진노와 그 진노를 대신 담당하신 그리스도의 영광을 영혼의 눈으로 직접 목도해야 합니다. 당신의 고백은 차가운 지식의 산물입니까, 아니면 성령이 주신 뜨거운 영혼의 감각입니까?

2. 우리가 잊어버린 공포: 죄가 가져온 죽음의 그림자

우리는 왜 사랑을 말하면서도 정작 그 감격이 없을까요? 그것은 우리가 얼마나 무서운 처지에 있었는지를 잊었기 때문입니다. 에드워즈가 '진노하시는 하나님의 손안에 있는 죄인들'에서 경고했듯이 거듭나지 않은 인간은 지금 당장이라도 지옥의 불덩어리로 떨어질 수 있는 가느다란 거미줄에 매달려 있는 형국입니다.

두려움은 죄의 필연적인 결과입니다. 아담과 하와가 범죄한 직후, 그들은 에덴의 숲속으로 숨었습니다. 왜 그랬나요? '두려웠기 때문'입니다. 여러분이 밤잠을 설치며 느끼는 막연한 불안, 죽음이라는 단어 앞에서 본능적으로 고개를 돌리는 그 회피… 그것은 여러분의 영혼이 '하나님의 심판'이라는 엄중한 실재를 직감하고 있다는 증거입니다.

성경은 말씀합니다. 죄인은 죽기를 무서워하므로 일생에 매여 종 노릇한다고 말입니다(히 2:14-15). 당신이 아무리 세련된 옷을 입고 고상한 취미를 즐겨도 그리스도의 피 밖에 있다면 당신은 단지 도살장에 끌려가기를 기다리며 떨고 있는 죄수와 다를 바 없습니다. 이 비참한 실상을 직시하지 않는 자에게 복음은 한낱 지루한 옛날이야기에 불과합니다.

3. 하나님이 우리를 사랑하신 그 사랑의 정체

자, 이제 고개를 들어 9절과 10절을 보십시오. 하나님이 우리를 사랑하신 그 사랑이 어떤 사랑입니까? 세상은 "당신은 소중하니까 사랑받을 자격이 있다" 말합니다. 하지만 성경은 "당신은 죽어 마땅한 반역자인데 하나님이 당신을 위해 아들을 죽이셨다"고 말합니다. 이것이 복음입니다!

하나님은 우리를 살리기 위해 독생자를 보내셨습니다. 단순히 보내신 것이 아니라 우리 죄를 속하기 위한 '화목제물'로 보내셨습니다. 여러분, '화목제물'이라는 단어 뒤에 숨겨진 그 처참한 피 냄새를 맡으셔야 합니다. 거룩하신 하나님의 불타는 진노가 우리 머리 위로 쏟아져야 하는데, 하나님은 그 아들을 십자가에 묶어두고 그 모든 저주의 잔을 아들에게 다 쏟아부으셨습니다. 아버지가 아들을 도살하신 것입니다. 왜요? 바로 당신과 나, 하나님의 원수였던 우리를 사랑 안으로 끌어들이기 위해서입니다. 이 기괴하고도 압도적인 사랑 앞에 여러분은 여전히 무감각하실 수 있습니까?

4. 온전한 사랑 안으로의 초대 : 심판 날의 담대함

본문 17절은 이 사랑의 목적을 "심판 날에 담대함을 얻게 하려는 것"이라고 밝힙니다. 여러분, 인류 역사상 가장 공포스러운 순간은 핵전쟁도 기후 재앙도 아닙니다. 거룩하신 창조주 앞에 단독자로 서서 내 평생의 모든 은밀한 죄를 낱낱이 심판받는 그 순간입니다.

그날에 여러분을 변호할 수 있는 것이 무엇입니까? 여러분의 종교적 경력입니까? 여러분의 선행입니까? 아닙니다! 오직 하나, '그리스도의 보혈' 뿐입니다. 하나님은 우리를 '온전한 사랑' 안에 넣어 주셨습니다. 성령을 보내셔서 우리가 그리스도 안에 거하게 하셨습니다.

이스라엘의 유월절 밤을 다시 생각해 보십시오. 밖에서는 죽음의 사자가 집집마다 장자들을 죽이며 피의 통곡을 만들어내고 있었습니다. 그때 문설주에 양의 피를 바른 집 안에 있던 이스라엘 백성들은 어떠했습니까? 비록 밖에서 들리는 단명하는 소리에 몸이 사시나무 떨듯 떨렸을지 모르나 그들은 죽지 않았습니다. 왜요? 피가 그들을 덮고 있었기 때문입니다.

심판 날에 우리가 담대할 수 있는 이유는 우리에게 죄가 없어서가 아닙니다. "하나님, 저를 보지 마시고 저를 덮고 있는 예수의 피를 보십시오!"라고 말할 수 있기 때문입니다. 그 피 안에서는 결코 정죄함이 없습니다.

5. 두려움을 내쫓는 사랑 : 피의 효력을 믿으라.

"사랑 안에 두려움이 없고 온전한 사랑이 두려움을 내쫓나니"(요일 4:18).

여러분 중에는 여전히 "나는 왜 이렇게 불안할까? 내가 정말 구원받았을까?"라고 묻는 분이 계실 겁니다. 기억하십시오. 유월절 밤에 피를 바르고도 밤새 덜덜 떨며 잠을 못 이룬 사람이 있었을 것입니다. 하지만 그가 떨었다고 해서 죽음의 사자가 그 집을 침범했습니까? 아닙니다. 그 사람의 '담대함의 정도'가 그를 구원한 것이 아니라 문에 발라진 '피의 효력'이 그를 구원한 것입니다.

여러분의 감정을 믿지 마십시오. 여러분의 기분은 매일 바뀝니다. 오직 그리스도께서 십자가에서 흘리신 그 피의 객관적인 능력을 믿으십시오. 그 사랑은 이미 온전해졌습니다. 여러분이 그 사랑 안에 거하기만 한다면, 하나님의 진노는 이미 여러분을 지나갔습니다. 이 사랑의 넓이와 길이와 깊이를 매일 묵상하십시오. 그 사랑의 바다에 여러분의 영혼을 담글 때, 세상이 주는 온갖 유치한 두려움들은 한순간에 씻겨 나갈 것입니다.

6. 결론 : 십자가 사랑의 증거자가 되십시오.

참으로 이 찬란한 사랑을 아는 사람은 이제 어떻게 살겠습니까? 21절은 단호하게 말합니다.

"하나님을 사랑하는 자는 또한 그 형제를 사랑할지니라."

우리는 본래 사랑할 능력이 없습니다. 우리 안에는 자기애와 탐욕밖에 없습니다. 그래서 형제를 보며 탄식하고 절망합니다. 하지만 그 탄식의 자리에서 우리는 다시 십자가를 봅니다.

"하나님이 나 같은 벌레만도 못한 죄인을 사랑하셨는데, 내가 저 사람을 사랑하지 않을 수 있는가?"

성도의 사랑은 자기 안에서 짜내는 억지 친절이 아닙니다. 자신을 덮고 있는 그리스도의 사랑이 너무나 커서, 그 사랑이 넘쳐흘러 옆 사람에게 닿는 것입니다.

사랑하는 여러분, 이 사랑을 정말 아십니까? 십자가의 피가 당신의 영혼에 선명하게 발라져 있습니까? 그렇다면 더 이상 두려워하지 마십시오. 오직 십자가만 자랑하고, 그 십자가만 소망하며 사십시오. 심판의 날에 여러분을 노래하게 할 그 위대한 사랑 안에서 오늘 하루도 담대히 걸어가는 하나님의 자녀들이 되시기를 주님의 이름으로 축복합니다. 아멘.

● 제목 : 성경, 당신의 욕망 수단인가, 하나님의 호흡인가?
● 본문 : 디모데후서 3장 12~17절

1. 서론 : 성경을 소비하는 현대인들의 초상

여러분, 오늘날 우리는 모든 것을 '효용 가치'로 판단하는 시대에 살고 있습니다. "이것이 나에게 어떤 유익을 주는가?"가 지상 최대의 관심사가 되었습니다. 안타깝게도 이러한 세속적인 태도는 거룩한 성경 앞에서도 예외가 아닙니다.

많은 그리스도인이 성경을 펼치며 기대하는 것은 '나의 자아실현'이나 '심리적 위안', 혹은 '가정의 번영'입니다. 성경 구절을 마치 자기 목적을 이루기 위한 마법의 주문이나 성공을 위한 자기계발서처럼 소비합니다. 그러나 여러분, 우리는 질문해야 합니다. "성경은 정말 우리의 세속적 욕심을 채우기 위해 주어진 책인가?"

결코 그렇지 않습니다. 성경을 배우는 진정한 목적은 인간의 실상을 발견하고 비대해진 자아를 부인하며 우리를 향한 하나님의 거대하고도 신비로운 사랑의 길로 들어가는 것입니다. 오늘 사도 바울이 디모데에게 주는 권면을 통해 우리가 왜 성경을 배워야 하는지 그 본질적인 이유를 세 가지로 나누어 살펴보겠습니다.

2. 박해의 시대, 왜 '배우고 확신한 일'에 거해야 하는가?

먼저 12~14절을 보십시오. 바울은 충격적인 선언으로 시작합니다. "그리스도 예수 안에서 경건하게 살고자 하는 자는 박해를 받으리라." 이것은 복음이 전해지는 곳에는 반드시 비진리의 저항과 공격이 따른다는 냉혹한 현실을 말해줍니다. 악한 사람들과 속이는 자들은 더욱 기승을 부리고 진리를 왜곡하여 자기 욕심의 도구로 삼습니다.

이런 혼란한 시대에 우리를 지켜주는 유일한 방파제는 무엇입니까? 바울은 "너는 배우고 확신한 일에 거하라"고 명령합니다. 여기서 '배우고 확신한 일'은 단순히 성경 지식을 많이 아는 것이 아닙니다. 그것은 성경을 내 욕심을 위해 이용하지 않고 오직 성경이 가르치는 진리 자체에 항복하는 것입니다. 세상이 "성경대로 하면 부자 된다"라고 속일 때 성경을 바르게 배운 사람은 "성경은 고난 중에도 그리스도를 따르는 법을 가르친다"라고 답할 수 있어야 합니다. 배움은 확신으로 이어져야 하고 그 확신은 박해 속에서도 흔들리지 않는 삶의 뿌리가 되어야 합니다.

3. 성경의 일차적 목적 : 구원에 이르는 지혜(Christ-Centered)

둘째로 성경이 주는 가장 결정적인 유익은 '그리스도'를 아는 것입니다. 15절을 다 함께 보십시오. "성경은 능히 너로 하여금 그리스도 예수 안에 있는 믿음으로 말미암아 구원에 이르는 지혜가 있게 하느니라."

여러분, 성경 공부의 종착역은 언제나 예수 그리스도여야 합니다. 성경의 수많은 기적과 교훈은 그 자체로 목적이 아닙니다. 예를 들어, 우리는 오병이어의 기적을 읽으며 "나도 이런 물질의 축복을 받고 싶다"라고 생각하기 쉽습니다. 하지만 그것은 성경을 오독하는 것입니다. 오병이어 기적의 본질은 예수님이 우리 영혼의 굶주림을 채우기 위해 자기 살과 피를 내어주실 '생명의 떡'임을 계시하는 데 있습니다.

요한복음 5장 39절에서 예수님은 유대인들에게 말씀하셨습니다. "너희가 성경을 연구하거니와 이 성경이 곧 내게 대하여 증언하는 것이로다." 성경을 안다는 것은 성경 퀴즈 점수가 높은 것이 아닙니다. 성경의 모든 페이지에서 그리스도를 발견하고 그분 없이는 멸망할 수밖에 없는 자신의 비참함을 깨달으며 오직 그분을 믿음으로 얻는 '구원의 지혜'를 소유하는 것입니다. 그리스도가 빠진 성경 지식은 인간을 교만하게 할 뿐, 구원에 이르게 하지 못합니다.

4. 성경의 권위 : 하나님의 감동으로 된 숨결

그렇다면 성경은 어떻게 우리를 그토록 변화시킬 수 있습니까? 16절이 그 답을 줍니다. "모든 성경은 하나님의 감동으로 된 것으로…" 여기서 '감동'이라는 헬라어 '데오프뉴토스'는 '하나님이 숨을 내뿜으셨다' 는 뜻입니다.

성경은 단순히 뛰어난 위인들의 기록이 아닙니다. 하나님의 마음과 뜻이 고스란히 담긴 '하나님의 호흡' 입니다. 우리가 성경을 읽을 때 우리는 하나님의 숨결을 들이마시는 것입니다. 그렇기에 우리는 성경의 '일부' 가 아니라 '전부' 를 전해야 합니다. 내 입맛에 맞는 구절만 편식하는 것은 하나님의 숨결을 거부하는 것과 같습니다.

하나님의 호흡은 우리 안에서 네 가지 역사를 일으킵니다.

- 교훈 : 우리가 가야 할 길을 보여줍니다.
- 책망 : 우리가 잘못 가고 있음을 찌릅니다.
- 바르게 함 : 뒤틀린 우리를 다시 교정합니다.
- 의로 교육 : 하나님 나라의 시민으로 훈련합니다.

성경은 우리의 기분을 맞춰주는 서비스 센터가 아니라 고장 난 우리 영혼을 완전히 분해해서 재조립하는 정비소입니다. 그러므로 하나님의 뜻과 어긋난 우리의 욕망을 성경이 책망할 때, 우리는 그것을 '불쾌함' 이 아니라 '은혜' 로 받아들여야 합니다.

5. 성경의 최종 목표 : 하나님의 사람으로 온전하게 함

마지막으로, 성경은 우리를 "하나님의 사람으로 온전하게 하며 모든 선한 일을 행할 능력을 갖추게"(17절) 합니다. 여기서 '온전함' 이란 인간의 도덕적 결백을 뜻하는 것이 아닙니다. 우리 안에는 죄가 있어 스스로 온전해질 수 없기 때문입니다.

성경이 말하는 온전함은 '온전하신 분인 그리스도'를 전적으로 의지하는 상태를 말합니다. 우리가 성경을 통해 그리스도의 완벽한 의로움을 발견하고 그분께 꼭 붙어 있을 때, 하나님의 눈에 우리는 비로소 '온전한 자'로 여겨집니다. 그리고 그 관계의 풍성함 속에서 '선한 일을 행할 능력'이 흘러나오게 됩니다. 내 열심이 아니라 내 안의 그리스도가 선한 일을 행하시는 것입니다.

6. 결론 : 주님을 발견하기 위해 성경을 펼치십시오

사랑하는 성도 여러분, 성경이 세속적 행복을 보장해 주지 않는다는 사실에 섭섭함을 느끼십니까? 그렇다면 여러분은 여전히 성경을 '욕망의 도구'로 대하고 있는 것입니다. 성경은 우리를 하나님과의 바른 관계 위에 세우기 위해 주어졌습니다. 성경은 우리가 누구인지, 하나님이 누구신지, 그리고 예수 그리스도가 왜 우리 인생의 유일한 해답인지를 끊임없이 속삭입니다.

인간의 실상을 정직하게 대면하고 그 비참함에서 우리를 건지시는 주님을 날마다 새롭게 발견하기 위해 성경을 배우십시오. 성경 밖으로 넘어가지 말고 성경 전체를 사랑하십시오. 하나님의 숨결이 담긴 말씀을 통해, 여러분의 삶이 '나 중심'의 좁은 감옥을 벗어나 온 우주의 통치자이신 하나님의 영광을 노래하는 광활한 대지로 나아가기를 주님의 이름으로 축원합니다. 아멘.

본서를 통해 우리는 교회사에 빛나는 12명의 거장을 만났고 설교의 심장부인 '그리스도 완성 설교'의 정수를 살펴보았다. 이제 책장을 덮으며 다시 강단 앞에 서는 사랑하는 동역자 여러분께 본질적인 질문을 다시 던지고자 한다.

"당신의 설교는 청중에게 짐을 지우고 있는가, 아니면 그들의 짐을 대신 지신 그리스도를 보여주고 있는가?"

나는 죽고 그리스도만 살라.

설교의 개혁은 화려한 수사학이나 치밀한 논증이 아닌 설교자의 처절한 자기 부인에서 시작된다. 강단은 설교자의 지성이나 신학적 정당성을 증명하는 무대가 아니다. 참된 설교자는 "나는 아무것도 아니며 오직 그리스도만이 나의 전부"임을 고백하며 십자가 뒤로 자취를 감추는 자다. 설교자가 스스로 쇠하기를 자처할 때, 그 강단에는 하나님의 능력이 임하게 된다.

미완성의 시대를 덮는 그리스도의 '다 이루심'

우리는 끊임없이 '어떻게 살 것인가'를 묻는 미완성의 시대를 살고 있다. 그러나 성경은 우리에게 더 나은 행위를 덧칠하라고 요구하지 않는다. 오히려 우리가 죽을 수밖에 없는 죄인임을 폭로하고, 그 절망의 끝에서 그리스도께서 선포하신 "다 이루었다(Tetelestai)"의 세계로 우리를 초대한다. 설교는 청중을 도덕적으로 '자기 의'의 두꺼운 옷을 껴입도록 가공하는 작업이 아니라 십자가라는 거대한 사건 속으로 그들을 밀어 넣어 그리스도와 연합된 새로운 존재임을 깨닫게 하는 성령의 사건이다.

십자가라는 마스터키로 모든 본문을 열라.

이제 설교자의 가방 안에는 본문을 쪼개는 날카로운 지성의 칼뿐만 아니라 모든 본문을 그리스도께로 연결하는 '십자가라는 마스터키'가 들려 있어야 한다. 구약을 설교하든 신약을 설교하든 모든 본문의 줄거리는 그리스도의 완성이라는 정점으로 수렴되어야 한다. 모든 본문이 말씀 성취의 십자가라는 프리즘을 통과할 때, 성경은 비로소 지켜야 할 무거운 '명령어'가 아니라 우리를 덮으시는 '완성된 선물'이 된다.

불안을 넘어 평안의 잔치로

부디 이 책을 덮는 여러분의 마음속에 '무엇을 더 전해야 하는가'라는 불안 대신 '주님이 이미 다 이루셨다'는 복음의 평안이 깃들기를 바란다. 설교자가 먼저 복음의 완성 안에 거할 때, 비로소 청중은 설교자의 입술을 통해 흘러나오는 하늘의 생명력을 맛보게 된다. 설교는 인간의 역사가 끝나고 하나님의 통치가 시작되는 영광의 자리다. 그러므로 교회는 예수님께서 십자가의 피 흘리심으로 완성된 십자가의 복음을 상속받아 오직 예수 그리스도의 십자가 복음을 자랑하고, 그 십자가 복음을 증거하는 성령의 공동체다.

당신의 교회 강단에서 그리스도의 완성이 선포되는 바로 그 순간, 이미 부흥은 시작된 것이다. 이제 우리는 무거운 숙제를 끝내고 기쁨의 잔치로 나아간다. 시작도 과정도 마감도 오직 그리스도다. 그 은혜의 격랑이 여러분의 사역과 한국교회의 모든 강단을 덮기를 간절히 소망한다.

"그는 흥하여야 하겠고 나는 쇠하여야 하리라"(요 3:30).

오직 그리스도(Solus Christus) 십자가로 다 이루었다(요 19:30)!